高等院校研究生用书
TEXTBOOKS FOR GRADUATES

财务会计与资本市场实证研究

重点文献导读

（第二版）

陆正飞　姜国华　张　然　主编

中国人民大学出版社
·北京·

图书在版编目（CIP）数据

财务会计与资本市场实证研究：重点文献导读/陆正飞，姜国华，张然主编.
—2版. —北京：中国人民大学出版社，2013.9
高等院校研究生用书
ISBN 978-7-300-18019-9

Ⅰ.①财… Ⅱ.①陆… ②姜… ③张… Ⅲ.①财务会计-研究生-教材②资本市场-研究生-教材 Ⅳ.①F234.4 ②F830.9

中国版本图书馆CIP数据核字（2013）第216515号

高等院校研究生用书
财务会计与资本市场实证研究：重点文献导读（第二版）
陆正飞　姜国华　张　然　主编
Caiwu kuaiji Yu Ziben Shichang Shizheng Yanjiu：Zhongdian Wenxian Daodu

出版发行	中国人民大学出版社		
社　　址	北京中关村大街31号	**邮政编码**	100080
电　　话	010－62511242（总编室）		010－62511398（质管部）
	010－82501766（邮购部）		010－62514148（门市部）
	010－62515195（发行公司）		010－62515275（盗版举报）
网　　址	http://www.crup.com.cn		
经　　销	新华书店		
印　　刷	固安县铭成印刷有限公司	**版　　次**	2009年2月第1版
规　　格	170 mm×228 mm　16开本		2013年10月第2版
印　　张	17.75 插页1	**印　　次**	2023年3月第3次印刷
字　　数	268 000	**定　　价**	42.00元

前　言

本书的目的

财务会计与资本市场研究可以说是国际会计学界最为主流的研究方向。在 2007 年 12 月出版的 *Accounting Horizons* 中，Brad Tuttle 和 Jesse Dillard 统计了过去几十年在美国会计学会旗舰刊物 *Accounting Review* 上发表的文章中财务会计题目所占比例的变化。[①] 1966 年以前，*Accounting Review* 发表的文章中财务会计题目所占比例基本维持在 30%以下；之后，这个比例不断攀升，到 2006 年已经达到了 66.7%。在同一时期，不论是从美国新毕业的博士论文主题、美国会计学会优秀博士论文主题来看，还是从 SSRN（Social Science Research Network，www.SSRN.com）工作论文下载量来看，财务会计研究都占据了绝对主流地位。

财务会计与资本市场研究地位的提升，是学术界对近几十年资本市场在社会生活中的重要性大幅提高的反应，是财务会计信息在资本市场上重要性的体现。同时，这方面的研究也对资本市场的发展做出了重要的贡献，加强

① Tuttle，B.，and J. Dillard. 2007. Beyond Competition：Institutional Isomorphism in U. S. Accounting Research. *Accounting Horizons* 21：387－409.

了会计信息在提高市场效率、促进投资者信息消化、降低系统投资风险中的作用。

我国资本市场尤其是股票市场历史比较短，所以财务会计与资本市场研究还处于初步发展阶段，前景十分广阔。

本书的三位编者近年来在北京大学光华管理学院给博士/硕士研究生开设“财务会计研究专题”课程。该课程最主要的内容就是财务会计与资本市场研究。在课堂上，通过讲解和讨论本领域的重点文献，引导学生开展相关的研究。在这个过程中，我们感到由于以下几个原因，需要一本适合该课程的教材。①

第一，财务会计与资本市场研究的学术文章数量巨大，是主流会计学杂志关注最多的研究领域。面对如此多的文章，刚刚进入硕士或博士项目的学生很难从中挑选出一组既有代表性又能基本涵盖财务会计与资本市场主要研究方面的文章来。第二，由于语言障碍，一篇英文学术文章往往需要学生花费大量的时间反复阅读，才能对文章的内容有比较准确的把握，从而增加了学习难度，降低了学习效率。第三，任何一篇学术文章都是承前启后，在整个研究体系的某个部位上做出贡献。但是，由于缺乏对整个研究体系的宏观了解，学生往往不能准确评价一篇文章的贡献，不能从中发掘新的研究机会。如果以上三个问题处理得不好，我们开设的博士/硕士生课程的效果就会不尽理想。

本书的目的即为解决以上三个问题做出努力。具体来说，首先本书精选了财务会计与资本市场研究领域 43 篇重点文章。这些文章是近几十年财务会计与资本市场研究发展的各个不同阶段中具有一定影响力的典型文章，涵盖了 8 个方向：盈余的信息含量研究、盈余的时间序列特征研究、投资中的基础分析研究、分析师盈余预测研究、价值评估模型研究、盈余管理研究、信息披露研究和国际会计问题研究。这 8 个方向代表了财务会计与资本市场

① 本书编者主编的《证券投资实证研究：重点文献导读》（第二版）集中介绍了资本市场研究中的证券投资研究。与之相比，本书的内容涵盖了更多的财务会计与资本市场研究的主要领域，更适合会计专业博士/硕士生财务会计研究专题课程的需要。《证券投资实证研究：重点文献导读》（第二版）可以作为这类课程的一部分，也可以单独作为“证券投资研究专题”课程的教材。

研究的最主要领域，读者学习之后可以基本掌握财务会计与资本市场研究的整个体系。其次，对于每一篇文章，本书提供了一个比较具体的导读，从文章研究的主要问题，到研究的基本方法，再到该文章在整个研究体系中的地位，导读均给予了介绍和论述。最后，本书每一章的概述部分对该章内容做了概括性的介绍，有利于读者掌握该方面研究的来龙去脉。

对于一个选修博士/硕士项目财务会计与资本市场研究课程的学生，或者对财务会计与资本市场研究有兴趣的读者，本书的以上努力可以帮助他们对财务会计与资本市场研究的历史发展脉络有一个宏观的认识，这种宏观认识对理解每一篇文章具有重要作用，它可以帮助读者判断一篇文章的价值和贡献，发掘未来研究的方向。在阅读任何一篇文章前阅读本书提供的导读，可以帮助读者在短时间内掌握该文章的核心内容、研究方法、学术贡献以及对未来研究的启示，从而降低读者阅读英文文章时的难度，提高学习效率。

本书的体系脉络

40 年前的 Ball and Brown（1968）是一篇对于财务会计与资本市场研究具有划时代意义的文章，用数据证明会计盈余具有价格相关性，并且是投资者投资决策中需要关注的因素。在此之前，虽然会计学者已对会计信息有用性讨论了许多年，但是缺乏实际证据。Ball and Brown（1968）扭转了会计学界讨论问题的方式，奠定了会计实证研究的基础。

Ball and Brown（1968）之后，会计学者进一步从各个方面，采用各种方法，进一步加强会计信息相关性的研究。本书第 1 章主要回顾这方面的研究。

在确认了盈余的价值相关性，即盈余的披露会带动股票价格的变化后，下一步的问题自然是如何预测未来盈余。过去的盈余只是未来盈余预测的基础，除此以外，对投资决策没有直接的意义。对于投资者来说，最重要的问题是更早、更准确地预测到即将披露的未来盈余。20 世纪 70 年代末 80 年代初，会计学界首先研究了盈余的时间序列特征，并在此基础上预测未来盈余。这是本书第 2 章回顾的内容。

很快，会计学者认识到时间序列预测仅仅利用了投资者拥有的很少一部分信息，即盈余信息，除此之外的大量财务报表信息没有在预测中发挥作用。20 世纪 80 年代末到 90 年代中期，基于财务报表分析的盈余预测研究（基本面分析）开展起来。基于财务报表分析的盈余预测研究利用了大量的财务报表信息，因此盈余预测准确性大幅提高。本书第 3 章回顾了这方面的研究。

20 世纪 70 年代末期开始，证券分析师行业大规模发展起来。证券公司、投资基金的分析师开始分析大量的上市公司，并对这些公司的未来盈余做出预测。同时，I/B/E/S，Value Line 等机构开始收集和大规模发布证券分析师的盈余预测，所以 80 年代后期，学术界开始研究分析师预测和分析师行为。分析师预测优于时间序列预测和基本面预测，是因为他们在掌握时间序列预测和基本面预测的知识的同时，还拥有其他信息来源，因此可以做出更准确的预测。随着时间的发展，分析师预测成为投资者盈余预期的代表。迄今为止，分析师研究仍然是会计学研究的重要领域。本书第 4 章回顾分析师行为研究。

盈余预测固然是投资者投资决策的重要依据，但是从盈余预测到投资决策必须经过一个价值评估的过程，投资者要把对未来盈余的预测转变为现在对股票内在价值的评估，然后将评估价值和股票价格对比，并做出投资决策。这个转变过程需要能够有效地将盈余预测转化为评估价值的模型。Ohlson (1995) 创建了基于盈余的剩余收益定价模型（residual income valuation model)，把会计盈余有效地转化为价值评估。本书第 5 章回顾了基于会计信息的价值评估模型研究。

任何盈余预测模型和价值评估模型效果的好坏不仅取决于其本身的科学性，还取决于这些模型使用的“原料”的质量，其中最重要的是过去盈余的质量。企业出于各种各样的动机可能操纵盈余，导致盈余信息失真。如果投资者不能发现这些失真现象，未来盈余预测和价值评估就不可能准确。因此，会计学研究十分关注盈余管理和盈余操纵问题，通过对其进行研究，帮助投资者识别虚假信息，提高预测的准确性。这方面研究的开创性文章是 Jones (1991)，其用未预期应计项目作为盈余管理的替代变量，开创了未预期应计项目预计模型的先河。本书第 6 章回顾了盈余管理研究。

本书第 7 章回顾了以上体系之外一个重要的相关研究领域，即企业信息披露研究。企业信息披露研究和以上体系差别比较大，它关注企业综合来讲是否准确、及时、充分地披露和经营相关的各种问题，从而更有利于投资者预测企业未来走向、盈余和风险水平。

前 7 章的研究多以美国公司为研究对象，2000 年以后，财务会计与资本市场研究中开始出现以多个国家的上市公司为样本，研究不同国家、不同法制制度、不同文化背景下会计的有效性的一批相关研究，这类研究称为财务会计与资本市场相关国际研究。本书第 8 章回顾了这个领域的相关文章。

财务会计与资本市场实证研究评价及展望

本书第 1 章到第 6 章回顾的内容构成了过去几十年中财务会计与资本市场实证研究的主题，从 Ball and Brown（1968）开始，这个领域的研究取得了丰硕的成果，为会计准则建设、证券投资实践和资本市场发展做出了重要的贡献。这些研究的一个突出特点是“美国垄断”，基本上是由美国大学和研究机构的学者做的，主要是基于美国资本市场的数据。

遗憾的是，Ball and Brown（1968）开创性论文发表 40 年后的今天，财务会计与资本市场实证研究的主流逐渐陷入发展缓慢、方向不明的状态。这个问题一方面表现在研究题目还局限在之前回顾的这些领域中，缺乏研究方向的创新；另一方面表现在即使在这些领域中，鲜活的、引人入胜的文章也十分罕见。同时，我们还缺乏研究方法上的创新。基于此，美国会计学术界的一些领导者发出了要重新定义会计学术的内核和外延的呼声（见 Joe Demski 教授近年来的一些讲话）。

之所以出现这种状况，我们认为至少有两个重要原因。第一个原因是会计学博士生教育逐渐自成一体，和经济学等基础学科越来越脱节。会计学研究越来越成为一个封闭的系统。一个典型的美国会计学博士生课程体系虽然也包括微观经济学、统计、计量等课程，但是这些课程作为经济学博士生的基础课程，内容往往涉及最传统、最基本、历史最悠久的经济学理论。经济学博士生还有后续课程学习经济学最新发展前沿，但是会计系往往不要求博士生去选修这些经济学前沿课程，因此，会计学研究吸收经济学发展前沿成果的速度大大放慢。第二个原因是美国会计学术界对世界经济发展最新进展的好奇心比较弱，因此研究的视野受到局限，全球化、国际化、经济转型等过程中的鲜活问题没有引起会计学术界主流的兴趣。相反，我们看到，美国主流金融学者和金融学杂志在20世纪八九十年代十分关注日本和韩国发展的问题，发表了相当多的文章研究这两个国家的金融问题。会计学界则没有类似现象。还有一个原因也是值得警惕的，即主流学术杂志的审稿过程和审稿标准同质化，导致创新型的研究缺乏“露面”的机会。

由Joe Demski教授等人发起的关于会计学术性的讨论是会计学研究走出这种困境的一个良好契机，值得深入开展下去。在形成具体的共识之前，现阶段有两个方面的研究值得我们会计学界给予高度的重视。一个是行为金融学与证券投资研究。会计信息在证券投资中发挥着重要的作用，但是会计学术界对这方面的研究重视不够。读者可以参阅我们主编的《证券投资实证研究：重点文献导读》（第二版）中关于这个问题的论述。另一个是财务会计与资本市场跨国研究。这是一个新兴领域，随着资本市场的国际化和全球化，其未来发展前景十分广阔，其中尤其值得借鉴的是“法和经济学”、“法和金融学”研究的成果。本书第8章回顾了若干财务会计与资本市场国际研究的文章。

本书的读者对象

本书的读者对象首先是学习财务会计理论、资本市场或证券投资的博士/硕士研究生。对教授这类课程的教师来说，本书可以作为课程教材或主要参考书。在北京大学光华管理学院，我们教授博士/硕士研究生研究课程的模式是学术文章精读。每次上课前，两到三名学生要各精读一篇学术文章，在课堂上通过presentation的形式讲解这些文章，然后教师和学生一起讨论，确定文章的贡献，点评文章的缺陷，发掘潜在的研究方向和题目。在这个过程中，学生能够比较深刻地理解文章，长期积累，学生的研究素养能够得到较快的提高。

其次，有兴趣从事财务会计与资本市场研究的读者可以把本书作为参考，在熟悉历史文献的基础上发展自己的研究想法和题目。

在写作每一个研究方向的概述时，我们尽量使用直白的语言，并且尽可能把该章内容放到资本市场和证券投资的大背景下去讨论。这样做的目的是希望能帮助读者在阅读具体文章之前更好地了解某个研究方向的现实意义，尤其是理解会计信息是如何在资本市场上发挥作用的。作为研究者，在做任何一项研究时，不论理论还是实证，都应该在头脑中想象这项研究能为读者带来什么样的启示。财务会计研究主要的应用是在资本市场上，尤其是在证券投资上。因此，本书的概述尽可能把学术研究和投资实践结合起来。

其　他

在本书中，每一篇被回顾的文章都给出了详细的英文作者和题目信息，读者可以通过图书馆、网络等多种渠道取得这些文章的原文。

本书包括的文章回顾是在编者指导下，由选修过我们课程的博士生和硕士生完成的。在此基础上，我们撰写各章的概述部分。在此，我们感谢参加写作文章回顾的学生：薄仙慧、曹琉郡、樊铮、冯博、蒿岚英、龚娜、林景艺、刘慧龙、陆勇、牛建军、欧阳婧、饶品贵、荣膺、宋小华、宋乐、申慧慧、严金国、叶昕、朱炜、朱春艳、张会丽、张涛、祝继高、汪泓、麦晓芃、雷羽、魏春燕。我们同时感谢近年来所有选修了北京大学光华管理学院“财务会计研究专题”的学生。他们的学习热情和意见、建议促使我们编写了本书。

我们感谢北京大学光华管理学院“财务分析与投资理财研究中心”（www. cfair. gsm. pku. edu. cn）对本书写作的支持。

陆正飞　姜国华　张　然

目 录

第 1 章　会计盈余的信息含量研究 …………………………………… 1

1.1　本章概述 ………………………………………………………… 1

1.2　会计盈余数字的实证评价 ……………………………………… 8

Ball R.，and P. Brown. 1968. An Empirical Evaluation of Accounting Income Numbers. *Journal of Accounting Research* 6：159－178

1.3　年度盈余公告的信息含量 ……………………………………… 12

Beaver W. H.. 1968. The Information Content of Annual Earnings Announcements. *Journal of Accounting Research* 6：67－92

1.4　会计季度盈余的信息含量在过去 30 年间是否下降了? ……………………………………………………… 18

Landsman W. R.，and E. L. Maydew. 2002. Has the Information Content of Quarterly Earnings Announcements Declined in the Past Three Decades? *Journal of Accounting Research* 40：797－808

1.5　股票市场对会计盈余公告反应的横截面差异 …………………… 22

Easton，P.，and M. Zmijewski. 1989. Cross-Sectional Variation

in the Stock Market Response to Accounting Earnings Announcements. *Journal of Accounting and Economics* 11：117−141

1.6 一项对盈余反应系数跨期和横截面影响因素的分析 …… 28

Collins，D. W.，and S. P. Kothari. 1989. An Analysis of Intertemporal Cross-Sectional Determinants of Earnings Response Coefficients. *Journal of Accounting and Economics* 11：143−181

1.7 会计盈余组成项目的信息含量 …… 34

Lipe，C.. 1986. The Information Contained in the Components of Earnings. *Journal of Accounting Research* 24：37−64

1.8 会计盈余与现金流的不同计量方法的关系的实证研究 …… 39

Bowen，R. M.，D. Burgstahler，and L. A. Daley. 1986. Evidence on the Relationships between Earnings and Various Measures of Cash Flow. *The Accounting Review* 61：713−725

1.9 未预期收入与股票回报 …… 47

Jegadeesh N.，and J. Livnat. 2006. Revenue Surprises and Stock Returns. *Journal of Accounting and Economics* 41：147−171

1.10 累积会计盈余可以解释大部分证券回报 …… 52

Easton P.，T. Harris，and J. Ohlson. 1992. Aggregate Accounting Earnings Can Explain Most of Security Returns. *Journal of Accounting and Economics* 15：119−142

1.11 价格中包含的未来盈余信息：对盈余反应系数的启示 …… 56

Kothari S. P.，and R. G. Sloan. 1992. Information in Prices about Future Earnings：Implications for Earnings

Response Coefficients. *Journal of Accounting and Economics* 15：143－171

1.12 利用盈余缺乏时效性和噪音解释同期收益—盈余低相关性 …… 60

Collins，D. W.，S. P. Kothari，J. Shanken，and R. G. Sloan. 1994. Lack of Timeliness and Noise as Explanation for the Low Contemporaneous Return-Earnings Association. *Journal of Accounting and Economics* 18：289－324

第 2 章 会计盈余的时间序列特性研究 …… 66

2.1 本章概述 …… 66

2.2 季度会计数据：时间序列特征和预测能力 …… 70

Foster，G.. 1977. Quarterly Accounting Data：Time-Series Properties and Predictive-Ability Results. *The Accounting Review* 52：1－21

2.3 对于会计盈余时间序列特性的进一步研究 …… 75

Brooks，L.，and D. Buckmaster. 1976. Further Evidence of the Time Series Properties of Accounting Income. *The Journal of Finance* 31：1359－1373

2.4 账面回报率和盈余变动的预期：一项实证研究 …… 78

Freeman，R.，J. Ohlson，and S. Penman. 1982. Book Rate-of-Return and Prediction of Earnings Changes：An Empirical Investigation. *Journal of Accounting Research* 20：639－653

第 3 章 基本面分析研究 …… 83

3.1 本章概述 …… 83

3.2 财务报表分析与股票回报的预测 …… 87

Ou，J.，and S. Penman. 1989. Financial Statement Analysis and the Prediction of Stock Returns. *Journal of Accounting and Economics* 11：295－329

3.3 利用财务报表信息预测股票报酬率 ······························ 92

Holthausen, R., and D. F. Larcker. 1992. The Prediction of Stock Returns Using Financial Statement Information. *Journal of Accounting and Economics* 15: 373-411

3.4 基本面信息分析 ······························ 97

Lev, B., and S. R. Thiagarajan. 1993. Fundamental Information Analysis. *Journal of Accounting Research* 31: 190-215

3.5 基本面分析、未来盈余和股票价格 ······························ 101

Abarbanell, J., and B. Bushee. 1997. Fundamental Analysis, Future Earnings, and Stock Prices. *Journal of Accounting Research* 35: 1-24

第 4 章 证券分析师盈余预测研究 ······························ 106

4.1 本章概述 ······························ 106

4.2 作为盈余预期的分析师预测 ······························ 111

O' Brien, P.. 1988. Analysts' Forecasts as Earnings Expectations. *Journal of Accounting and Economics* 10: 53-83-530

4.3 分析师长期盈利预测与股票发行后的市场表现 ······························ 120

Dechow, P., A. Hutton, and R. Sloan. 2000. The Relation between Analysts' Long-Term Earnings Forecasts and Stock Price Performance Following Equity Offering. *Contemporary Accounting Research* 17: 1-32

4.4 盈余偏态和分析师预测偏差 ······························ 125

Gu, Z., and J. Wu. 2003. Earnings Skewness and Analyst Forecast Bias. *Journal of Accounting and Economics* 35: 5-29

4.5 分析师的预测修正与市场价格发现 ······························ 131

Gleason, C. A., and C. M. C. Lee. 2003. Analyst Forecast Revisions and Market Price Discovery. *The Accounting*

Review 78：193－225

4.6 分析师预测与券商交易量 …………………………………… 137

Irvine，P. J.. 2004. Analysts' Forecast and Brokerage-Firm Trading. *The Accounting Review* 79：125－149

4.7 投资者应该相信预言者还是空头？来自分析师与卖空者利用公开信息的证据 ………………………… 142

Drake，M. S.，L. Rees，and E. P. Swanson. 2011. Should Investors follow the Prophets or the Bears? Evidence on the Use of Public Information by Analysts and Short Sellers. *The Accounting Review* 86（1）：101－130

第5章 基于会计信息的价值评估模型研究 ………………………… 148

5.1 本章概述……………………………………………………… 148

5.2 Feltham-Ohlson（1995）模型：实证含义 ………………………… 152

Liu，J.，and J. Ohlson. 2000. The Feltham-Ohlson（1995）Model：Empirical Implications. *Journal of Accounting，Auditing & Finance* 15：321－331

5.3 对剩余收益价值评估模型的实证评估 …………………………… 156

Dechow，P. M.，A. P. Hutton，and R. G. Sloan. 1999. An Empirical Assessment of the Residual Income Valuation Model. *Journal of Accounting and Economics* 26：1－34

5.4 道琼斯指数股票的内在价值 ……………………………………… 163

Lee，C.，J. Myers，and B. Swaminathan. 1999. What is the Intrinsic Value of the Dow? *Journal of Finance* 54：1693－1741

第6章 盈余管理 ………………………………………………………… 168

6.1 本章概述……………………………………………………… 168

6.2 避免盈余下降和亏损的盈余管理 ………………………………… 173

Burgstahler，D.，and I. D. Dichev. 1997. Earnings Management to

Avoid Earnings Decreases and Losses. *Journal of Accounting and Economics* 24：99－126

6.3 进口救济调查期间的盈余管理 …………………………… 179

Jones，J.. 1991. Earnings Management during Import Relief Investigations. *Journal of Accounting Research* 29：193－228

6.4 管理者避免负的未预期盈余的动机 ……………………… 185

Matsumoto，D.. 2002. Management's Incentives to Avoid Negative Earning Surprises. *The Accounting Review* 77：483－514

6.5 债务违约和盈余操纵 …………………………………… 191

DeFond，M. L.，and J. Jiambalvo. 1994. Debt Covenant Violation and Manipulation of Accruals. *Journal of Accounting and Economics* 17：145－176

6.6 债务契约违约与经理人员会计回应 ……………………… 197

Sweeney，A.. 1994. Debt-Covenant Violations and Managers' Accounting Responses. *Journal of Accounting and Economics* 17：281－308

6.7 债务契约假设的大样本证据 ……………………………… 201

Dichev，I. D.，and D. J. Skinner. 2002. Large Sample Evidence on the Debt Covenant Hypothesis. *Journal of Accounting Research* 40：1091－1123

6.8 资产负债表管理：将短期负债重分类为长期负债 ………… 205

Gramlich，J. D.，M. L. McAnally，and J. Thomas. 2001. Balance Sheet Management：The Case of Short-Term Obligations Reclassified as Long-Term Debt. *Journal of Accounting Research* 39：283－295

6.9 公司是否通过盈余管理以达到现金分红门槛？ …………… 209

Daniel，N. D.，D. J. Denis，and L. Naveen. 2008. Do Firms Manage Earnings to Meet Dividend Thresholds? *Journal of*

Accounting and Economics 45：2-26

6.10 管理者股票期权、错过盈余目标与盈余管理 …………………… 214

McAnlly M. L.，A. Srivastava，and C. D. Weaver. 2008. Executive Stock Options，Missed Earnings Targets，and Earnings Management. *The Accounting Review*，Vol. 83，No. 1：185-216

第 7 章 管理层信息披露和信息披露质量 ………………………………… 219

7.1 本章概述 ………………………………………………………… 219

7.2 信息披露水平和股权资本成本 …………………………………… 224

Botosan，C.. 1997. Disclosure Level and the Cost of Equity Capital. *The Accounting Review* 72：323-349

7.3 公司为什么自愿披露坏消息？ …………………………………… 230

Skinner，D.. 1994. Why Do Firms Voluntarily Disclose Bad News? *Journal of Accounting Research* 32：38-60

7.4 公司披露政策与分析师行为 ……………………………………… 233

Lang M. H.，and R. J. Lundholm. 1996. Corporate Disclosure Policy and Analyst Behavior. *The Accounting Review* 71（4）：467-492

第 8 章 财务会计与资本市场相关国际研究 ……………………………… 242

8.1 本章概述 ………………………………………………………… 242

8.2 国际制度因素对会计盈余特性的影响 …………………………… 245

Ball，R.，S. P. Kothari，and A. Robin. 2000. The Effect of International Institutional Factors on Properties of Accounting Earnings. *Journal of Accounting and Economics* 29：1-51

8.3 股票市场的信息含量：为什么新兴市场股票价格变动具有同步性？ ………………………………………………… 252

Morck，R.，B. Yeung，and W. Yu. 2000. The Information Content of Stock Markets: Why Do Emerging Markets Have Synchronous Stock Price Movements? *Journal of Financial Economics* 58：215-260

8.4 在美国跨国上市公司究竟有多大代表性？基于会计质量的分析 …… 256

Lang，M.，J. S. Ready，and M. H. Yetman. 2003. How Representative Are Firms that Are Cross-Listed in the United States? An Analysis of Accounting Quality. *Journal of Accounting Research* 41：363-386

8.5 非财务信息披露和分析师预测准确性：企业社会责任披露的跨国证据 …… 261

Dhaliwal，D. S.，S. Radhakrishman，A. Tsang and Y. Yang. 2012. Nonfinancial Disclosure and Analyst Forecast Accuracy: International Evidence on Corporate Social Responsibility Disclosure. *The Accounting Review* 87：723-759

第 1 章

会计盈余的信息含量研究

1.1 本章概述

1.1.1 对本章三部分内容的概述

财务报告的目的是向信息使用者提供与决策相关的信息。上市公司对外披露的财务会计信息是否为投资者等信息使用者的投资决策所用，是否有助于投资者对未来现金流量的数量、时点和不确定度进行评估，是会计界人士关注并且必须回答的基本问题。从经验研究的角度讲，如果某会计数据集（accounting data set）的披露与证券的价格或交易量之间具有统计意义的显著相关，我们就说该会计数据集向市场传递了新的有用信息，或者说具有信息含量（information content）。

自从 Ball and Brown（1968）开创了会计领域资本市场实证研究的先河，后人对会计盈余信息含量的研究便从来没有停止过。本章分三部分介绍会计领域对盈余信息含量的研究。第一部分为盈余信息含量的经典文献，包括 Ball and Brown（1968）；Beaver（1968）和 Landsman and Maydew（2002）三篇文章。第二部分为盈余反应系数方面的研究，包括五篇文章：Easton and Zmijewski（1989）；Collins and Kothari（1989）；Easton et al.（1992）；Kothari and Sloan（1992）；Collins et al.（1994）。第三部分为盈余以外的其他会计信息（如现金流和收入等）提供给市场的信息含量，这部分包括 Lipe (1986)；Bowen et al.（1986）和 Jegadeesh and Livnat (2006) 三篇文章。

1.1.2 盈余信息含量的最初结论

Ball and Brown（1968）和 Beaver（1968）是最初研究会计盈余信息含量方面的两篇经典文章，他们的证据表明会计盈余公告的确存在信息含量。Ball 和 Brown 发现盈余公告后一个月内超额股票回报与当年盈余相对上年盈余变化之间存在显著的正相关性。Ball 和 Brown 检验的前提假设是盈余期望模型能够较好地度量未预期盈余。这样，一部分"好消息"公司的盈余增长对市场来说是个惊喜，会带来股票价格的提高。因此，盈余公告期间超额回报与未预期盈余关系的强度既是盈余信息含量，又是所使用的盈余期望模型质量的函数。Ball 和 Brown 使用两种盈余期望模型：简单随机游走模型和盈余的市场模型。除了研究会计盈余和证券回报的关系以及信息含量外，Ball 和 Brown 也通过考察市场对于好消息或坏消息的盈余公告的反应是否迅速又无偏，来检验市场有效性。他们发现市场对于坏消息的调整居然用了几个月，这可以作为盈余公告后漂移的初步证据。这一点表明了市场先是反应不足，而后才逐渐根据盈余所包含的信息做出调整。然而 Ball 和 Brown 只是为盈余公告后漂移提供了初步证据，之后，与漂移异象相关的文献对此进行了深入研究，包括 Jones and Litzenberger（1970）；Litzenberger et al.（1971）；Foster et al.（1984）和 Bernard and Thomas（1989，1990）。[①] 这

---

① Jones，J.. 1971. Earnings Management during Import Relief Investigations. *Journal of Accounting Research* 29. 193–228.

Litzenberger，R.，M. Joy，and C. Jones. 1971. Ordinal Predictions and the Selection of Common Stocks. *Journal of Financial and Quantitative Analysis* 6：1059–1068.

Foster，G.，C. Olsen，and T. Shevlin. 1984. Earnings Releases，Anomalies and the Behavior of Security Returns. *The Accounting Review* 59：574–603.

Bernard，V.，and J. Thomas. 1989. Post-Earnings-Announcement Drift：Delayed Price Response or Risk Premium? *Journal of Accounting Research* 27：1–48.

——. 1990. Evidence that Stock Prices Do Not Fully Reflect the Implications of Current Earnings for Future Earnings. *Journal of Accounting and Economics* 13：305–340.

类研究在《证券投资实证研究：重点文献导读》（第二版）里有进一步的回顾。Ball 和 Brown 还比较了盈余和现金流的信息含量，以检验应计会计（accrual accounting）是否使盈余比现金流包含更多信息。他们的证据表明，盈余变化带来的年度超额回报调整幅度比现金流变化带来的年度超额回报调整幅度大，这与应计会计使得盈余包含更多信息一致。

Beaver（1968）考察股票在盈余公告前后的回报波动性和交易量，来研究盈余的信息含量问题。他假设盈余公告期间比非盈余公告期间信息流增加，并通过比较盈余公告期间和非盈余公告期间交易量的大小来推测信息流的大小。他认为市场参与者对于即将到来的盈余公告有着不同的预期，而盈余公告降低了一些不确定性，这些预期的差异程度也随之下降，但在这一过程中那些根据公告前预测建仓的市场参与者加大交易量调整仓位的行为引起了公告期间的交易量增加。实证检验符合他的这一假设。

随着时间进入 21 世纪，一些学者认为由于经济发展使得现代公司的运行越来越依赖于无形资产、服务质量等会计信息所无法反映的因素，会计盈余的信息含量越来越少。相关的实证研究也发现会计盈余信息的经济相关性正在逐年下降，使会计学科的地位和作用再次受到质疑。Landsman and Maydew（2002）正是针对这些质疑所做的检验。这篇文章采用 Beaver（1968）对信息含量的定义，从异常成交量（AVOL）和异常价格波动（AVAR）两个维度来验证会计信息发布当日及前后两日的会计信息增量。研究发现，1972—1998 年，会计报告的信息含量不但没有减少，反而在这近 30 年的时间里有所增加。

总之，第一部分的三篇文章显示，会计信息具有一定的信息含量，而且随着时间的推移，这种信息含量并没有降低。

1.1.3　盈余反应系数

1. 盈余反应系数的影响因素

20 世纪 80 年代起兴起的对盈余反应系数的研究进一步拓展了人们对会计信息含量的认识。该类研究主要集中于影响盈余反应系数的因素，以及对实际的盈余反应系数比理论预计值偏低进行解释。

Kormendi and Lipe（1987）[①]，Easton and Zmijewski（1989）以及 Collins and Kothari（1989）的早期研究发现了盈余反应系数的四个经济影响因素。这些研究均以财务和经济学文献中标准的净现金流量折现估价模型作为研究的基础。为了将盈余与证券回报联系起来，假设市场对预期盈余的修正与净现金流量是一一对应的关系。影响盈余反应系数的四种因素是：持续性、风险、成长性和利率。

Kormendi and Lipe（1987）和 Easton and Zmijewski（1989）的研究表明未预期盈余对市场参与者的影响越大，即盈余的时间序列特征越具有持续性，股价变动或盈余反应系数就越大。Collins and Kothari（1989）将盈余反应系数与一系列通常假定的盈余时间序列特征联系起来，包括随机游走、移动平均以及自回归特征。Easton and Zmijewski（1989）解释了为什么风险与盈余反应系数负相关。此处的风险指的是权益现金流波动的系统因素。资本资产定价模型（CAPM）意味着权益折现率随着权益现金流量系统风险的增加而增大，因而风险越高，折现率也就越高。高折现率降低未来预期盈余修正的折现值，即盈余反应系数。

Collins and Kothari（1989）预计公司的成长机会对盈余反应系数具有正的边际效应。这里的成长性指的是现有的项目或者投资新项目的机会，这些项目预期会带来超过风险调整回报率 r 的回报。一个公司能在现有或未来投资上赚取高于正常水平的回报率与资本市场有效性并不冲突，这只是意味着公司在产品市场上有垄断能力或具有某种竞争优势。当期盈余对公司未来成长机会的信息含量越高，价格变动就越大。Collins and Kothari（1989，pp. 149-150）认为之所以价格反应程度高于基于盈余的时间序列持续性预计的反应程度，部分原因在于历史数据所估计出的持续性没有将当期的成长机会准确反映在内。最后，Collins and Kothari（1989）预测出盈余反应系数与无风险利率之间的短期负相关关系。此处的逻辑非常直接。任意时点的折现率 r 等于当时的无风险利率加上风险溢价。若无风险利率升高，在其他

① Kormendi，R. C.，and R. Lipe. 1987. Earnings Innovation，Earnings Persistence and Stock Returns. *Journal of Business* 60：323-345.

条件不变的前提下，预期未来盈余变动的折现值将降低，从而得出利率水平与盈余反应系数之间的短期负相关关系。

2. 盈余反应系数为什么比理论预测的小

假定年度盈余的时间序列服从随机游走分布，折现率为 10%，则预期盈余反应系数约为 11（即 $1+1/r$）。但是，通过实际数据得到的盈余反应系数比理论预计值偏小。本节中的三篇文章试图解决这一问题。

正如 Kothari（2001）① 总结的那样，至少有四种假说解释为什么观测到的盈余反应系数比较小：（1）价格引导盈余；（2）资本市场无效率；（3）盈余噪音以及 GAAP 不完善；（4）暂时性盈余。价格引导盈余以及暂时性盈余的存在主要用来解释同期回报—盈余弱相关性或盈余反应系数较小的原因，这从文献中也可以看出来。

价格引导盈余的原理在于股票价格反映了市场对于公司前景和未来的预期，而会计盈余则是基于历史信息得到的。因此，如果用同期的价格和盈余回归，可能得到的盈余反应系数就会很小；而如果可以适当地扩大盈余和价格的测量区间，根据价格引导盈余的原理，得到的盈余反应系数应该会比同期价格和盈余回归得到的大。

Easton et al.（1992）通过延长盈余计算的会计期间，得到的累积的会计盈余与股票回报的相关程度显著提高。扩展盈余的测度窗口可以缓解由于价格引导盈余所引起的变量误差和遗漏变量问题。另外，如果噪音是均值反转的，噪音与价值相关的盈余二者方差的比率也会由于测度窗口的扩展而下降。

Kothari and Sloan（1992）将当期与过去的回报对当期盈余回归，以解决回报—盈余回归中由于价格引导盈余带来的变量误差问题。其证据表明，引进前期回报后，盈余反应系数显著升高，该结论与信息环境具有价格引导盈余的重要特征，以及与噪音及暂时性盈余成分相一致。

如前所述，用回报对当期和未来盈余增长进行回归时，变量误差问题的

① Kothari，S. P.. 2001. Capital Market Research in Accounting. *Journal of Accounting and Economics* 31：105－231.

出现部分归因于未来盈余增长包含不能解释当期回报的未来信息。Collins et al.（1994）通过引进未来回报作为自变量来缓解变量误差问题。运用未来回报的好处在于它与未来盈余增长中的新信息是相关的。从计量的角度来看，未来回报剔除了未来盈余增长变量中的新信息误差。通过在收益—盈余回归模型中加入未来盈余作为变量，Collins 等人发现了缺乏时效性是导致同期收益—盈余低相关性的原因。他们发现，相比仅使用本期实现的盈余，本期盈余未被预期到的部分和市场对未来盈余预期的改变能够解释大概 3～6 倍不同年份间和横截面上的年收益方差。总之，他们证明盈余缺乏时效性是导致同期收益—盈余低相关性的重要因素。Collins 等人的证据主要支持了价格引导盈余观点，但并没有提供支持盈余噪音假设的证据。

1.1.4 盈余以外的其他会计信息的信息含量

本章以上两个部分主要回顾了会计盈余的信息含量。除了会计盈余以外，会计报告还提供其他一些信息，比如收入、费用、现金流等。这些信息的披露是否在盈余信息之外具有信息含量？这个问题是本节研究的重点。

Lipe（1986）是第一篇研究会计盈余组成项目与股票回报之间关系的文章。以前的研究主要集中在会计盈余与股票回报之间的关系上。Lipe（1986）将会计盈余分为毛利、一般及管理费用、折旧、利息费用、所得税与其他项目六个部分。研究发现，会计盈余分项信息具有增量的信息内涵，各会计盈余分项差异性是由各分项的时间序列差异造成的。该文章所发现的“分项额外信息”，是会计研究的重要发现之一。该文章所使用的研究方法成为以后研究会计披露信息含量，特别是各类盈余分项信息含量的重要方法之一。

Bowen et al.（1986）描述了会计盈余的信息含量和五种不同计量方法（其中包括两种传统的计量方法和三种新近的计量方法）下的现金流的信息含量之间的实证性相关关系。该文发现新发展的包含更多综合性调整项的现金流与会计盈余以及传统方法衡量的现金流之间的相关性较低，指出新的计量方法下的现金流与会计盈余具有不同的信息传递作用。

Jegadeesh and Livnat（2006）在这些研究的基础上，发现未预期收入含有的信息能够用于预测未来的盈余，同时资本市场对未预期收入信息反应不足，并且分析师对这种信息也有一个吸收的过程。他们的主要贡献在于考察了市场和分析师对收入信息的反应。

为什么说收入中含有增量信息呢？Jegadeesh and Livnat（2006）认为成本具有异质性特征，含有一些特殊项目，因而成本的降低不具有持续性，而收入具有同质性特征，因而其持续性更高。Ertimur et al.（2003）① 认为成本较收入而言更易受到管理层的操纵。Ghosh et al.（2005）② 研究发现，在收入和盈余变化方向相同时公司更少从事盈余管理。因此，他们认为收入会在盈余之外提供增量信息。

以上三篇文章都表明，除会计盈余以外，其他的一些会计信息，如收入、成本、现金流等也为市场提供了增量信息。

1.1.5　国内该领域研究状况及本领域研究展望

会计盈余及其他会计报告数字信息含量研究是会计领域资本市场研究的一个重要方面，我国的会计研究在这方面也产生了丰富的研究成果。如最初的赵宇龙（1998）③ 和陈晓、陈小悦、刘钊（1999）④ 都验证了在中国市场上，会计信息同样具有信息含量。后人在他们的研究基础上，发现除了盈余以外，现金流和其他会计信息在中国证券市场也具有信息含量，如 Haw, Qi and Wu（2001）⑤ 和赵春光（2004）⑥ 发现现金流具有信息含量，但会计

① Ertimur Y., J. Livnat, and M. Martikainen. 2003. Differential Market Reactions to Revenue and Expense Surprises. *Review of Accounting Studies* 8: 185-211.

② Ghosh A., Z. Gu, and P. C. Jain. 2005. Sustained Earnings and Revenue Growth, Earnings Quality, and Earnings Response Coefficients. *Review of Accounting Studies* 10: 33-57.

③ 赵宇龙：《会计盈余披露的信息含量——来自上海股市的经验证据》，载《经济研究》，1998 (7)：41-49。

④ 陈晓、陈小悦、刘钊：《A 股盈余报告的有用性研究——来自上海、深圳股市的实证证据》，载《经济研究》，1999 (6)：21-28。

⑤ Haw, I. M., D. Qi, and W. Wu. 2001. The Nature of Information in Accruals and Cash Flows in an Emerging Capital Market: The Case of China. *The International Journal of Accounting* 36: 391-406.

⑥ 赵春光：《现金流量价值相关性的实证研究——兼评现金流量表准则的实施效果》，载《会计研究》，2004 (2)：29-35。

盈余对股票收益的解释力要强于现金流量。姜国华和张然（2007）[①] 通过基于股票价格反应的规范性分析，认为在现实条件下，在现行会计准则中适当引入公允价值计量有助于提高会计盈余的信息含量。

在未来的研究方面，由于前人已经建立了最初的研究框架和基本理论，研究特殊环境下的会计信息含量是该领域未来可期的研究方向，如新旧会计准则更替期间的会计信息含量改变等（张然、张会丽，2008）[②]。这些方面的研究可以为准则制定者提供一定的政策依据。另外，在研究方法上也存在一定的突破空间，例如，如果能够引入行为金融学中包含噪音投资者的更一般的模型，而不是简单地在该领域研究中假设市场有效，对建立更有力的研究模型和得出更有说服力的研究结论，将是十分有益的。[③]

1.2 会计盈余数字的实证评价

Ball R. , and P. Brown. 1968. An Empirical Evaluation of Accounting Income Numbers. *Journal of Accounting Research* 6：159-178

本文首次采用实证方法将会计盈余与股票回报联系起来，进而证明会计信息的有用性，开创了资产市场会计实证研究的先河，为日后众多学者采用实证方法，借助资本市场研究会计问题奠定了重要基础。可以说，本文是实证会计研究的开山之作，对于近 40 年实证会计研究功不可没。在本文以前的研究大多采用分析式模型来完成对会计行为或会计理论的阐释。这些研究都是对比一些实际中的行为与模型的完美行为，从而获得一些启示或者结论。这种研究似乎忽略了另外一种认识世界和获取知识的方式，那就是通过可以观测的行为对未来行为的预测。同样的问题出现在我们对于会计盈余的

① 姜国华、张然：《稳健性与公允价值：基于股票价格反应的规范性分析》，载《会计研究》，2007（6）：20-25。

② 张然、张会丽：《新会计准则中合并报表理论变革的经济后果研究》，载《会计研究》，2008（12）：44-51。

③ Lee，C. M. . 2003. Market Efficiency and Accounting Research：a Discussion of “Capital Market Research in Accounting” by S. P. Kothari. *Journal of Accounting and Economics* 31：233-253.

问题研究上，会计的盈余数字一直被认为是一系列会计程序后的结果集。既然是一系列会计程序后的结果集，那么这个结果集实际上是完全没有意义的，仅仅是数字而已。因此如果我们采用分析式模型的方法来对盈余数字进行研究，就缺乏实证研究结果，进而丢失了这些盈余数字中潜在的“意义”。其实，在现实中我们会注意到盈余数字对于投资者来说是至关重要的，它是投资者决策的重要标准，那么会计盈余就会反映在股价中。因此，盈余数字中潜在的内容和时效性都可以被观察到。本文首次将会计盈余与股票回报联系，从资本市场股票回报的视角证明会计信息的有用性，这种思想为后来会计信息含量和有用性的研究奠定了重要基础，尤其是文章首次发现了盈余公告的漂移现象，从而为后来 Bernard and Thomas（1989）等研究漂移现象奠定了基础。

本文研究的核心问题就是会计盈余数字的有用性。本文通过研究会计盈余数字的信息含量和实效性来验证会计盈余的有用性。首先在会计盈余数字的信息含量研究中，作者使用了资本市场有效性的等式推导出如果信息含量存在，这里的残差应该包含额外的信息，这个信息是排除了市场和行业干扰的。然后在会计盈余数字的实效性研究中，作者采用事件研究法，研究会计盈余公告日前后股价的变动来证明会计盈余的实效性特征。

文章采用实证检验的研究方法，作者认为以往的研究认为资本市场是有效的，资本市场会对市场中的任何信息做出及时和快速的反应，因此相信市场也会对盈余报告中的信息含量做出反应。为此，作者提出了自己的研究思路，即建立两个模型：第一个模型用来检验市场对会计盈余的预期；第二个模型检验预期发生错误时市场做出的反应。通过这两个模型检验来证明盈余数字具有信息含量，而且这些信息是有用的。

首先作者建立第一个模型。作者认为在完美资本市场下影响盈余的因素主要有两个：第一是经济环境因素，因此对于盈余的预期是一种有条件的期望值，研究一家公司的盈余就要关注当期的经济环境因素和这家公司所在行业因素的影响；第二是被研究公司自身因素的影响，比如融资和一些公司出台的政策，作者同样认为这方面因素的影响也会通过时间的推移在公司的盈余数字中反映出来。综上分析，作者提出了一个线性回归模型来估计这两个因素对于公司盈余变化的影响：

$$\Delta I_{j,t-\tau} = a_{1jt} + a_{2jt}\Delta M_{j,t-\tau} + u_{j,t-\tau}, \quad \tau = 1,2,\cdots,t-1$$

式中，$\Delta I_{j,t-\tau}$为j公司$t-\tau$期的盈余；$\Delta M_{j,t-\tau}$为市场所有公司$t-\tau$期平均盈余变化。

根据以上公式，我们得到以下等式，用于预测j公司在t年的可预期盈余变化：

$$\Delta I_{jt} = a_{1jt} + a_{2jt}\Delta M_{jt}$$

而未预期盈余可以用实际盈余变化减去可预期盈余变化：

$$\hat{u}_{jt} = \Delta I_{jt} - \Delta \hat{I}_{jt}$$

这个等式的结果就是盈余预期的差异，即当期盈余数字可能传递的信息。

然后作者建立第二个市场反应模型。作者引用以前的研究发现1944年1月到1960年12月期间30%～40%的月回报变化来自市场的影响，而这种市场的影响来自所有公司的信息披露。因此，作者认为被研究公司月回报受到来自市场影响的部分，可通过使用该公司的当月股价与市场回报回归衡量：

$$PR_{jm} - 1 = b_{1j} + b_{2j}(L_m - 1) + v_{jm}$$

式中，PR_{jm}为j公司在m月的股票价格；L_m为Fisher股票综合投资绩效指数（Fisher，1966）；v_{jm}为j公司在m月股票回报残差；L_m-1为市场月回报率的估值。

上式回归结果中的残差就是实际回报与预期回报的差别所在。如果市场真的可以很快和有效地对信息做出反应，那么这里的残差就完全可以代表被研究公司新信息披露的反应。

以上建立的模型，就是作者预期会计盈余影响公司回报，而盈余分为预期盈余和未预期盈余，对应预期和未预期回报。如果盈余预测误差是负值，那就是说市场有坏的消息披露出来。文章选用两个盈余预期模型：回归模型和幼稚模型。另外，衡量盈余的变量为EPS（每股盈余）和净收入。

盈余数据来源于标准普尔的Compustat数据库。年报披露来源于《华尔街日报》，《华尔街日报》中披露三种年报公告：盈余预测、预先公告和完整年报。本文研究的年报公报日选择《华尔街日报》披露预先公告的日期作为公告日。股价数据来自芝加哥大学的CRSP（Center for Research in Security Price）数据库，月股价采用的是每月收盘价，作为回归中的月股价变量。样本的最后选择是1957—1966年9年的数据。

本文研究结论见原文中图1。文章分别根据三个盈余变量（依次为回归模型中的净收入、回归模型中的EPS和幼稚模型中的EPS）构造三个组合，正的未预期盈余的市场指数异常回报位于图形上方，负的未预期盈余的市场指数异常回报位于图形下方。这就说明如果盈余与预期不一致，市场做出了积极有效的同向反应，即年报中的未预期盈余数字和股票回报正相关，进而说明会计盈余是有用的，对于投资者具有信息含量。但我们注意到，年报中的盈余信息含量在年报公布前已经在股票市场上提前反应，而这种提前反应使得在年报盈余公布日没有出现市场的巨大波动。从图上来看，这种信息泄露从公告日的前12个月一直延续到了公告日的后1个月。此外，通过该图可以获得以下结论：(1) 用于衡量未预期会计盈余的回归模型和幼稚模型的结果基本一致；(2) 注意到图中的向下漂移计算有一些误差，虽然这个计算误差不影响本文的结论，但是我们注意到这可以解释为什么图中横轴上方的漂移幅度小于横轴下方的漂移幅度；(3) 作者分别使用现金流和扣除非经常性损益后的净收入来替代回归模型中的盈余变量，发现这两个变量都不如净收入和EPS作为盈余变量来预测股价的变动效果好；(4) 当图中的漂移效应持续到公告日后两个月，作者给出了三个可能的解释，首先可能是市场指数要等到一些公司年报公告后才能为投资者所了解，其次可能是在公告日的随机误差，最后可能预先公告未被市场完全反应。最终作者给出了一个稳健性检验，虽然前面的结论验证了盈余公告信息与股价有关系，从而证明了盈余信息的有用性，但是检验的残差中的新信息的存在并不一定是盈余公告信息提供的，可能包含其他来源的信息。作者建立了总信息、盈余信息和其他信息模型，检验结果发现盈余信息贡献的反应占公告日前 12 个月中提前反应的一半以上。

本文的研究目的是通过检验股票回报与会计盈余之间的关系，发现会计盈余的信息含量和有用性。结论也说明了这一问题，除此之外，作者得出了更多的结论。盈余数字提供的信息含量占每个公司提供所有信息含量的一半以上，因此证明了盈余数字是具有信息含量的。同时发现盈余提供的信息含量会提前释放出来，而不会造成在公告日市场出现巨大波动。这篇文章之所以成为会计研究的重要奠基性文献之一，是因为本文的研究为后来多方面研究提供了基础：（1）公司公告的信息含量研究，比如股利公告等事件研究；（2）盈余公告漂移现象的深入探讨，如 Bernard and Thomas（1989）；（3）会计实证研究方法的兴起。

参考文献

Bernard V. L.， and J. K. Thomas. 1989. Post-Earnings-Announcement Drift：Delay Price Response or Risk Premium? *Journal of Accounting Research* 27：1-36.

Fisher，L. 1966. Some New Stock Market Indexes. *Journal of Business* 39（1）：191-225.

1.3 年度盈余公告的信息含量

Beaver W. H. . 1968. The Information Content of Annual Earnings Announcements. *Journal of Accounting Research* 6：67-92

Ball and Brown（1968）《会计盈余的实证评价》和 Beaver（1968）《年度盈余公告的信息含量》两篇文章是实证会计研究的起点。两者的共同之处在于，采用事件研究方法把会计盈余披露与股价变动联系起来，结论都证明了会计盈余具有信息含量，进而支持了会计信息的有用性。相比 Ball and Brown（1968），本文发现会计盈余的披露对投资者的投资决策产生了影响。

也就是说，会计信息是通过给投资者提供新的信息，引导投资者改变对未来股票（价格）收益的概率分布的评价，从而投资者发生买卖行为造成股票交易量变动，进而反映在股票均衡价格的变动中，最终证明了会计信息的有用性。从 Ball and Brown（1968）和 Beaver（1968）两篇文章开始，会计信息观就成为整个会计研究的主要观点，共同开创了盈余—价格实证研究的先河，是对会计实证研究的发展具有启发意义的经典之作，也是引用最多的会计学文献之一。

这篇文章研究的核心问题是，投资者在多大程度上感知到会计盈余的信息价值。具体来说，该研究检验投资者对盈余公告的反应，这主要反映在宣告日前后 8 周的股票交易量和股票价格变动中。不同于 Ball and Brown（1968）的研究，本文作者没有假定投资者对盈余的期望模型（因为 Benston（1967）研究发现股价变动对盈余敏感性低，可能是由于盈余期望模型设定不恰当），故无法具体衡量未预期盈余（盈余公告的新信息）对股价变动的方向和大小的影响程度。但是，作者从另一个角度入手，即检验盈余公告期是一年中股票价格变动最大的时期，从而说明会计盈余具有新的信息含量，影响股票价格的变动。

根据经济学和信息理论，信息定义为导致一个事件发生结果的期望值的变动。因此本文中作者的逻辑起点是，如果公司盈余报告改变了投资者对未来股票（价格）回报的概率分布的评价，而且这种改变足够大，大到引起投资者改变决策行为，那么说明会计盈余报告具有信息含量。具体表现在市场中的行为就是，投资者获悉盈余公告后，更改持有公司股票比例的组合（例如，买更多或者卖一部分，或卖掉持有的该公司的全部股票），那么这种单个投资者的买卖行为就造成股票交易量变动。根据经济学家的观点，交易量反映的是股票价格缺乏共识。这种缺乏共识是新信息出现（盈余公告）所造成的，因为投资者在获悉公告后，解读盈余公告的方法不尽相同，所以需要一段时间达成对整个市场的一致看法，那么这段时间内就会观察到交易量的增加。作者指出，检验股票价格和股票交易量的一个重要区别在于，股票价格反映的是整个市场预期的变化，而股票交易量反映的是单个投资者预期的变化。从这个角度来说，如果信息是中立的，则可能不会改变股票价格，但可能会改变单个交易者的预期，从而影响交易量。进而预期结论应该是，股票价格对盈余的敏感性低于交易量对盈余的敏感性。

文章选取了1961—1965年间Compustat数据库中的公司数据。样本筛选标准如下：首先，样本必须是在纽约证券交易所（NYSE）上市的公司；其次，剔除了会计年度截止日为12月31日的公司；再剔除盈余公告周同时有股利公告的公司；同时剔除盈余公告前后8周（包括盈余公告周本身，总共17周）有股票拆分的公司；然后剔除每年在《华尔街日报》公告的消息多于20条的公司。最后得到1961—1965年间的样本公司143家和506个年度盈余公告事件。

变量选取和定义包括：

$$V_{it}=\frac{i\text{公司第七周的股票交易量}}{i\text{公司第七周发行在外的股份总量}}\times\frac{1}{\text{第七周的交易天数}}$$

$$V_{mt}=\frac{\text{NYSE 所有公司第七周的股票交易量}}{\text{NYSE 所有公司第七周发行在外的股份总量}}\times\frac{1}{\text{第七周的交易天数}}$$

$$R_{it}=\ln\left(\frac{D_{it}+P_{it}}{P'_{i,t-1}}\right)$$

$$R_{Mt}=\ln\left(\frac{(SP)_t}{(SP)_{t-1}}\right)$$

式中，D_{it}为第t周i公司支付的现金股利；P_{it}为第t周i公司周收盘价；$P'_{i,t-1}$为i公司第$t-1$周经过资本变动调整（例如，股票拆分和股票分红）后的收盘价；$(SP)_t$为第t周标准普尔价格指数收盘价；$(SP)_{t-1}$为第$t-1$周收盘价；V_{it}为第i家公司日度交易的股票份额所占百分比的周平均；V_{mt}为纽约股票交易所所有上市公司交易量的水平；R_{it}为相对价格的自然对数，反映了价格变动；R_{Mt}为市场的价格变动。

研究设计主要包括两个部分，一是交易量分析，另一个是股票价格分析。

1. 交易量分析

第一，作者考察了在未调整市场影响下的交易量变化情况。作者把盈余公告日前后 17 周定义为报告期（盈余公告周前 8 周，盈余公告周后 8 周，再加上盈余公告日所在周）。研究发现，盈余公告周（第 0 周）平均交易量比非报告期高出 33%，是在报告期 17 周内的最高交易量。这就说明了在盈余公告时期，投资者事实上改变了投资组合的持有比例，这一改变与盈余公告具有信息含量的论断一致。另外，作者发现，公告前 8 周的交易量低于正常水平，这说明投资者可能推迟股票的购买和出售，直至盈余公告。研究也发现投资者对盈余公告的快速反应，几乎所有高于正常水平的活动都集中在第 0 周（盈余公告日所在周）。

第二，为了控制市场层面的事件对个股交易量的影响，作者提出了一个模型用于剔除整体市场因素的影响：

$$V_{it} = a_i + b_i V_{Mt} + e_{it}$$

式中，a_i 和 b_i 是基于非报告期的观测的线性回归结果得出的估计。回归结果发现，市场因素 V_{Mt} 对个股交易量影响很小，但影响符号基本都是正的，这就说明了市场对个股交易量的影响显著异于零，但是程度很小。

第三，对报告期的残差分析。其中，残差 e_{jt} 是根据为期 17 周的报告期中的每一周 t 和 506 个盈余公告中的每一个 j 得到的（注意：上面模型中为 e_{it}，其中 i 为公司 i 或证券 i，但 j 为盈余公告 j）。正的残差代表高于正常交易量，负的残差表示低于正常交易量，残差为 0 表示正常交易量。

$$e_{jt} = V_{jt} - a_i - b_i V_{Mt}, \ i = 1, \cdots, 143; j = 1, \cdots, 506; t = -8, \cdots, +8$$

研究结果与未剔除市场因素影响的结果一致，第 0 周（盈余公告所在周）交易量达到了顶峰，平均交易量高于非报告期交易量的 30%，高于盈余公告周前几周交易量的 40%。这些结果都与盈余公告具有信息含量这一论断一致。

2. 股票价格分析

如果盈余公告传递了新信息，从而引导现有市场均衡价格的变动，那么在盈余公告周（第0周）股票价格变动应该大于非报告期的股价变动。作者在进行股票价格分析时，都在模型中对市场影响进行了调整。

第一，类似交易量分析，作者引用 Sharpe 模型，控制市场因素对个股价格变动的影响：

$$R_{it}=a_i+b_iR_{Mt}+u_{it}$$

式中，R_{it}为证券i在t周的价格变动；R_{Mt}为纽约证券交易所425家工业企业在t周的平均价格变动；u_{it}为单个证券价格变动中不能由市场因素解释的部分。

由于本文未假定投资者期望模型，造成股价变动符号无法计算，故文章对u_{it}做了平方处理。也就是说，如果盈余公告具有信息含量，那么盈余公告周（第0周）u_{it}^2应该高于非报告周。此外，u_{it}^2的均值恰好是u_{it}的方差（s_i^2）。文章选取$U_{it}=\frac{u_{it}^2}{s_i^2}$，表示第0周的残差平方与非报告期平均残差平方的关系。如果$U_{it}>1$，则盈余公告周残差的股价变动大于正常股价变动，反之则相反。

第二，类似交易量分析，利用非报告期数据，估计出 Sharpe 模型中的a_i，b_i和s_i^2。估计结果发现R_{it}和R_{Mt}相关性很低，只有6%的R_{it}的变化能被R_{Mt}解释。类似交易量分析，为了剔除市场因素对个股股价的影响，计算残差模型：

$$u_{jt}=R_{jt}-a_i-b_iR_{Mt}, i=1,\cdots,143;j=1,\cdots,506;t=-8,\cdots,+8$$

根据残差模型，从而得到：

$$U_{jt}=\frac{u_{jt}^2}{s_i^2}$$

研究结果发现，第0周的股价变动高于非报告期平均股价变动的67%；第0周的股价变动达到了最高点；股价变动高于正常水平始于盈余公告前一周，这说明可能存在信息提前泄露或者《华尔街日报》并非盈余公告公布的第一渠道；股价异常变动也出现在盈余公告周的后两周。总之，股价变动的研究结果与盈余公告具有信息含量这一论断一致。

这篇文章对实证会计研究具有举足轻重的作用。例如，文章使用交易量变动衡量会计信息的有用性，得到后来很多学者的引用（Bamber，1987）。当然，文章也存在一些疑问：

第一，在研究设计方面，用交易量变动衡量会计盈余的信息含量是否恰当。交易量反映的是单个投资者的决策，我们知道投资者中很大一部分是非理性交易者，用交易量变动衡量盈余公告的信息含量，存在很多噪音。此外，正如作者已经认识到的，用交易量增加解释盈余公告信息含量的存在具有很大的片面性。从理论上讲，即使会计盈余有信息含量，但是如果人们对未来的预期都一致，交易量也可能不会增加。然而，现在的问题就是缺乏有关成交量的经济理论。

第二，作者并未假定投资者预期模型，也就无法衡量盈余公告与股票价格变动（或交易量）之间的大小关系和方向性。

尽管 Beaver（1968）的文章发表后，有支持也有质疑（Oppong，1980），但这也正说明这个问题的重要性。自 Ball and Brown（1968）和 Beaver（1968）起，关于会计信息有用性的话题和讨论就从来没有停止过，我们有理由相信这两篇经典之作，对未来实证会计研究的影响将会更加深远。

参考文献

Ball，R.，and P. Brown. 1968. An Empirical Evaluation of Accounting Income Numbers. *Journal of Accounting Research* 6：159－178

Bamber，L. S.. 1987. Unexpected Earnings，Firm Size，and Trading Volume around Quarterly Earnings Announcements. *The Accounting Review* 62：510－532

Oppong，A.. 1980. Information Content of Annual Earnings Announcements Revised. *Journal of Accounting Research* 18：574－584

1.4 会计季度盈余的信息含量在过去 30 年间是否下降了？

Landsman W. R., and E. L. Maydew. 2002. Has the Information Content of Quarterly Earnings Announcements Declined in the Past Three Decades? *Journal of Accounting Research* 40：797-808

Beaver（1968）通过研究发现在盈利公告期股价波动和成交量都有显著增加，从而证明了会计盈余中包含重要的市场信息，由此建立以信息理论、有效市场理论、资本资产定价理论为基础的信息含量研究范式，并且确立了会计信息在现代资本市场中的地位，而决策的有用性也成为会计学科赖以生存之本。此后，大量的学者遵循该范式进行多方位的研究，取得了丰硕的研究成果。早期在研究方法上所做的改进主要集中在模型的改进、时间窗口的选择上，近来则有朝会计盈余同股票价格的价值相关性方向发展的趋势。对会计盈余信息含量的研究也由有用性证明发展到对解释力的探究。

但是，近年来的一些研究（Amir and Lev，1996；Aboody and Lev，1998；Lev and Zarowin，1999）认为由于经济发展使得现在公司的运行越来越依赖于无形资产、服务质量等会计信息所无法反映的因素，会计盈余的信息含量正变得越来越少。相关的实证研究也发现会计盈余信息的经济相关性正在逐年下降，这使得会计学科的地位和作用再次受到质疑。本研究正是针对这个质疑所做的检验。

这篇文章采用 Beaver（1968）对信息含量的定义，从异常成交量（AVOL）和异常价格波动（AVAR）两个维度来验证会计信息发布当日及前后两日的会计信息增量。

由于 1972 年是美国上市公司发布季报的第一年，所以作者在 1972—1998 年间每年随机选取了 1 000 家数据齐全的公司，最后得到在这 27 年间的 108 000 个季度样本。为了便于计算 AVOL 和 AVAR，作者剔除了日交易和回报数据缺失的样本、账面净值为负的样本，以及主营业务市盈率的倒数（core earning-to-price）在5%的极值样本，最终得到92 613个样本。

文章将异常成交量定义为：

$$AVOL_{it}=(V_{it}-\bar{V}_i)/\sigma_i$$

式中，V_{it}为公司i在t日每单位发行在外的股票的成交量；t为季报发布的当日，由于以往的研究（Bamber，1987）发现在季报发布的前后交易日市场也会出现异常反应，所以V_{it}取公司i在季报发布前一日、当日和后一日的成交量之和；$\bar{V}_i$和σ_i分别代表前后一年内正常成交量的均值和标准差，为了避免临近报告发布期对平均值的影响，取$t=-345$到$t=-20$和$t=20$到$t=345$。

将异常价格波动定义为：

$$AVAR_{it}=\mu_{it}^2/\sigma_i^2, \quad \mu_{it}=R_{it}-(\alpha_i+\beta_i R_{mt})$$

式中，R_{it}为公司i在t日的日回报率；R_{mt}为对应的市场回报率，反映公司i超额回报的波动。

为了检验AVOL和AVAR在时间序列上的变化，作者首先用时间趋势对其进行回归，发现两者在时间上呈现增加的趋势。将1972—1976年和1994—1998年的样本做成图表发现，在季报发布的时间窗口内AVOL和AVAR都有显著放大。

由于信息内容在不同的季度是不一样的，特别是年报和年中的季度报告重要性差别比较大（Basu et al.，2000），所以为了确保结论不受影响，将年报和其他中期报告区别开来，加入代表年末最后一天的控制变量CALDUM，此外作者还控制了不同年份的影响（TIME），以及不同年份和年末最后一天的交互影响（CALTIME），重新建立模型如下：

$$AVOL_{it}=b_0+b_1 TIME_t+b_2 CALDUM_{it}+b_3 CALTIME_{it}+\varepsilon_{it}$$
$$AVAR_{it}=b_0+b_1 TIME_t+b_2 CALDUM_{it}+b_3 CALTIME_{it}+\varepsilon_{it}$$

然后，作者利用上述回归模型分别对第一、二、三季度季报和年报进行回归，再总体进行回归。结果发现，AVOL 和 AVAR 均与时间显著正相关，这就说明会计报告的信息量不但没有减少，反而在 30 多年里有所增加。

鉴于 AVOL 和 AVAR 可能并不服从正态分布，所以作者又采用排序的非参数方法对模型重新进行了检验，结果支持参数检验的结果。

考虑到会计盈余信息含量随着时间的增加可能是由于不同年份所包含的样本不同，为了排除其他噪音的干扰，作者又参考以往的研究，对一些可能对成交量和价格波动产生影响的因素进行控制，这些因素包括：公司规模、市净率、盈利可预测性（波动性）、利息资产比率、非持续性收益、所处行业，还根据 EBIT（息税前盈余）是否为负、是否有负的预期收益、是否存在审计风险等加入名义变量，结果仍然同前述检验一致。

近年来，会计体系正不断朝着复杂化的方向发展，因而会计体系的相应维护与运行成本也在不断提高，那么会计体系的这种变化是不是值得的呢？研究者转而从资本市场会计盈余与股票价格之间的关系来寻求证据，这就直接导致了对会计盈余价值相关性发展趋势的研究。在该研究领域，目前还没有得到公认的结论。总结来看，一般使用价格模型所得出的结论是会计盈余的价值相关性不断增强，而使用收益模型的结论则正好与此相反。

Collins et al.（1997）首先对会计盈余和净资产账面价值的价值相关性在 1953—1993 年间的变动趋势进行了研究，结果发现会计盈余与净资产账面价值的价值相关性不断增强，增速却在下降，作者将其原因归结为亏损公司以及会计盈余中一次性项目所占比重的增加。

Francis and Schipper（1999）同时运用价格模型与收益模型对 1952—1994 年之间会计盈余价值相关性的变动趋势进行了研究，使用价格模型的回归结果发现会计盈余的价值相关性呈逐年增强趋势，而使用收益模型则发现会计盈余价值相关性下降，作者将使用两种模型得出不同结果的原因归结为各年度样本中股票收益方差的变化。

Ely and Waymire（1999）对不同会计准则发展阶段下会计盈余价值相关性的差异进行了研究，其结果与 Francis and Schipper（1999）相似，使用价格模型发现 APB 时代（1960—1973 年）会计盈余价值相关性弱于

FASB 时代（1974—1993 年），而使用收益模型的结论则正好相反。[①] Lev and Zarowin（1999）则发现不管使用价格模型还是收益模型，会计盈余的价值相关性都呈下降趋势。这一结果显然与 Collins et al.（1997）有较大的差异，Lev and Zarowin（1999）将这种差异归因于研究区间的不一致。

本研究证实了会计信息的含量在过去 30 年里并没有减少反而有所增加，这是继 1968 年 Beaver 从信息的角度证明了会计信息的重要性后，再一次对这个问题的关注，对于整个会计学科的社会地位的确立和未来的发展将产生一定的影响。文章不仅通过实证检验反驳了会计重要性下降的观点，而且证明了会计信息含量有所增加，但对此作者并没有给出相应的理论解释。研究采用了信息含量研究的经典范式，仅围绕证明有用性问题，因而进一步研究的空间有限，可以考虑引入价值相关性研究的框架做一些外延性的探讨，更深入地研究信息的具体内容和传导机制，以会计盈余价值相关性的影响因素为分析重点，这样可以将很多影响股票价格的因素以会计盈余的使用方式为联结点，从而纳入到会计盈余价值相关性研究框架中来，既有助于清楚认识这些因素对股票价格的影响方式，又有助于全面认识投资者使用会计信息的方式。

参考文献

Aboody，D.，and B. Lev. 1998. The Value-Relevance of Intangibles：The Case of Software Capitalization. *Journal of Accounting Research*，Supplement 36：161-191

Amir，E.，and B. Lev. 1996. Value-Relevance of Nonfinancial Information：The Wireless Communications Industry. *Journal of Accounting and Economics* 22：3-30

——1987. Unexpected Earnings，Firm Size，and Trading Volume

① APB：会计原则委员会（Accounting Principles Board），财务会计准则委员会的前身，独立的非政府组织，公认的会计原则的制定者。FASB：财务会计准则委员会（Financial Accounting Standards Board），美国 1973 年设立的独立委员会，负责制定和完善财务会计和报告的准则，以指导并教育公众（包括发行人、审计师及财务信息的使用者等）。

around Quarterly Earnings Announcements. *The Accounting Review* 67：510-532

Basu，S.，L. Hwang，and C. Jan. 2000. Auditor Conservatism and Quarterly Earnings. Working paper，CUNY-Baruch College

Beaver，W.. 1968. The Information Content of Annual Earnings Announcements. *Journal of Accounting Research* 43：67-92

——，E. Maydew，and I. Weiss. 1997. Changes in the Value-Relevance of Earnings and Book Values over the Past Forty Years. *Journal of Accounting and Economics* 24：39-67

Ely K.，and G. Waymire. 1999. Accounting-Standard-Setting Organizations and Earnings Relevance：Longitudinal Evidence form NYSE Common Stocks，1927—93. *Journal of Accounting Research* 37：293-317

Lev，B.，and P. Zarowin. 1999. The Boundaries of Financial Reporting and How to Extend Them. *Journal of Accounting Research* 37：353-385

——，K. Schipper，and L. Vincent. 1999. Earnings Announcements and Competing Information. Working paper，Duke University

1.5 股票市场对会计盈余公告反应的横截面差异

Easton，P.，and M. Zmijewski. 1989. Cross-Sectional Variation in the Stock Market Response to Accounting Earnings Announcements. *Journal of Accounting and Economics* 11：117-141

受其在定价和基本面分析方面的运用推动，有关会计盈余公告的股票市场反应的研究成为会计研究领域一个重要的问题。会计研究文献倾向于使用盈余反应系数（ERC）作为衡量股票市场对会计盈余公告反应程度的指标。以往研究此类问题的文献往往假定所有上市公司具有相同的盈余反应系数（Beaver et al.，1980；Hagerman et al.，1984），即所有公司的股票对会计盈余公告反应的程度是相同的。本文研究得出由于不同公司盈余公告中未预期盈余所导致的修正系数（revision coefficient，即 Komendi and Lipe，1987 中盈余的持续性）不同以及每家公司预期回报率（即风险）不同，盈余反应系数具有横截面上的差异，并且这种差异是可以预测的。公司的盈余反应系数与修正系数正相关，与预期回报率负相关。本文与 Komendi and Lipe（1987）和 Collins and Kothari（1989）是对盈余反应系数影响因素的早期研究，为后人研究盈余反应系数横截面差异的影响因素奠定了重要基础。

本文研究的核心问题在于股票市场对会计盈余公告反应的横截面差异，即考察不同公司股票对会计盈余公告中未预期盈余（新信息）反应程度的不同。本文的思路如下：假定股价等于未来预期股利的折现值。如果会计盈余公告中的未预期盈余（新信息）导致对未来预期股利的修正，则股价就会对盈余公告做出反应，反应程度取决于预期股利修正程度的大小。而股利修正程度的大小又取决于对未来预期盈余的修正程度，假定选用修正参数表示由于会计盈余公告中的未预期盈余所导致的对未来预期盈余的修正，则可以得出本文第一个预期关系：股价对会计盈余公告的反应程度即盈余反应系数是修正参数的递增函数。又由于股价变动反映的是预期股利修正的折现值，修正折现值的大小取决于预期回报率的高低，预期回报率越高，股价变动就会越小，得出本文第二个预期关系：盈余反应系数是预期回报率的递减函数。

本文在对这两个关系检验的研究进行设计时，首先运用时间序列数据估计出每个样本公司的盈余反应系数、修正参数以及预期回报率，然后运用 Easton（1987）的随机系数回归模型计算这些估计系数之间的偏相关性来达到检验本文所研究的两个预期关系的目的。对于盈余反应系数的分布、修正参数以及预期回报率的估计，本文的研究设计安排如下。

1. 修正参数的估计

在对修正参数进行估计时，同时采用了分析师修正模型和 Foster（1977）季度盈余的时间序列模型。本文同时采用了一个季度和两个季度的分析师修正模型，将分析师第 t 季度的预测修正值（对未来预期盈余的修正）对最近一次的盈余预测误差（会计盈余公告导致的未预期盈余）进行回归。分别表示为：

$$REV_{jt}=\Theta_{j0}+\Theta_{j1}FE_{jt}+\Theta_{j2}PVLVL_{jt}+u_{jt}$$
$$REV'_{jt}=\Theta'_{j0}+\Theta'_{j1}FE_{jt}+\Theta'_{j2}PVLVL_{jt}+u'_{jt}$$

式中，REV_{jt} 为第 j 个公司在第 t 季度分析师预测的修正值，$REV_{jt}={}_tF_{j,t+1}-{}_{t-1}F_{j,t+1}$，其中${}_tF_{j,t+1}$为分析师在第 t 季度对第 j 个公司 $t+1$ 季度的盈余预测值；FE_{jt} 为第 t 季度的预测误差，即未预期盈余，$FE_{jt}=A_{jt}-{}_{t-1}F_{j,t}$，即未预期盈余表示为第 j 个公司第 t 季度的公告盈余 A_{jt} 与第 $t-1$ 季度分析师对该公司第 t 季度盈余预测值之间的差；回归系数 Θ_{j1}，Θ'_{j1} 分别表示一个季度和两个季度分析师修正模型下利用时间序列数据得出的第 j 个公司的修正参数（修正系数）。为了控制非盈余信息的影响，在回归中还加入了两次预测之间的股价变化（$PVLVL$），由于这两次预测之间盈余公告日为中心的附近 7 日的数据捕捉了会计盈余信息，故将此期间的数据剔除。Foster（1977）的季度盈余时间序列模型用来估计当前盈余与未来盈余之间的相关系数，表示为：

$$A_{j,t+1}-A_{j,t-3}=\Theta''_{j0}+\Theta''_{j1}(A_{j,t}-A_{j,t-4})+u''_{j,t+1}$$

式中，Θ''_{j1} 为当前盈余与未来盈余之间的相关系数。当分析师采用 Foster（1977）模型预测盈余时，$\Theta''_{j1}=\Theta_{j1}$。

2. 盈余反应系数的估计

本文运用超额回报模型来估计盈余反应系数。首先需要确定如何估计未预期盈余和股票超额回报两个变量。本文运用分析师预测值作为预期盈余的测度，预测误差（实际盈余与预期盈余之间的差额）即为未预期盈余（FE），选用市场模型的预测残差、已实现收益以及均值收益预测残差三种方法测度持有期的超额回报（CPE）。①

① 实证结果表明，不同的方法均得出相同的结论。

对于超额回报模型时间窗口长短的选择要考虑未预期盈余的测量误差与影响股票收益噪音之间的权衡。两天持有期（a two-day holding period）的时间窗口（盈余公告前一交易日至盈余公告当日）降低了持有期内存在影响股票收益的噪音事件的可能性，将 Value Line 数据库中最新的预测盈余作为持有期期初的市场预期盈余，但是由于这些预测值是在－1 日（盈余公告前一日）之前做出的，故存在测量误差。所以本文在回归时引进了一个额外的独立变量（RVL），该变量与未预期盈余中的测量误差正相关，但与因变量不相关，因而降低了未预期盈余中测量误差的影响。选用预测日持有期（a forecast-date holding period）的时间窗口（Value Line 数据库中盈余预测发布日期至盈余公告当日）可以避免以上所提到的测量误差，但是由于时间窗口较长，容易导致其他噪音信息影响股票收益，且容易导致遗漏变量问题。本文在研究同时将两天持有期的超额回报 $CPE(-1,0)$ 以及预测日持有期的超额回报 $CPE(VL,0)$ 与标准化预测误差（FE_{jt} 除以时间窗口前一日的股价 P_{js-1}）之间的回归系数作为盈余反应系数的估计。模型分别表示为：

$$CPE(-1,0)_{jt} = \lambda_{j0} + \lambda_{j1}(FE_{jt}/P_{jt-2}) + \lambda_{j2}RVL_{jt} + \mu_{jt}$$

$$CPE(VL,0)_{jt} = \lambda'_{j0} + \lambda'_{jt}(FE_{jt}/P_{jVL-1}) + \mu'_{jt}$$

式中，λ_{j1}，λ_{jt} 分别表示利用两个时间窗口的超额回报回归得出的第 j 个公司的盈余反应系数。

3. 预期回报率的估计

本文认为预期回报率的横截面差异反映在市场模型中的系统风险 β 的横截面差异中，本文选用样本公司市场模型估计出的 β_j 作为第 j 个公司预期回报率的代理变量。

基于对以上三个变量的设计，本文的数据是 Brown et al.（1987）研究的子样本数据，从 Brown et al.（1987）研究的所有样本公司中选取满足以下三个条件的 212 家公司：（1）1960—1980 年的季度每股盈余数据能够在 Moody's Handbook of Common Stocks 中查到；（2）在 1960—1980 年期间具有相同的财务年度；（3）Value Line 数据库中包含公司 1975—1980 年期间的预测数据。在这 212 家公司中，每一家公司必须具有所选结果指标 20 个季度的完整数据；[①]（4）盈余公告日期可以在 Wall Street Journal Index 中得到；（5）在 Value Line 数据库中可以查到计算预测误差和修正值的数据；（6）可以在 Center for Research in Security Prices（CRSP）Daily Master File 数据库中得到用于计算超额回报的时间窗口前一日的股票价格数据；（7）在 CRSP Daily Return File 数据库中可以得到足够多的股票收益数据用于计算市场模型预测残差以求得累计超额回报和季度回报；(8) 能够在 Compustat Quarterly Industrial File 数据库中得到每股盈余的数据用于估计 Foster（1977）时间序列模型。基于估计模型的具体需要，满足上述筛选条件的样本公司在样本期间内每年有 104～206 家不等，每家公司有 20 个时间序列的季度数据。

实证检验结果支持了本文的预期，Easton（1987）随机系数回归模型估计出的偏相关系数 $\rho(\lambda_{j1}, \theta_{j1} \mid \beta_j) > 0$，$\rho(\lambda_{j1}, \beta_j \mid \theta_{j1}) < 0$。即在控制了预期回报率 β_j 时，盈余反应系数 λ_{j1} 与修正系数 θ_{j1} 之间正相关，偏相关系数最大值为 0.408（标准差为 0.106），最小值为 0.175（标准差为 0.102），尽管检验并不独立，但所有偏相关系数均为正值，表明检验结果支持作者盈余反应系数是修正系数的递增函数的预期；在控制了修正系数 θ_{j1} 时，盈余反应系数 λ_{j1} 与预期回报率 β_j 负相关，偏相关系数最大值（绝对值）为－0.201（标准差为 0.120），最小值为－0.102（标准差为 0.209），尽管检验并不独立，但所有偏相关系数均为负值，表明检验结果支持作者盈余反应系数是修正系数的递减函数的预期。最后，本文引入公司规模来控制计算未预期盈余时的测度误差，检验结果表明上述关系仍然成立。

该文的贡献在于考证了影响盈余反应系数横截面差异的两个重要影响因素：盈余持续性和风险。但同时，本文的研究方法和结论也受到了学术界的一些质疑。例如，Dhaliwal and Reynolds（1994）认为利用市场模型估计出

① 20 个季度的时间序列数据是随机的；公司样本量更大（更小）时，要求的时间序列观测值更大（更小）；观测值增加可以提高有效性，但也会延长样本区间；在 23 个观测值中选择 18 个作为范围不影响结果。

的 β 系数并不能完全准确地反映预期回报率，他们引入债务违约风险作为预期回报率的另一个代理变量，在控制了 β 系数和盈余持续性的影响后，得出盈余反应系数与债务违约风险负相关。Watts（1992）认为在研究盈余反应系数的影响因素时，应该控制会计盈余对当前和未来现金流反映能力的差异以及会计方法的差异，如果不对这些差异进行控制，很可能会导致遗漏变量之间有相关关系的问题。Kothari（2001）认为考虑到盈余的时间序列特征，盈余持续性与盈余反应系数之间倾向于在统计上存在自然的相关关系。尽管如此，本文的研究仍然具有重要意义，得出的结论促使后人对盈余反应系数以及盈余持续性经济影响因素进行不断探索，并使得在考察某些因素对盈余反应系数影响时要对盈余持续性和风险因素加以控制成为共识。

参考文献

Beaver, W., R. Lambert, and D. Morse. 1980. The Information Content of Security Prices. *Journal of Accounting and Economics* 2：3-28

Brown, L., P. Griftin, R. Hagerman, and M. Zmijewski. 1987. The Existence and Potential Sources of Analyst Forecast Superiority. *Journal of Accounting and Economics* 9：61-88

Collins, D., and S. P. Kothari. 1989. An Analysis of Inter-Temporal and Cross-Sectional Determinants of Earnings Response Coefficients. *Journal of Accounting and Economics* 11：143-181

Dhaliwal, D., and S. Reynolds. 1994. The Effect of the Default Risk of Debt on the Earnings Response Coefficient. *The Accounting Review* 69：412-419

Easton, P.. 1987. Joint Estimation of Several Pooled Cross-Section and Time-Series Random Coefficient Regressions. Working paper, University of Chicago

Easton, P. and M. Zmijewski. 1989. Cross-Sectional Variation in the Stock Market Response to Accounting Earnings Announcements. *Journal of Accounting and Economics* 11：117-141

Foster, G.. 1977. Quarterly Accounting Data：Time-Series Properties and Predictive-Ability Results. *The Accounting Review* 52：1-21

Hagerman，R.，M. Zmijewski，and P. Shah. 1984. The Association between the Magnitude of Quarterly Earnings Forecast Errors and Risk-Adjusted Stock Returns. *Journal of Accounting Research* 22：526-540

Kormendi，R.，and R. Lipe. 1987. Earnings Innovations，Earnings Persistence and Stock Returns. *Journal of Business* 60：323-345

Kothari，S. P.. 2001. Capital Markets Research in Accounting. *Journal of Accounting and Economics* 31：105-231

Watts，R.. 1992. Accounting Choice Theory and Market-Based Research in Accounting. *British Accounting Review* 24：235-267

1.6 一项对盈余反应系数跨期和横截面影响因素的分析

Collins，D. W.，and S. P. Kothari. 1989. An Analysis of Intertemporal Cross-Sectional Determinants of Earnings Response Coefficients. *Journal of Accounting and Economics* 11：143-181

盈余反应系数研究属于盈余与股票回报关系研究中的一个重要领域。对盈余反应系数的研究，可以帮助我们了解和验证公司报酬盈余关系，促使我们对盈余信息的本质及其在整个市场信息结构中所能发挥的作用做出更好的评价。本文是较早研究盈余反应系数决定因素的经典文献之一。正如文章指出的，之前已有大量的“事件研究”或者“关联研究”对盈余公告与股票回报之间的关系进行了细致的研究（Foster，1977；Hagerman et al.，1984；Wilson，1986，1987；Rayburn，1986；Beaver et al.，1980），但是，它们通常都假定盈余与股票回报之间的关系在不同企业之间是同质的，这可能与现实不符。本文发现企业盈余反应系数与无风险利率、企业系统性风险显著负相关，与增长预期、盈余持续性显著正相关。本文所涉及的因素和研究结论构成了后续盈余反应系数研究的重要基础。

本文的目的在于寻找盈余反应系数的影响因素。什么因素会影响盈余反应系数呢？股利折现模型是很好的分析起点。文章的研究思路是，在合理假定盈余与现金股利之间的关系的前提下，从理论上看，盈余反应系数应该与增长预期、盈余持续性、无风险利率、企业系统性风险等因素相关。然后，经过周密的研究设计、选取合适的样本对这些因素与盈余反应系数之间的关系进行严格的统计检验。最终统计结果支持文章理论分析的预期。

具体地，文章分如下几个步骤展开了文章的研究并实现了其研究目的。

首先是对盈余反应系数影响因素的理论分析及其预期（假说）。基于现金股利折现模型，股价等于预期的未来现金流的折现。如果假定会计盈余水平与未来的现金股利水平正相关，那么，未预期的盈余便会导致投资者修正其对企业未来现金股利的预期，在折现率（期望回报率）一定的情况下，股票价格会发生变化。在市场有效的情况下，根据上述分析，盈余反应系数的大小从根本上讲取决于三个方面的因素：（1）盈余与现金股利之间的关系；（2）盈余的特征及影响盈余特征的因素；（3）折现率的特征及影响折现率特征的因素。从企业横截面特征来看，给定其他条件，盈余的持续性越高，单位未预期盈余对投资者关于未来现金股利预期的修正就会更大，从而盈余反应系数就会越大；类似地，如果企业有很好的增长机会，则未来盈余和未来股利水平相应也会增长，因此，如果当前未预期盈余包含增长机会的信息，则企业增长机会越大，盈余反应系数越大。跨期因素方面，根据资本资产定价模型，股票期望回报率的大小取决于两方面的因素：（1）无风险利率；（2）系统风险（β）的大小。我们不难理解，给定盈余与现金股利之间的关系和盈余特征，无风险利率、系统风险越大，股票的期望回报率会越高，从而折现因子越大。因此，盈余反应系数应该与无风险利率和系统风险负相关。

具体的研究设计过程中，作者注意到，至少有两个方面的因素可能会影响盈余反应系数的估计：（1）报告盈余包含的噪音；（2）企业所面临的信息环境。由于实证研究中通常运用某种时间序列模型来估计未预期盈余，而市场存在大量的信息来源，因此，如果盈余中包含大量的噪音，则估计出的未预期盈余就可能与市场实际未预期盈余之间存在重大的误差，从而削弱文章的检验效力。为了缓解未预期盈余的计量误差所带来的问题，文章不是改变未预期盈余的计量，而是采用了改变股票回报计算窗口的方法，以使计量出的未预期盈余与市场情况尽量相符。与此同时，文章还用企业规模来控制信息环境的影响。此外，为了进一步解决未预期盈余的计量误差所带来的问题，作者参照 Maddala（1977），Leamer（1978），Klepper and Leamer（1984）以及 Beaver et al.（1987）等文献，采用了逆回归的方法，即不是用股票回报作为因变量，未预期盈余作为自变量，而是用未预期盈余作为因变量，股票回报作为自变量。由于文章采用的是逆回归方法，这样各因素回归系数的预期符号就应该与正常回归下完全相反。考虑到事前无风险利率和风险溢价的不可获得性，以及 $E_{t-1}(R_{it})$ 相对 R_{it}（含股利）的跨期和截面变异 $E_{t-1}(R_{it})$ 很小，并且根据 Beaver et al.（1987）等的研究，使用 R_{it} 与使用 $[R_{it}-E_{t-1}(R_{it})]$ 计量股票回报对于结论没有影响，文章直接使用 R_{it} 来计量股票回报。与之前许多研究一样，文章采用了年度盈余变化量来计量未预期盈余。文章采用了一定技术来减少未预期盈余计量误差问题，这样可以避免使用更复杂的 ARIMA 模型对数据的过高要求。此外，为了方便与 Beaver et al.（1980），Burgstahler（1981），Beaver et al.（1987）和 Collins et al.（1987）相比较，以及检验 Ohlson（1983）和 Beaver et al.（1980）关于盈余资本化率（ρ）跨期恒定的假定，文章还使用了上期盈余 X_{t-1} 进行规模调整，尽管文章认为用上期末价格 P_{t-1} 做规模调整检验效果会更好。

文章从 Compustat 数据光盘中选取了 1968—1982 年间财务年度截止日期为 12 月 31 日，且至少有 3 年盈余数据的 NYSE 市场上的上市公司年度数据作为样本。文章最终获得了9 776个年度数据观测值。

在对假说进行正式检验之前，为了说明企业规模、信息环境与股票回报计算窗口等因素可能对检验效果的影响，文章对此进行了测试。结果表明，之前习惯上使用的 12 个月回报计算期低估了盈余与股票回报之间的关系，尤其对于大企业来说更是如此。测试发现，对于大企业和中等规模的企业来讲，使用从 $t-1$ 年 8 月份开始的未来 15 个月计算股票持有回报是最好的；对于小企业来讲，使用从 $t-1$ 年 11 月份开始的未来 15 个月计算股票持有回报最好。文章后面检验中所涉及的股票回报，均是基于这一发现而进行计算的。

文章使用下面这个模型首先检验了系统风险与增长预期对盈余反应系数的影响：

$$\Delta X_{it}/P_{it-1} \text{ 或 } \Delta X_{it}/X_{it-1} = \gamma_{0t} + \gamma_{1t}R_{it} + \gamma_{2t}MB_{it} \times R_{it} + \gamma_{3t}\beta_{it} \times R_{it} + \varepsilon_{it} \quad (1)$$

式中，MB 为股票市值账面价值比，衡量企业的增长预期；β 为使用月度回报计算的风险系数，衡量企业的系统风险。

统计结果支持了文章的预期。γ_{2t} 的回归结果显著为负，分别为－0.021（t＝－4.31）和－0.57（t＝－4.69）。由于是逆回归，此结果表明企业增长预期越高，盈余反应系数越大。γ_{3t} 的回归结果在因变量为 $\Delta X/P_{t-1}$ 的情况下，显著为正：0.028（t＝2.67），这一结果与预期相符，表明企业系统风险越大，盈余反应系数越低，而在因变量为 $\Delta X/X_{t-1}$ 的情况下，不显著异于 0，可能的原因正如文章前面所分析的，使用 X_{t-1} 进行规模调整，会削弱检验效果。

随后，文章使用模型（2）对模型（1）的结果做了进一步的测试，并同时检验了无风险利率对盈余反应系数的影响。

$$\Delta X_{it}/P_{it-1} \text{ 或 } \Delta X_{it}/X_{it-1} = \gamma_{0t} + \gamma_{68}D_{68} + \cdots + \gamma_{81}D_{81} + \gamma_{1}MB_{it} \times R_{it} + \gamma_{2}\beta_{it} \times R_{it} + \gamma_{3}I_{t} \times R_{it} + \varepsilon_{it} \quad (2)$$

式中，D 为年度虚拟变量；I 为无风险利率。统计结果进一步支持了模型（1）的结果。γ_3 的回归系数显著为正，表明无风险利率越高，盈余反应系数越小，与预期相符，同时也意味着 Ohlson（1983）和 Beaver et al.（1980）关于盈余资本化率（ρ）跨期恒定的假定是不合理的。

由于文章前面的分析表明，企业规模可能反映了企业的信息环境，因此盈余与回报间的关系差异可能与企业规模相关，为此，文章使用下面的模型（3）试图检验在改变股票回报计算期之后，企业规模是否还有助于解释盈余反应系数的截面差异。回归结果表明，在最优化股票回报计算期之后，γ_{4t} 的估计值均不显著异于 0，这在一定程度上支持了最优化股票回报期的计算能在一定程度上解决未预期盈余计量误差和信息环境问题差异所带来的问题。

$$\Delta X_{it}/P_{it-1} \text{ 或 } \Delta X_{it}/X_{it-1} = \gamma_{0t} + \gamma_{1t}R_{it} + \gamma_{2t}MB_{it} \times R_{it} + \gamma_{3t}\beta_{it} \times R_{it} + \gamma_{4t}Size_{it} \times R_{it} + \varepsilon_{it} \quad (3)$$

在检验盈余持续性对盈余反应系数影响的过程中，作者注意到，由于盈余持续性的估计误差与未预期盈余的估计误差是相关的，鉴于使用 ARIMA 模型估计单个公司水平的持续性误差较大，因此文章运用 IMA(1，1) 模型来估计持续性因子。文章同时指出，通过历史的报告盈余来估计持续性，一个重要的缺陷在于其无法分离持续性因子中所包含的“增长性因素”。具体地，作者最初使用了模型（4）来检验持续性与盈余反应系数之间的关系：

$$\Delta X_{it}/P_{it-1} \text{ 或 } \Delta X_{it}/X_{it-1} = \gamma_{0t} + \gamma_{68}D_{68} + \cdots + \gamma_{81}D_{81} + \gamma_{1}MB_{it} \times R_{it} + \gamma_{2}\beta_{it} \times R_{it} + \gamma_{3}I_{t} \times R_{it} + \gamma_{4}\theta_{i} \times R_{it} + \varepsilon_{it} \quad (4)$$

统计结果支持文章的预期。在以 $\Delta X/P_{t-1}$ 为因变量的情况下，γ_4 的回归系数显著为负（−0.051），并且其他几个变量回归系数也均与预期相符。但在以 $\Delta X/X_{t-1}$ 为因变量的情况下，γ_4 的回归系数不显著异于 0。文章解释，可能的原因是：X_{t-1} 本身是同样决定持续性计量参数的一个函数，从而削弱了检验效力。由于模型（4）的回归是将所有年度的样本混合回归的，这可能会夸大回归系数的显著性水平，为此，文章又使用模型（5）分年度进行了回归，统计结果没有改变前文的研究结论。

$$\Delta X_{it}/P_{it-1} \text{ 或 } \Delta X_{it}/X_{it-1} = \gamma_{0t} + \gamma_{1t}R_{it} + \gamma_{2t}MB_{it} \times R_{it} + \gamma_{3t}\beta_{it} \times R_{it} + \gamma_{4t}\theta_{i} \times R_{it} + \varepsilon_{it} \quad (5)$$

总的来说，本文的研究表明：无风险利率、企业系统性风险、盈余持续性以及增长预期是影响盈余反应系数的重要因素。具体地说，盈余反应系数与无风险利率、企业系统性风险显著负相关，与增长预期、盈余持续性显著正相关。并且，文章的研究还表明，在研究盈余与股票回报关系的过程中，应该合理考虑股票回报的计算期。这些构成了本文研究的主要贡献，为后续盈余反应系数研究的模型与变量设计建立了一个很好的基础。尽管文章在盈余反应系数研究方面做出了重要贡献，但是，其中依然存在不少问题值得我们思考。首先，β 系数加上无风险利率能完全准确地反映预期回报吗？

Dhaliwal and Reynolds（1994）研究发现，在控制了 β 系数和盈余持续性的影响后，盈余反应系数与债务违约风险负相关。其次，如果不控制会计盈余对当前和未来现金流反映能力的差异以及会计方法的差异，则可能导致遗漏变量的问题（Watts，1992）。最后，Kothari（2001）认为，考虑到盈余的时间序列特征，盈余持续性与盈余反应系数之间倾向于在统计上存在自然的相关关系。因此，关于盈余持续性与盈余反应系数之间的实证检验可能没有任何意义。

参考文献

Beaver W.，R. Lambert，and D. Morse. 1980. The Information Content of Security Prices. *Journal of Accounting and Economics* 2：3－28

Burgstahler，D.. 1981. Cross-Sectional and Cross-temporal Differences in the Relationship between Annual Earnings and Security Returns. Unpublished Ph. D. Thesis，Iowa City：University of Iowa

Collins，D. W.，and S. P. Kothari. 1989. An Analysis of Intertemporal Cross-Sectional Determinants of Earnings Response Coefficients. *Journal of Accounting and Economics* 11：143－181

Collins，D.，S. P. Kothari，and J. Raybum. 1987. Firm Size and the Information Content of Prices with Respect to Earnings. *Journal of Accounting and Economics* 9：111－138

Dhaliwal，D.，and S. Reynolds. 1994. The Effect of the Default Risk of Debt on the Earnings Response Coefficient. *The Accounting Review* 69：412－419

Foster，G.. 1977. Quarterly Accounting Data：Time-Series Properties and Predictive-Ability Results. *The Accounting Review* 52：1－21

Hagerman. R.，M. Zmijewski，and P. Shah. 1984. The Association between the Magnitude of Quarterly Earnings Forecast Errors and Risk-Adjusted Stock Returns. *Journal of Accounting Research* 22：526－540

Leamer，E.. 1978. Specification Searches：Ad-Hoc Inference with Non-Experimental Data. New York：Wiley

Klepper, S., and E. Leamer. 1984. Consistent Sets of Estimates for Regressions with Errors in All Variables. *Econometrica* 52: 163-183

Kothari, S. P.. 2001. Capital Markets Research in Accounting. *Journal of Accounting and Economics* 31: 105-231

Ohlson, J.. 1983. Price-Earnings Ratios and Earnings Capitalization under Uncertainty. *Journal of Accounting Research* 21: 141-154

Rayburn, J.. 1986. The Association of Operating Cash Flow and Accruals with Security Returns. *Journal of Accounting Research* 24 (Supplement): 112-133

Watts, R.. 1992. Accounting Choice Theory and Market-Based Research in Accounting. *British Accounting Review* 24: 235-267

Wilson, G.. 1986. The Relative Information Content of Accruals and Cash Flows: Combined Evidence at the Earnings Announcement and Annual Report Date. *Journal of Accounting Research* 24 (Supplement): 165-200

——. 1987. The Incremental Information Content of the Accrual and Funds Component of Earnings after Controlling for Earnings. *The Accounting Review* 62: 293-322

1.7 会计盈余组成项目的信息含量

Lipe, C.. 1986. The Information Contained in the Components of Earnings. *Journal of Accounting Research* 24: 37-64

本文为首篇研究会计盈余组成项目与股票回报之间关系的文章。以前的研究主要集中于研究会计盈余与股票回报之间关系，Lipe（1986）通过研究利润表呈报的盈余分项信息与股票回报之间的关系，将这一研究领域的文献进行了深化。本研究的六个会计盈余分项为毛利、一般及管理费用、折旧、利息费用、所得税与其他项目。研究发现，会计盈余分项信息具有增量的信息内涵；各会计盈余分项差异性是由各分项的时间序列差异造成的。该文章所发现的“分项额外信息”是会计研究的重要发现之一，该文章所使用的研究方法成为以后研究会计披露信息含量，特别是各类盈余分项信息含量的重要方法之一。

本文研究的核心问题是，会计盈余组成项目是否提供了不包含在会计盈余数值中的额外信息含量，以及这种额外的信息含量是不是各分项时间序列差异造成的。本文分为两个主要部分：首先，使用了两个模型对假设进行发展；其次，使用数据对模型推演出的假设进行实证检验。

本文第一个假设为：会计盈余的六个分项异常变动对解释股票回报异常变动是否比会计盈余异常变动对股票回报异常变动提供了更强的解释力。第一个假设是基于按期向股东呈报的利润表分析得出的。既然会计盈余异常可以解释股票异常现象，那么构成会计盈余的分项应该更能解释股票异常现象产生的原因。Bowen（1981）指出，投资者对盈余的运营项目和非运营项目反应不同，说明盈余分项拥有信息含量。本文通过构建模型对假设进行发展，首先，使用市场模型残差（$uret_{it}$）来表征股票回报中的异常部分，股票回报的正常回报体现在资本风险调整的市场回报中。该方面是模型构建的基础。其次，使用多元回归模型衡量会计盈余分项异常与股票回报异常之间的关系。市场模型和多元回归模型如下所示：

$$Ret_{it} = c_i + BETA_i \times Ret_{mt} + uret_{it}$$ ①

$$uret_{it} = b_i \frac{1}{rp_{it}} + \sum_{j=1}^{6} a_{ji} \frac{uc_{jit}}{rp_{it}} + v_{it}$$ ②

具体来讲，相关系数 A-系数③，表示在控制其他五个分项的条件下，另外一个分项的异常变动会带来股票异常回报变动的程度。其中，会计盈余异常使用 CPI 调整过的股票真实价格进行调整，原因是要与以比例数据衡量的回报保持一致。这个方面是模型的重要组成部分。再次，使用向量 AR(1) 模型衡量公司 i 的第 j 个分项在时间 t 对滞后一期的全部六个分项的反应，用于计算各分项的时间序列特征。其中，残差 uc_{jit} 表示公司 i 在第 t 年的第 j

① 为市场模型，用来计算市场模型的残差 $uret_{it}$ 的值，表示股票回报异常。

② 为多元回归模型，衡量会计盈余分项异常与股票回报异常之间的关系，其中 uc_{jit} 表示会计盈余分项异常。

③ 表示多元回归模型中的 a_{ji}，衡量会计盈余分项异常与股票回报异常的指标。

个组成部分的异常变动。该分项方程包括六个方程，称为一组分项方程，也称为系统模型，如下所示：

$$dc_{jit} = \sum_{k=1}^{6} z_{jki} dc_{ki,t-1} + uc_{jit} ①, \quad j = 1,2,3,\cdots,6$$

系统模型采用同时回归的方法，度量会计盈余分项在时间序列上的特征。衡量分项异常变动的方法有多种，本文选用向量AR(1) 时间序列模型来衡量异常变化是考虑到该模型的简单易行。这个方面是模型的核心。采用向量AR(1) 时间序列模型衡量分项的持续性以及分项的异常变动是本文对盈余—回报研究领域的重要贡献。最后，对系统模型提出约束，约束1用来检验会计盈余分项是否比盈余指标提供了更多的股票回报异常变化的解释。本文假设市场使用向量AR(1) 模型归集分项盈余变动和盈余变动，那么分项盈余的异常变动至少应该等于盈余的异常变动。上述等式成立表明真实会计盈余分项异常和真实盈余异常在解释股票回报异常变化上拥有同样的解释力。上述等式被拒绝，则说明公司 i 的盈余分项拥有额外的解释力。约束1可表示为：

$$a_{ji} = a_{EPS,i} ②, \quad j = 1,2,3,\cdots,6$$

本文第二个假设为：如果会计盈余各分项异常变动对股票回报异常变动具有额外的信息含量，那么这种额外的信息含量是由于各个分项的时间序列特征差异造成的。第二个假设是基于会计盈余分项的来源分析的。潜在假设是持续经营的公司，会计盈余分项同上一年的会计盈余有显著的相关性。若不存在分项异常，这种持续性将继续。该部分是通过引入约束2来进行模型构建的。约束2有两个前提假设：(1) 股票价格等于公司未来股东利益现值；(2) 分项异常导致的期望未来股东利益修正现值等于分项异常导致的未来盈余修正现值。因此，从理论上讲，回报对于分项异常的反应应该等于当期异常加上分项异常导致的未来盈余修正现值，基于时间序列模型的系数和利率来计算

① 为系统模型，衡量公司 i 的第 j 个分项在时间 t 对滞后一期的全部六个分项的相关关系，z_{jit} 表示相关程度。

② 为约束1，表示分项盈余变动(a_{ji}) 与股票回报率($a_{EPS,i}$) 相同。

持续性指标 pm_{ji} 表示，本文实证检验中，使用向量 AR(1) 模型中的 A-系数来度量回报异常变动对于分项异常变动的反应。约束 2 的较强约束表示为：

$$a_{ji} = pm_{ji}{}^{①}, \quad j = 1,2,3,\cdots,6$$

由于上述前提假设的非现实性，因此提出一个较弱的约束，该约束表明理论上的反应程度同实际的反应程度应该呈显著的正相关关系。约束 2 的较弱约束表示为：

$$a_{ji} = d_{0i} + d_{1i} pm_{ji}{}^{②}, \quad j = 1,2,3,\cdots,6$$

文章选取了 1947—1980 年 34 年间 Compustat 数据库和 Center For Research In Security Prices（CRSP）数据库的数据。本文使用时间序列方法，选取了持续经营 34 年的公司，最后得到 81 个样本值。

在检验第一个假设，A-系数之间是否相同，并且是否等于 $a_{EPS,i}$ 时，首先，分别估计在有约束和无约束条件下的系统模型，并使用 F 检验比较两种估计下的残差平方和。得出 F 检验的 81 个公司 64%的观测 F 统计量落在 80%的 $F(5, 181)$ 分布置信区间外，拒绝原假设。其次，使用格兰杰 F 统计量进行上述检验，结果统计量为 2.46，在 0.1%水平上显著。说明六个会计盈余分项对股票回报有统计上显著的额外信息含量，但是，额外信息含量却不多。

在检验第二个假设时，首先，使用渐进 t 统计量，检验是否与原假设分布相同。统计结果表明，平均 A-系数范围为 3.19～4.12，然而平均持续性指标为 7.6～18.4。因此，$a_{ji} = pm_{ji}$，被拒绝。其次，使用 t 统计量检验 d_{1i} 系数显著性，如果 d_{1i} 显著大于 0，那么就说明，A-系数同持续性指标显著正相关。结果表明大量的 d_{1i} 是正的。平均值是 0.04，中位数是 0.50，接近于理论值 1.0。43%的 d-系数在 10%的水平上显著为正。二分检验表明存在显著的更多的正 t 统计量。A-系数同持续性指标显著正相关，表明额外的信息含量是由各个组成部分时间序列特征的差异所导致的。

进一步的检验分为两个步骤。第一步，使用系统公式检验回报和盈余分

① 为约束 2 的较强约束，表示分项盈余变动（a_{ji}）与持续性指标（pm_{ji}）相同。

② 为约束 2 的较弱约束，表示分项盈余变动（a_{ji}）与持续性指标（pm_{ji}）呈线性相关关系。

项之间的关系，结果表明，一般情况下，正（负）的组成部分变动会提供增量信息，导致未来期望收益的正向（负向）修正。第二步，使用滞后一期的六个部分指标，同当期的该六项指标进行时间序列相关性分析，检验各组成分项的时间序列特征。首先使用 AR(1) 回归 t 检验方法，结果发现组成部分的时间序列特征较为显著，不符合随机游走特征。其次使用二分法检验，观测显著性数据，同样发现大量显著非零的 z-系数，表明自相关关系较强。

这篇文章对会计盈余与股票回报之间关系的研究进行了深化。其中使用的格兰杰 F 检验方法成为以后文献检验会计盈余分项与股票回报关系的重要方法。因此，在本文基础上发展了一批对该领域深入研究的文献。

首先，Swaminathan and Weintrop（1991）在 Lipe（1986）的研究基础上，使用分析师预测度量盈余组成中的收入和成本时，发现了它们拥有额外信息含量。这进一步证明了，盈余分解的其他方式也可以发现额外的信息含量。

其次，Ou and Penman（1989）和 Ou（1990）发展了预测模型，使用利润和平衡表项目来预测每股盈余的变化。这种研究将 Lipe 对回报反应的研究深入到了资产负债表项目中。Strong and Walker（1993）指出，将盈余分解为一般的和异常的组成部分进行分析，增强了盈余与回报之间的相关关系的解释度。

再次，Gonedes（1975）指出，市场回报与信号有关，但与盈余分类和异常盈余部分不存在显著的相关关系。Ohlson and Penman（1992）对 Lipe 的研究也提出了质疑，他们研究发现，回报对不同盈余组成部分的反应在短期内存在较大差异，但在长期内这种反应是相同的。他们认为，时间是决定反应程度的重要因素。

最后，Lipe（1986）对于数据的处理值得质疑。时间序列模型仅仅选取前一年的，并不能包含所有信息含量，并且时间序列模型中没有设置外部控制变量，如外部因素对盈余分项共同的影响，这就导致了该文章稳健性降低。但是，Lipe（1986）为研究会计盈余分项的信息含量开了先河。

参考文献

Bowen，K.. 1981. The Valuation of Earnings Components in the Electric Utility Industry. *The Accounting Review* 56：1−22

Gonedes，N.. 1975. Risk，Information，and the Effects of Special Accounting Items on Capital Market Equilibrium. *Journal of Accounting Research* 13：220−256

Lipe，R. C.. 1986. The Information Contained in the Components of Earnings. *Journal of Accounting Research* 24：37−64

Ohlson，J. A.，and S. H. Penman. 1992. Disaggregated Accounting Data as Explanatory Variables for Returns. *Journal of Accounting，Auditing，and Finance* 7：553−573

Ou，J.. 1990. The Information Content of Nonearnings Accounting Numbers as Earnings Predictors. *Journal of Accounting Research* 28：144−163

Ou，J.，and S. Penman. 1989. Accounting Measurement，Price-Earnings Ratio，and the Information Content of Security Prices. *Journal of Accounting Research* 27：111−144

Strong，N.，and M. Walker. 1993. The Explanatory Power of Earnings for Stock Returns. *The Accounting Review* 68：385−399

Swaminathan，S.，and J. Weintrop. 1991. The Information Content of Earnings，Revenues，and Expenses. *Journal of Accounting Research* 29：418−427

1.8　会计盈余与现金流的不同计量方法的关系的实证研究

Bowen，R. M.，D. Burgstahler，and L. A. Daley. 1986. Evidence on the Relationships between Earnings and Various Measures of Cash Flow. *The Accounting Review* 61：713−725

关于会计盈余和现金流的相对信息含量的研究是会计研究中的一个重要问题（Rayburn，1986；Bernard and Stober，1989；Kothari，2001）。在

1987年正式的现金流量表编制规定出台之前，较长一段时间财经类刊物和学术研究文章里现金流的计量方法一般是用公司的净利润加上折旧和摊销。随着研究和经济实务的发展，不同的现金流计量方法不断被提出（Greene，1981；Largay and Stickney，1980；Gombola and Ketz，1983；Drtina and Largay，1985）。Bowen et al.（1986）描述了会计盈余的信息含量和五种不同计量方法下的现金流（其中包括两种传统的计量方法和三种新的计量方法）的信息含量之间的实证性相关关系。该文发现新发展的包含更多综合性调整项的现金流与会计盈余以及传统方法衡量的现金流与会计盈余之间的相关性较低，指出新计量方法下的现金流与会计盈余具有不同的信息传递作用。同时，文章也考察了即时现金流和会计盈余对未来现金流预测能力的差异，指出单变量随机游走模型对于现金流的预测力不劣于（甚至好于）以其他计量指标为基础的模型，这与财务会计准则制定委员会（Financial Accounting Standards Board，FASB）提出的会计盈余数字比现金流能够更好地预测企业未来现金流的论断不一致。这篇文章是最早关注现金流和会计盈余信息含量差异的研究之一，被之后众多的相关文献引用。①

这篇文章研究的核心问题是不同计量方法下的现金流之间以及它们和会计盈余之间的相互关系。作者采用渐进式的方法对这个问题进行了全面的分析。作者先定义了传统和改进的现金流计量方法，然后分别比较了传统的现金流、改进的现金流和会计盈余三者两两之间的相关关系以及它们对企业未来现金流的预测能力差异。

这种渐进式的方法可以从文章的三个研究问题中得到体现。

为了解某种计量方式下的现金流带来的信息含量是否和其他计量方式下的现金流的信息含量一致，文章提出第一个研究问题：传统的现金流计量方法和改进的计量方法之间是否高度相关？

为了解公司现金流的信息含量和企业盈余的信息含量是否一致，文章提出第二个研究问题：利用应计项目的会计盈余和现金流的计量之间是否高度相关？

---

① 截至2013年9月，这篇文章已经在学术期刊全文集成数据库（EBSCO）中被引用了49次。

为验证 FASB 会计盈余预测优越性的论断，作者提出第三个研究问题：对公司未来现金流的预测力，是会计盈余更强还是现金流量更强？

文章选取了 1971—1981 年间 Compustat 的数据，并为保证样本公司选用的是正确的经营现金流的计算方法，只将那些用单个科目变化计算的经营性现金流和用资金运用总体计算的现金流数目相吻合的公司纳入最终样本，最后得到 324 个公司的相关观测。

作为研究的基础，文章分别对传统和改进的现金流计量方法进行了定义。前两种计量方法只对应计会计下的盈余进行了轻度的调整，它们是财经出版物和早期研究中运用的传统现金流计量方法。

第一种传统的现金流计量方法是将折旧和摊销加回净利润，即

$$NIDPR = NIBEI + DPR$$

式中，$NIBEI$ 是指企业非经常性损益项目和停业项目之前的净利润（会计准则中规定的第 18 号账户）；DPR 指的是企业当期确认的折旧和摊销费用（会计准则中规定的第 14 号账户）。

第二种传统的现金流计量方法是进一步在会计盈余中剔除除折旧和摊销之外的其他与经营活动无关的盈利项目的影响，即

$$WCFO = NIDPR + NIBEI\text{ 中不影响经营现金流的其他项目的调整}$$

式中，$NIBEI$ 中不影响经营现金流的其他项目的调整包括资产销售的利得和损失、权益法计量下的投资收益和损失、债券溢价或折价的摊销以及递延税金。因此，$WCFO$ 实际上反映的是盈利中基本只与经营活动相关的部分。

根据 Largay and Stickney（1980）和 Gombola and Ketz（1983）的研究，作者定义了第三种现金流的计量方法：利用非现金流动资产和流动负债的变动，而不是现金、应付票据和长期负债中的流动部分，来计算现金流，即

$$\begin{aligned} CFO &= WCFO - \begin{matrix}\text{经营活动中非现金}\\ \text{流动资产的变化量}\end{matrix} + \begin{matrix}\text{经营活动中流动}\\ \text{负债的变化量}\end{matrix} \\ &= WCFO - \Delta REC - \Delta INV - \Delta OCA + \Delta AP + \Delta TP + \Delta OCL \end{aligned}$$

式中，ΔREC 为应收账款的变化量；ΔINV 为存货的变化量；ΔOCA 为其他流动资产的变化量；ΔAP 为应付账款的变化量；ΔTP 为应付税金的变化量；ΔOCL 为其他流动负债的变化。这里对 $WCFO$ 的调整可看做将盈余中包含的信息向以现金为基础的计量方式转变（如减去应付账款的增加量相当于将当期收益近似调整为来自客户的现金收入）。

第四，文章将 CFO 根据当期投资活动调整成为投资活动之后但是在融资活动之前的现金流（$CFAI$），这个指标是很多公司估值模型、贷款和债券评级的重要部分，即

$$CFAI = CFO + PSPPE + PSI + \Delta PPE + \Delta INVMT$$

式中，$PSPPE$ 为销售固定资产的收益；PSI 为销售投资的收益；ΔPPE 为当期的资本性支出，$\Delta INVMT$ 为当期增加的对其他公司的投资。

最后一种现金流的衡量方法是衡量企业现金的变化量，这个指标被认为具有最小的计量误差，即

$$CC = CFAI + \text{当期净融资} = \text{当期现金和短期可交易证券的变化量}$$

对于问题一，即传统计量方法的现金流 $NIDPR$ 和 $WCFO$ 是否能够有效地代表改进的 CFO，$CFAI$ 和 CC，作者对每一个样本公司的上述两类现金流指标进行两两对比（即 $NIDPR$ 或 $WCFO$ 分别和 CFO，$CFAI$，CC 两两比较），计算出每一对比较的相关系数平方，结果指出两类指标之间的相关性普遍较低。

对于问题二——现金流和会计盈余之间的相关性，文章分别计算了 5 种现金流和公司同期会计盈余的相关系数，改进的 CFO，$CFAI$ 和 CC 与会计盈余 $NIBEI$ 的相关性远低于传统计量方法下的现金流 $NIDPR$ 和 $WCFO$。传统计量方法下的现金流与会计盈余具有高度相关性，说明早前研究用到的传统现金流并没有向报表使用者提供额外的信息，这可以作为为何之前关于现金流优于盈余的市场预测性研究无法得到显著结果的解释之一。进一步，传统现金流和新的衡量方式下的现金流之间的低相关性也表明应用这些改进的现金流衡量指标的研究可能会得到显著不同的结果。

对于问题三，不同现金流计量方法和会计盈余对于企业现金流的预测效力，由于当时还没有统一的理论来确定多样的现金流预测模型，同时文章研究的样本数据也不足以让文章进行实证性的复杂模型的测算，所以文章只利用考察一年和两年两种时间间隔的单变量线性模型来对这个问题给出一个初步的结论。文章运用的模型为：

$$Y_{i,t+1} = X_{i,t}$$

式中，$Y_{i,t+1}$为 i 公司在 $t+1$ 时间段中的预测现金流；$X_{i,t}$为 i 公司在 t 时间段中的实际现金流或会计盈余。

文章在模型中设定自变量比因变量应受到更少或至少一样的调整，如当被预测变量为 *CFO* 时，用来作为预测变量的可以是 *NIBEI*，*NIDPR*，*WCFO* 或 *CFO*，而不是 *CFAI* 和 *CC*。所以，在这个模型下，当 X 和 Y 用的是同样的衡量方法时，这个模型表示的实际上是一个变量的随机游走。而之前的研究也表明盈余的随机游走模型是合理的。

文章在结果中报告了不同预测模型各自预测误差的中值（由于预测误差的分布是偏态的，其均值受到极端值的影响而显著大于中值，因此文章在此处主要考察预测误差的中值）。结果指出，第一，以会计盈余的随机模型预测误差均值为基准，对传统计量方法的现金流变量 *NIDPR* 和 *WCFO* 的预测误差较小，而对新的现金流变量 *CFO*，*CFAI* 和 *CC* 的预测误差较大。说明传统方法下的现金流比会计盈余更易预测。第二，对于除 *CFO* 之外的所有现金流变量，随机游走模型并不比其他任何更少调整的现金流项目预测的效果差。文章运用非参数的费里曼二因子等级变异数分析（Friedman two-way analysis of variance by ranks）（Siegel，1956）来检验每个现金流变量的预测误差绝对值的中值差异。比如对于 *CFO*，此检验的虚无假设为：分别用 *NIBEI*，*NIDPR*，*WCFO* 和 *CFO* 来预测 *CFO* 所得到的预测误差中值是一致的。结果指出，不管是一年还是两年的预测时间，五种不同现金流变量的预测误差中值都显著不同。第三，作者将每种现金流变量以及会计盈余的预测效力用符号检验的方法进行了两两比较，也证明了随机游走模型的预测能力显著优于或至少不劣于其他的预测模型，如用 *CFAI* 本身预测下期的

CFAI 的效果好于用 *NIDPR*，*WCFO* 或 *CFO*。其中例外的是 *NIDPR* 和 *WCFO* 始终是预测 *CFO* 的最好指标。

在这个比较中，文章也探讨了历史会计盈余和现金流对于企业未来现金流的预测能力的差异。虽然 FASB 指出会计盈余能更好地预测企业未来的现金流，但文章给出的实证结果并不支持这一论断。

文章对于之后关于现金流和会计盈余相对信息含量的研究具有重大意义，它较早地系统性介绍了对传统现金流计量方法的具体改进，提出的计量方法，如 *WCFO*，*CFO* 等成为之后很多研究的计量基础（Bowen et al.，1987；Ali，1994；Barth et al.，2001）。但同时我们也应该看到，文章尚有值得进一步探讨的地方，文章的结论也遭到了一些质疑。

在研究设计方面，作者所采用的与传统不同的现金流计算方法皆来自前人的学术文章，而美国从 1988 年才开始披露现金流量表，因此作者所采用的现金流衡量方法可能存在问题。Mitchell et al.（1995）提出文章中用到的新的衡量现金流的方法没有能够涵盖所有应有的调整，因而无法得到现金流量表报告的现金流，而 Collins and Hribar（2000）指出，直接通过现金流量表计算的现金流会比资产负债表法更准确。此外，在第三个问题（即时会计盈余和现金流对未来现金流的预测效力差异）中，作者采用的是最简单的线性单变量预测模型，而 Lorek et al.（1993）提出文章设计模型时至少应该将公司本身的盈余和现金流特征予以控制，简单地进行单变量回归得出的结论的可靠性有待质疑。

在样本选择方面，为保证样本公司在样本时间内现金流的变化记录方式是一致的，文章只保留那些每年都运用经营现金流格式来做记录的公司，而这个约束剔除了近 75%的原始样本，只留下 324 家公司作为最终样本。文章在结论部分也提到样本的不足可能影响结果的可靠性。Burgstahler et al.（1998）增大了研究的样本，得到的结论与本文一致。但是，在比较会计盈余和现金流的预测能力时，文章只分别选用 1 年和 2 年作为时间间隔，而 Finger（1994）研究指出在较短的时间间隔内，现金流的预测能力可能好于会计盈余，但是从长期（该文用 8 年作为时间间隔）来看，会计盈余对于未来现金流的预测能力与即时现金流不相上下。

在研究结论方面，文章在比较即时会计盈余和即时现金流对于未来现金流的预测能力时指出，由于样本和单变量模型的限制，文章得出的结论是初步的。这个结果与一些相关研究的结果有冲突并受到质疑。Greenberg et al.（1986）将调整流动资产和负债（不包括一年内到期的长期负债）的变化后的经营活动现金流作为现金流的衡量，比较它与应计会计盈余对企业未来现金流的预测能力，得出的结果和文章相反，支持了 FASB 的论断：即时应计会计盈余比即时现金流更能预测企业未来的现金流。Lorek and Willinger（1996）选用季度数据作为研究样本，指出从季度来看，会计盈余比现金流的预测能力更强。Barth et al.（2001）将会计盈余分解为现金部分和应计部分，发现会计信息的应计部分（包括应收账款变化量、应付账款变化量、存货变化量、折旧、摊销和其他应计项目变化六个因素）能显著提高会计盈余对于未来现金流的预测能力。相对于即时现金流，应计部分的每一个组成因素对于未来现金流都有显著的预测效果。

尽管对 Bowen et al.（1986）在发表 20 余年之后有支持也有质疑，但这也正说明了它的魅力。关于现金流和会计盈余的信息含量和预测能力比较的讨论从未停止，而且越来越多地与公司价值和资本市场表现相结合（Bowen et al.，1987；Bernard and Stober，1989；Ali，1994；Subramanyam and Venkatachalam，2007），我们也相信未来在更深层面上对这个问题的研究会不断涌现。

参考文献

Ali，A.. 1994. The Incremental Information Content of Earnings，Working Capital from Operations，and Cash Flows. *Journal of Accounting Research* 32：61-74

Barth，M. E.，D. P. Cram，and K. K. Nelson. 2001. Accruals and the Prediction of Future Cash Flows. *The Accounting Review* 76：27-58

Bernard，V. L.，and T. L. Stober. 1989. The Nature and Amount of Information in Cash Flows and Accruals. *The Accounting Review* 64：624-652

——. 1989. Capital Markets Research in Accounting during the 1980's：

A Critical Review. In: Frecka, T. J. (Ed.). The State of Accounting Research as We Enter the 1990s. University of Illinois at Urbana-Champaign, Urbana, IL.

Bowen, R. M., D. Burgstahler, and L. A. Daley. 1986. Evidence on the Relationships between Earnings and Various Measures of Cash Flow. *The Accounting Review* 61: 713-725

——. 1987. The Incremental Information Content of Accruals Versus Cash Flows. *The Accounting Review* 62: 723-747

Burgstahler, D., J. Jiambalvo, and Y. Pyo. 1998. The Informativeness of Cash Flows for Future Cash Flows. Working Paper, University of Washington

Collins, D., and P. Hribar. 2000. Earnings-Based and Accrual-Based Anomalies: One Effect or Two? *Journal of Accounting and Economics* 29: 101-123

Drtina, R., and J. Largay. 1985. Pitfalls in Calculating Cash Flow from Operations. *The Accounting Review* 60: 314-326

Finger, C.. 1994. The Ability of Earnings to Predict Future Earnings and Cash Flow. *Journal of Accounting Research* 32: 210-222

Gombola M., and E. Ketz. 1983. A Note on Cash Flow and Classification Patterns of Financial Ratios. *The Accounting Review* 58: 105-114

Greenberg, R. R., G. L. Johnson, and K. Ramesh. 1986. Earnings versus Cash Flow as a Predictor of Future Cash Flow Measures. *Journal of Accounting, Auditing & Finance* 1: 266-277

Greene, R.. 1981. Are More Chryslers in the Offing. *Forbes*2: 69-73

Kothari, S. P.. 2001. Capital Markets Research in Accounting. *Journal of Accounting and Economics* 31: 105-231

Largay, J., and C. Stickney. 1980. Cash Flows, Ratio Analysis and the W. T. Grant Company Bankruptcy. *Financial Analysts Journal* 36: 51-54

Lorek, K. S., T. F. Schaefer, and G. L. Willinger. 1993. Time-Series Properties and Predictive Ability of Funds Flow Variables. *The Accounting*

Review 88：151－193

——，and G. L. Willinger. 1996. A Multivariate Time-Series Prediction Model for Cash-Flow Data. *The Accounting Review* 71：81－101

Mitchell，J. D.，A. W. Goh，and S. C. Forman. 1995. A Note on the Relationship between Reported Cash Flow Measures，Ratios and Their Accrual Counterparts. *Accounting and Finance* 5：47－62

Rayburn，J.. 1986. The Association of Operating Cash Flow and Accruals with Security Returns. *Journal of Accounting Research Supplement* 24：112－133

Siegel，S.，eds. 1956. Nonparametric Statistics for the Behavioral Sciences. McGraw-Hill

Subramanyam，K. R.，and M. Venkatachalam. 2007. Earnings，Cash Flows and Ex Post Intrinsic Value of Equity. *The Accounting Review* 82：457－481

1.9 未预期收入与股票回报

Jegadeesh N.，and J. Livnat. 2006. Revenue Surprises and Stock Returns. *Journal of Accounting and Economics* 41：147－171

盈利公告后的市场漂移现象（post earnings announcement drift，PEAD）已经为学术界所公认。Bernard and Thomas（1989，1990）证明 PEAD 是由于幼稚投资者不能充分认识当前盈余中包含的未来盈余信息，从而低估（underreaction）当前盈余信息所造成的。那么财务报表信息中除了盈余信息外，是否还有其他信息影响公司未来的盈余、现金流和股票未来回报呢？市场是否也会对这些信息反应不足呢？Ertimur et al.（2003）发现未预期收入（revenue surprises）和未预期费用（expense surprises）具有不同的信息含量，市场对由未预期收入带来的未预期盈余反应更强烈，尤其对高成长性（growth）公司更是如此。Ghosh et al.（2005）的研究发现，持续性盈余增长同时伴随着收入增长的公司具有较高的盈余质量，同时它们的盈余反应系数（ERC）也比其他公司大。

Jegadeesh and Livnat（2006）在这些研究的基础上，发现未预期收入含有的信息能够用于预测未来的盈余，同时资本市场对未预期收入信息具有市场反应，但存在反应不足。市场反应不足的原因可能是分析师没有及时将未预期收入信息吸收进他们的盈余预测。他们研究的主要贡献在于考察了市场和分析师对收入信息的反应。

为什么说收入中含有增量信息呢？Jegadeesh and Livnat（2006）认为成本具有异质性特征，含有一些特殊项目导致成本的降低不具有持续性，而收入具有同质性特征，其持续性更高。Ertimur et al.（2003）认为成本相比收入而言更易受到管理层的操纵。Ghosh et al.（2005）研究发现，在收入和盈余变化方向相同时公司更少从事盈余管理。因此，他们认为收入会在盈余之外提供增量信息。

Jegadeesh and Livnat（2006）的研究主要分为四个部分：第一是考察过去的未预期收入是否能包含未来盈余信息，从而用于预测未来盈余；第二是在短窗口上市场是否会反映未预期收入所包含的信息；第三是收入信息对 PEAD 的影响；第四是分析师是否理解未预期收入中的增量信息。

Jegadeesh and Livnat（2006）研究中的财务数据来源于 Compustat 数据库，股票回报数据来源于 Center for Research in Security Prices（CRSP），研究数据区间是 1987—2003 年，总共的公司季度数据观测值是165 708。

第一部分，作者利用季度随机游走模型（seasonal random walk model）来计算未预期盈余和未预期收入，然后进行如下回归 $SUE_{i,t}=\alpha+\sum_{k=1}^{4}\beta_k\times SURGE_{i,t-k}+\sum_{k=1}^{4}\gamma_k\times SUE_{i,t-k}$，作者运用 Fama-MacBeth 方法进行回归并在 5%水平下剔除异常值。在原文表 3 的回归结果中作者发现，前一个季度未预期收入系数为 0.061，并在 1%水平下显著，说明以前的未预期收入中含有增量信息，并且可以用于预测未来的盈余。同时还发现前面一至三季度的未预期盈余系数显著为正，而前面四季度的未预期盈余系数显著为负，这和 Ball and Bartov（1996）以及 Burgstahler et al.（2002）的研究结论是一致的。

第二部分，为了考察市场是否对未预期收入产生反应，作者进行了短窗口的事件研究。作者先在 $t-2$ 至 $t+1$ 天区间内运用 $AR_{i,t}=\prod_{j=t-2}^{t+1}(1+R_{i,j})-\prod_{j=t-2}^{t+1}(1+BR_{i,j})$ 计算未预期回报，其中 R 是股票的原始回报，BR 是按照 Fama-French（1996）方法进行了规模和账面市值比调整的市场回报。然后，分别按照 SUE 和 $SURGE$ 进行五五分组，作者发现未预期收入高组中的股票能获得较高的未预期回报，这说明未预期收入是具有信息含量的。作者还通过如下回归 $AR_{i,t}=\alpha+\sum_{k=1}^{4}\beta_k\times SURGE_{i,t-k}+\sum_{k=1}^{4}\gamma_k\times SUE_{i,t-k}$ 来考察市场是否完全吸收了未预期收入和未预期盈余的信息，在原文中表 5 Panel B 的回归结果中发现 $SURGE_{t-1}$ 和 SUE_{t-1} 的系数显著为正，而 $SURGE_{t-4}$ 和 SUE_{t-4} 的系数显著为负，这说明市场对未预期收入和未预期盈余都存在反应不足。

文章第三部分，Jegadeesh and Livnat（2006）进一步考察未预期收入信息是否会对 PEAD 产生影响。PEAD 是因市场对盈余公告存在反应不足（underreaction）所产生的，持续时间为 6 个月左右（Bernard and Thomas，1990）。作者首先按照 $AR_{i,t}(T)=\prod_{j=t+2}^{T}(1+R_{i,j})-\prod_{j=t+2}^{T}(1+BR_{i,j})$ 从盈余公告后第二天开始计算未预期回报，T 是公告后的区间长度，BR 同样是按照 Fama-French（1996）方法进行了规模和账面市值比调整的市场回报。其次，作者按照 $SURGE$ 和 SUE 进行五五分组，将每一组在未来 1～12 月区间内的未预期回报绘制一张时间序列图，发现未预期收入和未预期盈余极端组的 PEAD 持续时间为 6 个月。因此，他们进一步构造基于这两个指标的交叉套利组合。通过原文中的表 6，他们发现如果买空未预期收入和未预期盈余最高组，卖空未预期收入和未预期盈余最低组，投资者能在未来 6 个月取得 8%的未预期回报。最后作者进行如下回归 $AR(6)_{i,t}=a+b\times SURGE_{i,t}+c\times SUE_{i,t}+e_{i,t}$，发现 $SURGE$ 和 SUE 的系数均显著为正，并且 SUE 的系数比

SURGE 的系数要大，这说明股票市场对盈余和收入存在反应不足。①

作者在最后一个部分研究分析师对收入的增量信息是否能理解。Kothari（2001）在综述中提到最近研究中一般认为分析师相对于时间序列是市场预测值更好的代理变量，在以往的研究中（Ertimur et al.，2003；Ghosh et al.，2005）都用分析师预测作为盈余预测值，因此作者进一步考察分析师在预测中是否会考虑未预期收入中的增量信息。首先，作者研究的是分析师在进行分析预测修正时是否考虑过去四个季度的未预期收入和未预期盈余，作者进行如下回归：$FR_{i,t+\tau}=\varphi_{0,\tau}+\varphi_{1,\tau}\times SURGE_{i,t}+\varphi_{2,\tau}\times SUE_{i,t}+\xi_{i,t}$，其中 $FR_{i,t+\tau}$是分析师对预测的修正。他们发现前四个季度的 *SURGE* 和 *SUE* 的系数均显著为正，并且 *SUE* 的系数更大，这说明分析师进行盈余修正时会考虑过去的收入和盈余情况，并侧重于未预期收入，也表明分析师对收入和盈余信息有个反应过程。其次，作者考察分析师的预测误差与前期的未预期收入和未预期盈余是否有关，通过回归方程 $FE_{i,t+\tau}=C_{0,\tau}+C_{1,\tau}\times SURGE_{i,t}+C_{2,\tau}\times SUE_{i,t}+\xi_{i,t}$，其中 $FE_{i,t+\tau}$是分析师的预测误差，他们发现前四个季度的 *SURGE* 和 *SUE* 的系数均显著为正，这也说明分析师对收入和盈余信息存在反应不足情况。那么，分析师在进行预测时需要多长时间才能充分理解收入和盈余中所含有的信息呢？作者通过如下回归进行分析：$FE_{i,t+\tau}(T)=C_{0,\tau}+C_{1,\tau}\times SURGE_{i,t}+C_{2,\tau}\times SUE_{i,t}+\xi_{i,t,\tau}$，其中 $FE_{i,t+\tau}(T)$代表分析误差，*T* 代表预测的时间间隔长短，作者选取了 3，6，9，12 四个区间段，通过原文中表 10 的回归结果发现分析师大约需要 5 个月的时间来吸收未预期收入中所含有的增量信息。

Jegadeesh and Livnat（2006）的研究表明伴随着收入增长的盈余增长更具有持续性，财务报表中除了盈余信息外，未预期收入同样也提供了丰富的

---

① 计算未预期盈余的公式为：$SUE_{i,t}=\frac{Q_{i,t}-E(Q_{i,t})}{\sigma_{i,t}}$，其中 Q 为季度每股盈余，$E(Q_{i,t})$ 为季度盈余的预期值，$E(Q_{i,t})=Q_{i,t-4}+\partial_{i,t}=\frac{\sum_{j=1}^{8}(Q_{i,t-j}-Q_{i,t-j-4})}{8}$，季度盈余增长的标准差为 $\sigma_{i,t}=\frac{1}{7}\sqrt{\sum_{j=1}^{8}(Q_{i,t-j}-Q_{i,t-j-4}-\partial_{i,t})^2}$。未预期收入 *SURGE* 的计算按照同样的方法进行。

信息，并从市场短窗口反应、PEAD 和分析师角度进行了深入的分析。但是，我们认为这篇文章还存在一些值得商榷之处，表述如下，仅供参考。

第一，作者是基于时间序列的随机游走模型进行盈余和收入预测的，但以往很多研究使用分析师预测作为盈余和收入的预期值，那么文章的结果是否会受到这种计算方法的影响呢？我们至少应该在稳健性检验中给出利用分析师预测作为盈余和收入预期值的检验。那么在中国资本市场上利用分析师预测作为预期值是否比时间序列的结果更准确呢？中国资产市场属于新兴市场，还不够成熟，这是个值得研究的问题。

第二，作者仅仅考虑了收入一个方面的因素，而没有考虑成本方面的因素，尤其需要注意的是作者并没有给出很好的理论解释和预期。实际上，成本因素对企业同样重要，Gu et al.（2006）研究表明在未预期收入与未预期成本方向相同且未预期收入更大时，具有这种特征的企业的未预期盈余更具有持续性，同时这种性质的 PEAD 也更大、更显著。

第三，既然未预期收入能够用于预测未来盈余和未来回报，我们就有理由相信未预期收入对股票的价值也具有预测作用，那么我们怎么在现有的定价模型中加入收入方面的因素呢？比如在 Ohlson（1995）所给出的线性价值估计形式中如何考虑收入对价值的影响？这方面还有待进一步的研究。

参考文献

Ball，R.，and E. Bartov. 1996. How Naive Is the Stock Market's Use of Earnings Information. *Journal of Accounting and Economics* 21：319－337

Bernard，V. L.，and J. K. Thomas. 1989. Post-Earnings-Announcement Drift：Delayed Price Response or Risk Premium? *Journal of Accounting Research* 27：1－36

Bernard，V. L.，& Thomas. 1990. Evidence that Stock Prices Do Not Fully Reflect the Implications of Current Earnings for Future Earnings. *Journal of Accounting and Economics* 13（4）：305－340

Burgstahler，D.，J. Jiambalvo，and T. Shevlin. 2002. Do Prices Fully Reflect the Implications of Special Items for Future Earnings? *Journal of*

Accounting Research 40：585－612

Ertimur，Y.，J. Livnat，and M. Martikainen. 2003. Differential Market Reactions to Revenue and Expense Surprises. *Review of Accounting Studies* 8：185－211

Fama，E.，and K. French. 1996. Multifactor Explanations of Asset Pricing Anomalies. *Journal of Financial Economics* 51：55－84

Ghosh，E.，and Z. Gu，and P. C. Jain. 2005. Sustained Earnings and Revenue Growth，Earnings Quality，and Earnings Response Coefficients. *Review of Accounting Studies* 10：33－57

Gu Z.，P. Jain，and S. Ramnath. 2007. In-Sync or Out-of-Sync? The Joint Information in Revenues and Expenses. Working Paper，Carnegie Mellon University

Kothari，S. P.. 2001. Capital Markets Research in Accounting. *Journal of Accounting and Economics* 31：105－231

Ohlson，J.. 1995. Earnings，Book Values，and Dividends in Equity Valuation. *Contemporary Accounting Research* 11：661－687

1.10 累积会计盈余可以解释大部分证券回报

Easton P.，T. Harris，and J. Ohlson. 1992. Aggregate Accounting Earnings Can Explain Most of Security Returns. *Journal of Accounting and Economics* 15：119－142

会计盈余与证券市场价值回报的关系一直是会计研究中的一个重要话题。从 Ball and Brown（1968）采用一年期的盈余窗口来观察市场对证券定价时所包含的该一年期会计盈余信息的情况之后，大量研究也多是采用一年期或者短至几天的窗口，这样短的盈余观察窗口背后的逻辑是事件窗口越短，在盈余信息公布时受其他信息干扰的程度越小，市场的股价变动与盈余信息的相关程度越大。但是正如本文作者所指出的，大部分实证分析的结果都是令人不满意的，回归模型的 R^2 很少超过 10%。对于改进文献中盈余信息对市场证券定价如此低的解释能力，学者们提出了三种不同的思路：第一种思路是改进市场对盈余预期的模型（Brown et al.，1987）；第二种思路在于视会计盈余为真实盈余的一种有误差的估计，从这个思路出发，形成了证券回报—盈余关系研究中的变量误差分析方法（errors-in-variables）（Beaver et al.，1989；Collins and Kothari，1989）；第三种思路允许会计盈余信息对价值事件的不完美反映，因为不是所有被市场识别的价值事件都能同时在会计盈余信息中得到反映，同样盈余信息中可能也包含着尚未被市场识别的价值事件。Ou and Penman（1989a，b）通过引入其他控制变量来减少这两种情况的影响。而本文作者提出通过延长盈余观察窗口来减少盈余信息与市场回报时间不一致带来的两种影响。

本文作者注意到会计信息的两个基本特点：（1）盈余可以在不同的会计期间累积相加；（2）通过延长盈余的计算期可以相对减少时间不一致的衡量误差。于是作者提出假设：延长盈余计算的会计期间，累积的会计盈余与证券回报的相关程度会得到显著提高。即如其题目所述，累积盈余可以解释大部分证券回报。

作者在选取样本公司时考虑到两点：（1）样本公司至少要有十年（作者选取十年作为最长的回报考察期）的会计数据（包括每年盈余数据和每年分配的股利）；（2）尽可能选取较多的公司样本。另外，作者在对于每个公司选取哪个十年段时，考虑了几种不同的选取方法，并形成了不同的样本，如选取每个公司可得的最早的十年段数据、最晚的十年段数据，或随机抽取，作者利用不同的样本数据回归，结果具有一致性。

本文采用的是一元回归模型，与假设相联系，最重要的两个变量即 T 期的累积盈余（$T=1$，2，5，10）与 T 期的市场回报，对应的即自变量与因变量。作者首先在基本模型的变量设定中考虑到分配的股利分别对自变量和因变量的影响。对于 T 期的累积盈余，包含两部分，即（0，T）期的会计盈余加总（AX_T）① 和（0，T）期间所分配的股利在 T 期内投资于无风险资

① 设 X_t 表示（$t-1$，t）期间的盈余，则 $AX_T=X_0+\cdots+X_T$。

产后的累计盈余（FVF(d₁，…，d_T)①），则自变量 T 期累积盈余表示为：

$$z_T^1 = [AX_T + FVF(d_1, \cdots, d_T)]/P_0$$②

因变量即 T 期市场回报设定为 T 时点的市场价值 P_T 和股利的 T 期终值（$FVS(d_1$，…，$d_T)$③）之和与0时点的市场价值 P_0 之差：

$$y_T^1 = [P_T + FVS(d_1, \cdots, d_T) - P_0]/P_0$$

基本的回归模型即为：

$$y_{Tj}^1 = \alpha_T^1 + \beta_T^1 z_{Tj}^1 + \varepsilon_{Tj}^1$$

作者在选取不同的 T（T=1，2，5，10）的情况下，得到四个回归估计方程，实证结果发现 T=10 时的回归估计方程的 R^2 达到 62%，而随着 T 减小，R^2 也是不断减小的。当 T=1 时，R^2 不超过 10%。在基本模型的设定下，实证结果验证了作者提出的假设，即 T 越大，R^2 也会增大。

但是，基于基本模型的设定所得到的实证结果的有效性能否经受住各种质疑？作者考虑到基本模型设定中可能存在的质疑，一一通过检验加以排除。

第一个质疑是：基本模型中自变量与因变量中均包括所分配的股利的终值与盈利，即 $FVS(d_1$，…，$d_T)$ 和 $FVF(d_1$，…，$d_T)$，且两者之间还存在一个等式关系，即

$$FVS(d_1, \cdots, d_T) = FVF(d_1, \cdots, d_T) + \sum d_T$$

那么实证结果的显著性就可能受到质疑。为了解决这个问题，作者又引入两个模型来排除股利回报对实证结果有效性的削弱，从而验证股利回报部分引入并不影响实证结果。

第二个质疑是：众多研究盈余与市场回报关系的文献在设定自变量时考

---

① 设 d_t 表示 t 期分配的股利，R_F 表示无风险报酬率加上 1，则
$FVF(d_1, \cdots, d_T) = d_1(R_F{}^{T-1} - 1) + d_2(R_F{}^{T-2} - 1) + \cdots + d_{T-1}(R_F - 1) = FVF_T$

② P_T 表示 T 时点的市场价值。

③ $FVS(d_1$，…，$d_T)$ $= d_1 R_F{}^{T-1} + d_2 R_F{}^{T-2} + \cdots + d_{T-1} R_F + d_T = FVS_T$。

虑了市场对盈余的预期，并将非预期盈余（unexpected earnings）作为影响市场回报的自变量，而本文基本模型的自变量设定并没有考虑市场对盈余的预期。为了解决这个问题，作者设定一个模型来考虑非预期盈余对市场回报的影响，回归结果发现至少在较长的回报期内，传统的盈余变化量对市场回报的解释程度要低于简单的盈余累积量。

第三个质疑是：R^2随T增大而增大的实证结果是否来源于自变量与因变量随着时间延长的自然累积效应？为了解决这个问题，作者简单加总样本公司十年内每期的市场回报率作为因变量，简单加总十年内对应每期的盈余作为自变量，建立简单一元回归方程，而该模型的回归结果的R^2仅为0.037，显著低于基本模型的回归结果63%，从而说明简单加总自变量或者因变量，并不会提高回归结果的R^2。

在对几个可能的质疑进行验证之后，本文的假设可以得到实证结果的验证，即随着会计期间的延长，累积盈余与市场回报之间的关系也会显著增强。这直接体现在回归方程的R^2随时间延长而显著提高。本文的研究结果证实了从长期来看投资者投资购买的是盈余。但本文的结果并非为了说明较长的回报期就一定比短的回报期好，正如作者所说，本文的意义至少在于提醒研究者在未来的研究设计中要考虑回报期长短对研究结果的可能影响。本文的实证结果在作者严谨的研究设计下能够证明本文提出的假设，但是作者也指出，目前还没有严格的理论推导来解释为什么市场回报与盈余在长的回报期内就应该存在几近完美的关系。因此，缺乏理论支撑正是本文的软肋。对于未来的研究，作者提出可以研究不同的盈余组成部分对市场回报的解释程度的差异。①

参考文献

Ball，R.，and P. Brown. 1968. An Empirical Evaluation of Accounting Income Numbers. *Journal of Accounting Research* 6：159-178

Beaver，W. H.，R. A. Lambert，and S. C. Ryan. 1989. The Information

① 可以对累积盈余进行分解，分解为营业利润、折旧、税金支出等。

Content of Security Prices: A Second Look. *Journal of Accounting and Economics* 11: 139−158

Brown, L. D., R. L. Hagerman, P. A. Griffin, and M. E. Zmijewski. 1987. An Evaluation of Alternative Proxies for the Market's Assessment of Unexpected Earnings. *Journal of Accounting and Economics* 9: 159−194

Collins, D. W., and S. P. Kothari. 1989. An Analysis of the Intertemporal and Cross-Sectional Determinants of Earnings Response Coefficients. *Journal of Accounting and Economics* 11: 143−181

Ou, J. A., and S. H. Penman. 1989a. Financial Statement Analysis and the Prediction of Stock Returns. *Journal of Accounting and Economics* 11: 295−330

——. 1989b. Accounting Measurement, Price-Earnings Ratios, and the Information Content of Security Prices. *Journal of Accounting Research* 26: 111−144

1.11 价格中包含的未来盈余信息：对盈余反应系数的启示

Kothari S. P., and R. G. Sloan. 1992. Information in Prices about Future Earnings: Implications for Earnings Response Coefficients. *Journal of Accounting and Economics* 15: 143−171

盈余的时间序列特征和盈余反应系数之间的关系是研究会计盈余信息质量的一个重要课题（Kormendi and Lipe，1987；Collins and Kothari，1989；Easton and Zmijewski，1989）。前人研究发现，根据盈余的时间序列特征，盈余反应系数通常被估计为（$1+1/r_i$），其中 r_i 为公司 i 股权预期回报率（Kormendi and Lipe，1987；Collins and Kothari，1989）。但前人的研究利用当期的股票回报对盈余的回归得到的盈余反应系数都小于根据盈余的时间序列特征回归得到的结果。这篇文章将股票前几期的回报纳入价格—盈余回归模型中，得出的盈余反应系数比仅利用当期数据回归得到的结果显著增大。另外作者还发现，利用长窗口研究在估计盈余反应系数上并不比加入了前期回报的研究有效。

文章研究的核心问题，正如文章题目所述，是股票价格包含的未来盈余信息对盈余反应系数的启示。作者将前期股票回报纳入价格—盈余回归模型中，将一定时间段内经前期价格折现的盈余水平作为解释变量，该期间内的股票回报作为因变量，这样得到的回归模型估计的盈余反应系数比仅利用当期的盈余水平和股票回报得到的盈余反应系数显著增大。

在有效市场中，价格变化反映了市场对未来预期现金流的修正，而会计盈余却很难反映这些信息，因此市场预期比时间序列预期包含更多的信息。其原因是公认会计原则（General Accepted Accounting Principles，GAAP）所要求的保守性、客观性、有效性等约束限制了会计盈余对预期净现金流变化的反应能力，因此，股票价格可以预期未来盈余的变化。利用这个性质我们可以得到不同于时间序列预期的对未来盈余的预测。时间序列预期认为每年盈余变化服从一个随机游走，因此过去的盈余信息不能用来预测以后盈余的变化。但实际上在每年年初，市场已经部分预期到了当期盈余的变化，因此前期的股票回报反映的信息应该加以利用。基于此，作者提出了下面的模型：

$$P_{it}/P_{it-\tau}=\gamma_{i0}+\gamma_{i1}X_{it}/P_{it-\tau}+\varepsilon_{it} \qquad (1)$$

式中，X_{it}为t期会计盈余；$P_{it}/P_{it-\tau}$等于1加上从$t-\tau$期到t期的包含股利的买进持有回报；$\tau>1$以保证前期回报包含在$P_{it}/P_{it-\tau}$之中。τ越大，X_{it}包含的信息就越可能体现在从$t-\tau$期到t期的回报中。利用上式回归得到的盈余反应系数估计值γ_{i1}较为接近预期值（$1+1/r_i$）。

为确定盈余反应系数估计值的增大是不是确实由加入的前期回报导致的，作者在文章附录中证明了如果价格不能引导盈余并且股利支付为零，加入前期回报对估计盈余反应系数没有任何影响。但在股利支付为正时，估计系数有个向上的偏差，但仍小于（$1+1/r_i$）。为消除这个偏差需将得到的盈余反应系数除以（1+股息收益率）$^{\tau-1}$，这里股息收益率利用的是Center for

Research in Security Prices（CRSP）从1926—1988年平均加权投资组合每年的股息收益率3.9%，$\tau-1$为加入的以前的年数。

文章数据来源于Compustat季度、年度工业研究数据和CRSP中月度数据。作者选取了1979—1988年中盈余评估区间小于一年的季度数据和1950—1988年中盈余评估区间为一年或更长的年度数据。利用月度回报计算持有时间从一个月到四年的含股利支付的持有回报。所有公司在评估区间内必须至少有五年的连续盈余和回报观测值。

作者在回归中加入了前三年的回报，其原因有二：一是加入更多年数的前期回报几乎对盈余反应系数的增加没有贡献；二是前面已经提到加入的前期回报会使估计的系数有向上偏离的趋势。预测的平均盈余反应系数为$(1+1/r)$，r近似取为CRSP从1926—1988平均加权组合年度回报率17.15%，这样得到的平均盈余反应系数预计等于6.83。式（1）的回归结果显示当加入前一年、前两年和前三年的回报时，平均盈余反应系数分别为4.69，5.08和5.45，即呈递增趋势。虽然估计的平均系数逐渐接近预测值，但仍小于预测值。这可能是由下面两个原因导致的。一是在计算回报时没有加入盈余公告期。当加入盈余公告期时，若加入相同期数的前期回报，估计的平均盈余反应系数大于没有加入盈余公告期时得到的结果。二是前人研究（Ball and Watts，1972；Brooks and Buckmaster，1980；Ali and Zarowin，1992）发现每年盈余存在一定程度的负相关关系，这意味着盈余反应系数平均来说比$(1+1/r)$小。

接下来，作者检验了使用更长的窗口来估计盈余反应系数并与使用前期回报来估计盈余反应系数之间的有效性进行了比较。这里作者利用的是时间序列回归，而不是其他学者的横截面价格—盈余关系的回归。作者利用的模型如下：

$$P_{it}/P_{it-\tau}=\gamma_{i0\tau}+\gamma_{i1\tau}X_{it-\tau,t}/P_{it-\tau}+\varepsilon_{it} \tag{2}$$

式中，τ为1，2或3季度，或者1年、2年、3年或4年；$X_{it-\tau,t}$表示公司i从$t-\tau$到t年的盈余。当τ表示两个季度或年度时，两个季度或年度的盈余被加总，依此类推。式（2）的回归结果显示随着测量窗口的增加，估计的平均盈余反应系数也增加，但仍小于预测值 6.83，并且其结果均小于相应的由式（1）回归的结果。上述结果表明延长估计窗口可以减少估计盈余反应系数的偏差，但没有使用加入前期回报得到的结果有效。

最后，文章进行了几个方面的敏感性检验，得到的结论如下。一是没有股利支付时估计的盈余反应系数普遍小于有股利支付时的估计值，样本选取和更多前期回报的加入并不能显著增大估计盈余反应系数。二是不管是使用时间序列回归还是选用横截面回归，加入前期回报都能使估计的盈余反应系数显著增大。三是将从 $t-\tau$ 期到 t 期的市场回报 $R_{mt-\tau,t}$ 加入到价格—盈余回归中去。这主要是因为市场回报作为一个独立变量加入可以使回归残差之间的交叉相关性减少；当盈余变化不能解释价格的变动时，市场回报可以做出解释，这样回归得到的盈余反应系数会更加精确；很多已有研究文献（Kormendi and Lipe，1987）使用市场或风险调整了的回报来估计盈余反应系数。作者利用加入市场回报的回归模型得到的结果与利用式（1）回归得到的结果相似。四是采用其他估计方法和统计检验以及盈余公告期后超额回报漂移对加入了前期回报回归的结果没有影响。

这篇文章首先将前期收益引入到价格—盈余回归模型中，发现前期回报的引入使估计的盈余反应系数显著增大，从而减少了盈余反应系数偏向于零的这个偏差，与年度盈余的时间序列特征相一致。文章也指出了后续研究的方向。

一是本文对研究盈余反应系数的横截面变化的原因有启示作用。已有的利用当期数据回归发现的盈余反应系数的横截面变化，可能来源于价格引导盈余变化的程度及盈余反应系数基于盈余持续性和预期回报导致的变化。更有意义的研究应该将这两种因素加以分离和控制，这样得到的结果才有说服力。

二是未来的研究应该考虑如果加入更多的财务报表中的信息是否会减弱前期回报的影响。这意味着基于其他资产负债表和损益表项目、脚注披露和管理者期望信息有助于预测盈余变化。

三是最近有研究想找出利用当期季度或年度数据回归得到较弱的价格—盈余关系的原因。学者一般把低盈余质量作为一个基本原因。而低盈余质量又可能是由于会计技术的选择或管理层操纵导致的。因此除非我们理解了会计盈余的作用或者财务报表中对证券市场、债券持有人或管理层持股人契约的相关信息，否则改变会计评估过程以增强当期价格—盈余关系都是为时过早的。

参考文献

Ali, A., and P. Zarowin. 1992. Permanent versus Transitory Components of Annual Earnings and Estimation Error in Earnings Response Coefficients. *Journal of Accounting and Economics* 15: 249-264

Ball, R., and R. L. Watts. 1972. Some Time Series Properties of Accounting Income. *Journal of Finance* 27: 663-682

Brooks, L., and D. Buckmaster. 1980. First Difference Signals and Accounting Income Time Series Properties. *Journal of Business, Finance and Accounting* 7: 437-454

Collins, D. W., and S. P. Kothari. 1989. An Analysis of the Intertemporal and Cross-Sectional Determinants of the Earnings Response Coefficients. *Journal of Accounting and Economics* 11: 143-181

Easton, P. D., and M. E. Zmijewski. 1989a. Cross-Sectional Variation in the Stock Market Response to the Announcement of Accounting Earnings. *Journal of Accounting and Economics* 11: 117-141

Kormendi, R., and R. Lipe. 1987. Earnings Innovations, Earnings Persistence and Stock Returns. *Journal of Business* 60: 323-345

1.12 利用盈余缺乏时效性和噪音解释同期收益—盈余低相关性

Collins, D. W., S. P. Kothari, J. Shanken, and R. G. Sloan. 1994. Lack of Timeliness and Noise as Explanation for the Low Contemporaneous Return-Earnings Association. *Journal of Accounting and Economics* 18: 289-324

自 Ball and Brown（1968），大量文献研究同期收益—盈余间的关系。尽管在统计上，同期收益—盈余间具有明确的联系，但是利用盈余来解释收益一致表现出了很弱的解释力。Lev（1989）将其归因于当期会计盈余的低质量，并促使研究者寻找相关因素。之前的研究表明，这些因素可以分为两大类：盈余在表现与价值相关的事件上缺乏时效性，以及与价值无关的噪音（Lev and Thiagarajan，1993；Bowen et al.，1991；Easton et al.，1992；Warfield and Wild，1992；Beaver et al.，1980）。尽管之前存在大量研究探讨盈余缺乏时效性的问题，但很少有研究区分盈余缺乏时效性和噪音在解释同期收益—盈余低相关性中的不同作用。本文作者利用盈余缺乏时效性和与盈余无关的噪音解释同期收益—盈余的低相关性。与盈余缺乏时效性一致，本文发现与仅用当期盈余相比，调整了预期误差后的当期和未来盈余对年收益方差的解释力大概是其3～6倍。这样，本文就对导致同期收益—盈余低相关性的两个因素——盈余缺乏时效性和噪音在其中的作用做了区分。

这篇文章研究的核心问题，正如其题目一样，是利用盈余缺乏实效性和噪音解释同期收益—盈余之间的低相关性，区分两者在解释同期收益—盈余低相关性间的作用大小。本文假设盈余缺乏时效性和盈余中与价值无关的噪音是导致同期收益—盈余低相关的原因。

本文对盈余缺乏时效性和噪音可以解释同期收益—盈余低相关的假设可从以下两方面的分析中得到体现。

文中的第一个假设为：盈余缺乏时效性是导致同期收益—盈余低相关性的原因。会计盈余缺乏时效性由两方面原因导致：（1）会计数字在确认净资产价值变化的时候存在延迟，这种情况发生在本期发生的事件未能满足会计确认的条件，但是确实影响了投资者对未来现金流的预期，即影响了收益时；（2）应计制会计倾向于延迟对当期确认的费用所带来的预期未来收益的确认，如广告和研发项目。由于对历史成本计量法和账项基础会计（transaction-based accounting）的强调，传统的应计制会计在确认净资产价值时，经常在时效性和客观性、可确认性或谨慎性之间进行权衡。因此，一些改变市场对未来盈余预期的经济事件并不能在当期盈余中进行反映，而是在满足会计确认条件或收益（损失）实现的未来盈余中进行反映。这表明，某期的收益与未来及当期的盈余相关，从而降低了同期收益—盈余的相关性。

文中第二个假设为：盈余中的噪音是导致同期收益—盈余低相关性的原因。低收益—盈余相关性是由与价值无关的噪音导致的，这一观点是研究中的一种普遍观点（Beaver et al.，1980；Landsman and Magliolo，1988；Beaver，1989；Lev，1989；Choi and Salamon，1989；Ramakrishnan and Thomas，1993；Ryan and Zarowin，1993；Beaver et al.，1992）。一般而言，会计盈余表示为与当期或者前期收益相关的价值相关部分和一个与各期收益都无关的价值无关噪音项之和。会计盈余可能包含噪音项，是由于盈余计量规定要求或者允许管理层对未来现金流的现值进行估计，这一估计方式区别于市场对这一现金流的衡量，例如银行贷款损失准备的计提、售后维修费用计提和养老金及其他退休后义务的计提。在这些例子中，盈余衡量过程试图对未来现金流在当期进行及时估计，而不是在未来现金流发生时。因此，在这些情况下，缺乏时效性并不是主要问题。相反，此时的问题是，会计对未来预期现金流的现值的估计是否很好地契合了市场的估计。如果会计对未来现金流现值的估计同市场估计相比随机发散，两者间的差别就构成了会计盈余的噪音项。之前的研究假设噪音项具有负自相关性，或者同时独立。并且盈余的噪音项同价格（和收益）无关，无论是同当期还是同之前和之后的各期。

文章的数据来源有三个：Standard & Poor's Analyst's Handbook（S&P），Compustat Annual Industrial and Research tapes（Compustat）和 CRSP monthly returns tape。本文分析 S&P 从 1946 年起 36 个有连续数据的行业，公司层面的分析利用 136 个在 Compustat 和 CRSP 中有 1951—1989 年间连续收益和盈余数据，并且会计年度在 12 月份截止的公司。

本文利用以下模型来进行分析：

$$R_t = b_0 + b_1 X_t + \sum_{k=1}^{3} b_{k+1} X_{t+k} + b_5 EP_{t-1} + b_6 INV_t + \sum_{k=1}^{3} b_{k+6} R_{t+k} + e_t$$

式中，R_t为第 t 期的连续累计收益；X_t 为盈余的连续累计增长率；EP_{t-1} 为盈余和价格比率；INV_t 为投资增长；R_{t+k} 为未来收益；e_t 代表盈余中的噪音项。其中，EP_{t-1}，INV_t 和 R_{t+k} 是为了消除在模型中利用盈余代替未预期盈余增长率和盈余期望变化引起的变量误差。

本文对噪音和缺乏时效性假设的实证检验利用了三个集合水平（整体水平、行业水平和公司水平）的收益—盈余数据。数据集合对同期收益—盈余相关性的可能影响在两种假设成立的情况下是不同的。除非噪音项在横截面上显著相关，当数据被集合（例如收益—盈余数据的行业和整体水平）时，在收益—盈余低相关性是由盈余噪音导致的假设下，同期收益和盈余的相关性应该增强，但是在收益—盈余低相关性是由缺乏时效性导致的假设下，同期收益和盈余的相关性并不会增强。原因是，如果噪音假设成立，当数据被集合时，在横截面上弱相关的噪音项的影响将彼此消除。因此，只有与价值相关部分的盈余在集合数据中被保留，并且这部分盈余将与同期收益高度相关。相反，在缺乏时效性假设下，横截面数据的集合并不能使当期盈余对同期收益而言时效性更强。自然，在缺乏时效性假设下，同期收益—盈余相关性并不会因为数据的集合而增强。

通过在收益—盈余回归模型中加入未来盈余作为变量，本文发现了缺乏时效性是导致同期收益—盈余低相关性的原因。在数据集合的所有水平下，我们发现，相比仅使用本期实现的盈余，本期盈余未被预期到的部分和市场对未来盈余预期的改变能够解释3～6倍的不同年份间和横截面上的年收益方差。总之，我们证明了，盈余缺乏时效性是导致同期收益—盈余低相关性的重要因素。对盈余噪音假设，我们并未发现相似结果。

这篇文章对于解释同期收益—盈余低相关性的原因做出了重大贡献，尤其是区分了盈余噪音和缺乏时效性对同期收益—盈余低相关性的影响。但同时我们也该看到，文章尚有一些值得进一步探讨的地方，从而影响文章结论的可靠性。

首先，本文所使用的消除在模型中利用盈余代替未预期盈余增长率和盈余期望变化引起的变量误差的变量可能并不能完全消除这一误差。其次，本文的模型假设横截面和时间序列模型中每期的系数都是一样的，但实际上可能这一系数在不同期间、不同公司间是不同的。最后，由于数据的限制，分析中仅仅用了未来三期的盈余数据，第四期及之后的数据并未包含在内，从而降低了模型的解释力。

参考文献

Ball，R.，and P. Brown. 1968. An Empirical Evaluation of Accounting Income Numbers. *Journal of Accounting Research* 6：159-178

Beaver，W. H.. 1989. Financial Accounting：An Accounting Revolution. Engle-wood Cliffs. NJ：Prentice Hall

Beaver，W. H.，R. Lambert，and D. Morse. 1980. The Information Content of Security Prices. *Journal of Accounting and Economics* 2：3-28

Beaver，W. H.，M. L. McAnally，and C. H. Stinson. 1992. The Information Content of Prices Ⅲ：Still Another Look. Working Paper，Stanford University

Bowen，R. M.，T. Shevlin，and D. Shores. 1991. Economic Content and Information Content of Financial Statement Data. Working Paper，University of Washington

Choi，S.，and G. L. Salamon. 1989. Accounting Information and Capital Asset Prices. Working Paper，Vanderbilt University

Easton，P. D.，T. S. Harris，and J. A. Ohlson. 1992. Accounting Earnings Can Explain Most of Security Returns：The Case of Long Event Windows. *Journal of Accounting and Economics* 15：119-142

Landsman，W. R.，and J. Magliolo. 1988. Cross-Sectional Capital Market Research and Model Specification. *The Accounting Review* 63：586-604

Lev，B.. 1989. On the Usefulness of Earnings：Lessons and Directions from Two Decades of Empirical Research. *Journal of Accounting Research* Suppl.：153-192

Lev，B.，and S. R. Thiagarajan. 1993. Fundamental Information Analysis. *Journal of Accounting Research* 31：190-215

Ramakrishnan，R. T. S.，and J. K. Thomas. 1993. Valuation of Permanent，Transitory，and Price-Irrelevant Components of Reported Earnings. Working Paper，Columbia University

Ryan，S.，and P. Zarowin. 1993. Measurement Error in Earnings and the Estimation of Earnings Response Coefficients. Working Paper，New York University

Warfield，T. D.，and J. J. Wild. 1992. Accounting Measurement Error and the Pricing of Interim Earnings. *The Accounting Review* 67：821－842

第 2 章

会计盈余的时间序列特性研究

2.1 本章概述

Ball and Brown（1968）被认为是会计学术界的经典之作，是实证会计研究的开山之作。换句话说，Ball and Brown（1968）所开辟的会计实证研究使会计学真正成为一个独立的学术学科（an academic discipline）。Ball and Brown（1968）及其他本书第 1 章中回顾的会计信息，尤其是盈余、价值相关性的研究表明在现代资本市场上，会计信息是有价值的，是投资者应该关注的。

在此基础上，一个自然的问题是如何预测未来的会计信息，尤其是未来会计盈余。第 1 章中价值相关性研究告诉我们会计盈余是和股票价格相关的，但是对投资者来说，依靠已经公布的盈余进行投资决策是不适当的，这时再对盈余信息做出反应并调整投资策略已经晚了，因为所有的投资者都得到了已经公布的信息。对投资者来说，重要的是在实际盈余公布以前就对它做出正确的预测，并根据预测调整投资策略，这样才能取得更好的投资回报。投资决策需要“领先一步”。

因此，Ball and Brown（1968）除了带动起盈余的价值相关性研究，随后进一步带动起盈余预测研究。今天，盈余预测已经深入到证券投资界的活动中，证券分析师对上市公司未来盈余的预测成为投资者投资决策的重要依据。

学术界进行盈余预测研究可以分成三个阶段。第一阶段是本章回顾的基于盈余时间序列的盈余预测研究，即预测的基础是过去的盈余，不利用其他会计或非会计信息。第二阶段是第 3 章回顾的基本面分析研究，在预测未来盈余（或回报）的过程中不仅利用过去的盈余信息，而且利用其他会计和非会计信息。显然，预测过程利用的有效信息量越大，预测的准确性越高。第三阶段，20 世纪 80 年代以后，证券分析师行业有了重大发展，证券分析师发布对上市公司未来业绩的预测。分析师除了可以利用前两个阶段的预测方法以外，还可以拥有更重要的信息，如和经理层私下沟通中获得的信息，同时分析师的分析工具也更先进，分析经验更丰富，因此，分析师盈余预测比前两个阶段的预测更准确。学术界因此开始研究分析师盈余预测。这是本书第 4 章回顾的内容。

在本章中，我们回顾基于盈余时间序列的盈余预测研究。这部分研究主要集中在 20 世纪 70 年代末期和 80 年代初期。之所以可以基于盈余时间序列来预测未来盈余，是因为历史盈余之间具有一定的统计规律。这方面的研究是利用统计方法来发现这种规律，并用发现的规律预测未来盈余的走向。

盈余序列的规律来源于企业经营的发展规律。企业经营首先是连续的，一般企业都需要经历起步、发展、成熟、衰落等过程，因此盈余也会遵循同样的历程。其次，企业经营如果发生突变，也会很快在新的水平上达到均衡和稳定。因此，大样本研究可以归纳企业经营发展和盈余变化的规律，并在此基础上对未来进行预测。

盈余序列研究的对象基本是两个，一个是年度盈余，另一个是季度盈余。现代资本市场监管机构基本要求企业披露年报和季报，投资者每到年报或季报披露期间就会密切跟踪企业动向，年报和季报的披露一般会带动市场价格的重大变化。

年度盈余和季度盈余的时间序列特征有很大的差别，这个差别来源于企业经营的特征。大部分企业经营具有季节性。例如一个零售企业，其收入和利润的实现在一年中不是均匀分布的，有旺季和淡季，如重大节日前后往往是旺季。又如旅游企业，旺季往往集中在夏天，而冬天则是淡季。经营活动的季节性导致企业收入和利润确认的季节性，因此一年四个季度的盈余之间差别很大，不能当做一个时间序列来处理。年度盈余则不受季节性影响。

盈余序列研究的方法基本上是纯统计方法，利用统计学模型来确认合适的模型并估计相应序列的参数。学者一般把季度盈余和年度盈余分开来研究。在统计方法上，比较受关注的包括随机游走模型（random walk）、自回归模型（autocorrelation）、移动平均模型（moving average）等。同时，盈余序列研究利用一种通行的检验方法检验所得模型的预测能力。

Foster（1977）是比较典型的研究季度盈余时间序列特征的文章。这篇文章发现季度盈余序列既包含季节因素（上年同季度的盈余水平），又包含一个相邻季度影响因素（前一季度盈余增长）。通过 Box-Jenkins（1970）方法，Foster（1977）发现这样一个包含一阶自相关因素的模型可以更好地描绘企业季度盈余的时间序列。

Brooks and Buckmaster（1976）研究了年度盈余的时间序列特征，发现盈余（或盈余变化）在大样本中遵守随机游走模型，即本期盈余是下一期盈余的最好预测。但是，极端盈余还具有均值回转特征，即过高的盈余和过低的盈余未来都会向平均方向靠拢，过高的会降低，过低的会升高。

以上两篇文章都是研究无条件盈余序列特征的，我们还可以通过一些因素作为条件来区分不同情况下不同模型的适用性，以更好地利用预测模型。Freeman et al.（1982）选用的一个条件变量是股东权益回报率（ROE）。他们首先发现 ROE 具有均值回转特征，进一步发现以 ROE 分组，然后利用时间序列模型可以更好地提高预测准确性。这种研究准确性提高的来源一方面可以是在不同情况下适用不同的统计模型，另一方面是即使使用同样的统计模型，模型参数的估计也可以更准确。

盈余时间序列研究虽然取得了一定的成绩，但是本身存在比较大的问题。第一，它利用的信息太少，影响了预测的准确性。从实证会计研究的发展历史来看，站在现在的角度，基于时间序列的盈余预测研究已经是“过气”的研究。随着会计信息数据库的丰富和普及，研究者可以更容易地利用更多的信息来研究盈余预测，不再可能只单纯地依靠盈余本身的时间序列。证券分析师预测的出现和广泛传播，也推动盈余预测研究朝更广、更深的方向发展。

第二，盈余时间序列研究要具有统计上的可靠性，需要比较长时期的历史数据。这一方面减少了可用样本，另一方面具有较长历史时期的数据有结构性问题。具有较长历史的企业在其历史中很可能经历过结构性的变化，如再融资、购并、重组等，经营业务也可能发生重大变化，如主营业务的扩张或变更。总之，盈余的时间序列前后可能已经不具有可比性，所以放在一起来做统计分析会导致我们发现不存在的错误规律。依据这样的方法来预测未来很可能发生重大预测误差。

但是，盈余时间序列研究的这些缺陷并不能否定其中的一些研究成果对证券投资的现实意义。其中最主要的发现之一（盈余的均值回转特征）对我们今天的投资者还有很大的借鉴意义。

大量研究表明，投资者在分析盈余时存在“功能性锁定”（functional fixation）偏差（Hand，1990）①，即投资者往往过度依赖上年同期盈余来预测本期盈余，好像盈余是遵守随机游走模型。虽然通过更多的信息分析，投资者可以发现这样的假设是不对的，但在这种偏差下，投资者往往会做出错误的投资决策。“功能性锁定”偏差出现的重要原因是当企业发布盈余信息时，投资者只有很短的时间来做出反应，几分钟，甚至以秒计。现代资本市场信息传递都是实时的，几秒钟的差别可能造成投资机会的重大变化，因此投资者没有时间消化财务报告中的其他信息对盈余的影响，“功能性锁定”偏差随之出现。

但是，极端盈余的均值回转特征已经被研究证明是一个重要的普遍规律，因此，投资者实际上可以在短时间内判断刚刚公布的盈余对未来的影

① Hang, J.. 1990. A Test of the Extended Functional Fixation Hypothesis. *The Accounting Review* 65: 740-763.

响，并摆脱“功能性锁定”偏差对预测的影响，更好地对盈余做出反应。

我国证券市场的历史较短，数据时间序列积累比较少，开展盈余时间序列研究的困难比较大。同时，我国上市公司在经济剧烈变动的大潮中也不断经历剧烈的变动，包括购并、重组、股权变动、经理层变动等，因此时间序列上盈余的可比性比较差。这些因素都阻碍了在我国开展这方面的研究。

2.2 季度会计数据：时间序列特征和预测能力

Foster, G. 1977. Quarterly Accounting Data: Time-Series Properties and Predictive-Ability Results. *The Accounting Review* 52: 1-21

季度会计数据的时间序列特征对会计和金融研究中的一般性问题很重要，比如平滑方面的研究（Gonedes，1972）、与证券估价相关的研究（Miller and Modigliani，1966；Foster，1976）以及要运用时间序列预期模型的会计信息、资本市场研究，上述研究的结论（Brown and Kennelly，1972；Foster，1973）在很大程度上取决于季度会计数据的预期模型。另外，季度会计数据的时间序列证据对期间呈报这样的特定研究课题也很重要，例如针对受到季节影响的公司是否应报告调整后的季度数据（FASB），以及市场是否对盈余序列的季节性进行了调整（Taylor，1963）等相关研究。

Foster（1977）在借鉴前人研究成果、改进前人研究不足之处的基础上，重点探讨了季度盈余、季度收入和季度费用的时间序列特征，并比较了以前研究中使用的预测模型和本文中提出的 Box-Jenkins 模型的预测能力差异。在本文中，预测能力从两个方面来检验：（1）预测相应序列未来值的能力；（2）通过检验市场对会计数据的反应来估计预期模型的预测能力。

以前的很多实证研究已经发现了季度盈余的若干时间序列证据（Lorek et al.，1976；Watts，1975；Griffin，1976），对季度收入的研究结果相对较少，季度费用几乎没有。针对季度盈余的研究得到如下结论：（1）季度盈余具有很强的季节性；（2）相邻季度的盈余变化并不独立，有一定的相关性。

以前的研究中往往使用小样本来比较不同模型的优劣，Box-Jenkins 分析中如果样本量和观测值的数量过小，会导致 Box-Jenkins 模型估计值呈现小样本特征，即使所有公司有潜在相同的时间序列，不同公司也会得到不同的模型。另外，以往研究也没有考虑公司结构随着时间变化的问题。本文将弥补以上方面的不足，关注 Box-Jenkins 模型识别和估计中存在的问题以及公司结构的变化。

本文将要比较的预测季度会计序列的模型如下：

模型 1：$E(Q_t)=Q_{t-4}$

模型 2：$E(Q_t)=Q_{t-4}+\delta$

模型 3：$E(Q_t)=Q_{t-1}$

模型 4：$E(Q_t)=Q_{t-1}+\delta$

Beaver（1974）的研究发现模型 2 存在一个误设问题：季度数据的预测误差隐含显著性的正相关，解决误设问题的一种方法是，保持模型 2 的基本特征，并假定自相关服从一阶自相关过程，从而模型 2 就转化为一个简单的 Box-Jenkins 模型。

模型 5：$E(Q_t)=Q_{t-4}+\varphi_1(Q_{t-1}-Q_{t-5})+\delta$

模型 5 假定所有公司的季度数据都遵循一阶自回归过程，这个假定过于严格，而模型 6 是使用 Box-Jenkins（1970）方法来识别单个公司数据的产生过程。Box-Jenkins（1970）方法分为三步：第一步通过模型识别来得到每家公司的时间序列计量模型；第二步通过非线性估计程序估计出参数；第三步是诊断性测试，从而得到每家公司的盈余、收入和费用模型，即另一个 Box-Jenkins 模型，本文称之为模型 6。

本文选取了满足下列条件的样本：(1) 1946—1974 年季度盈余和季度销售收入数据可得；(2) 1962 年 6 月—1975 年 6 月的日证券回报数据来自证券价格研究中心（CRSP）的数据库；(3) 1962—1974 年的季度盈余和销售收入公告来自《华尔街日报》指数。共有 69 家公司满足上述条件，样本存在一定的选择和生存偏差。

文章对季度会计数据的时间序列特征进行了分析。首先是横截面自相关分析，计算 69 家公司 1946—1974 年自相关系数的均值和标准差，自相关系

数 γ_j 结合了常规差分（d）和季节差分（D），相关系数分析表明 t 期季度盈余不仅与 $t-4$ 期季度盈余相关，与 $t-1$ 至 $t-5$ 期间的季度盈余也具有相关性。销售收入和费用序列的自相关系数分析结果与盈余序列大体一致，主要差别在于相关系数普遍比盈余的要高，横截面分析结果表明季度会计数据（包括盈余、收入和费用）不仅与临近季度盈余相关，而且包含季节性的成分。然后本文对 69 家公司的三个时间序列进行了模型识别检验，结果发现最常被识别的模型是季节一阶移动平均和季节一阶自回归。另外还发现，在所有公司的销售收入序列、大部分的费用序列和盈余序列中，一阶差分和季节差分是必需的，季节项出现在大部分的识别模型中。

在对季度会计数据时间序列特征有了一定了解的基础上，本文通过考察模型预测未来值的能力和证券市场对季度盈余的反应深入检验了 6 个模型的预测能力。

预测未来值能力的评估方法有两种。一是考察预测的准确度。文章使用 1962—1974 年每家公司的季度数据，对 6 个模型的预测误差进行排序，接着计算每个模型在所有公司所有季度的平均排序，最后用 Friedman 方差分析检验 6 个模型的预测准确度是否存在显著差异。另一种是考察每个模型预测误差的相对离差，衡量离差的指标是平均绝对百分比误差（MABE）和均方百分比误差（MSE），MABE 对于所有的预测误差赋予了相等的权重（一次函数），而 MSE 对于较大的误差赋予了更大的权重（二次函数）。文章通过上述两种方法的比较发现：（1）6 个模型的平均排序存在显著差异；（2）对三个时间序列而言，模型 5 在每个季度的排序都最低；（3）对于盈余序列，最简单的季节模型（模型 1 和 2）比没有季节因素的简单模型（模型 3 和 4）的排序要低，而对于收入和费用序列，简单的季节排序并不比非季节模型低；（4）平均排序和离差统计量的结果表明包含 δ 的模型有一定的优越性。总之，对 6 个模型的预测能力检验表明季度数据的时间序列包含季节成分和相邻季度的影响。上述评估方法的一个缺陷是 1946—1974 年之间公司结构可能发生了变化，因而会使结果受到影响。为了保证结果的稳健性，对模型 2，4 和 5 的参数重新进行了估计（模型 6 因为时间和计算机费用的限制没有进行估计，模型 1 和 3 无须进行参数估计）。不同的 64 个观测对象被用来重新估计每个模型，结果并没有出现很大变化。

以前考察证券市场对非预期会计数据的反应时经常使用不同的预期模型，因此可以通过检验证券市场对季度盈余的反应来评价上述 6 个模型。预期模型将公司分成两类：正的非预期盈余和负的非预期盈余，证券市场反应分析考察的是非预期盈余和相关风险调整后的证券回报之间的关系。在有效证券市场假定下，两者关系的强度取决于每个预期模型如何捕捉市场前期对季度盈余的预期。样本期包含 1963—1974 年的每个季度，采用 Ball and Brown（1968）的方法，计算每个公司（−60，0）的 *CAR* 的正负，文章要检验的是非预期盈余的正负和 *CAR* 的正负是否在统计上显著相关。6 个模型计算的 *CAR* 结果表明：（1）那些包含季节成分的模型（1，2，5，6）盈余变化的正负和 *CAR* 的正负存在显著的关系；（2）没有包含季节成分的模型（3 和 4）的效果不如其他模型；（3）模型 5 比 6 得到一个更高的 *CAR* 值和 χ^2 值；（4）若从 4 个季度合并起来的效果来看，模型 2 比模型 5 得到一个更高的 *CAR* 和 χ^2。为了进一步验证结果的可靠性，使用 1962—1974 的数据重新估计了模型 2，4 和 5，没有证据表明公司结构的变动会影响盈余模型的预测能力。通过模型 2 季度盈余公告前后 20 个交易日的 *CAR* 以及 χ^2 可以看出：盈余公告前一日和盈余公告日的 χ^2 是所有 χ^2 中最大的，也就是说，市场吸纳公司季度盈余中的信息似乎集中在这两个交易日。

本文在对季度序列进行严谨的分析检验之后，得到如下结论：（1）季度盈余、销售收入和费用序列都包含季节成分和相邻季度成分；（2）一个简单的 Box-Jenkins 模型比复杂的 Box-Jenkins 对季度会计数据的预测效果更好；（3）公司的非预期季度盈余变动的正负和风险调整的证券回报的正负之间存在显著的关系。

本研究同时还发现了一些具有政策含义的结果：（1）Box-Jenkins AR(1) 模型对季度销售的预测最准确，AR(1) 模型应该被给予更高的关注；（2）资本市场对季度性进行了调整，反驳了许多季节性公司所声称的季度盈余会误导投资者的说法。作者最后也指出了本文研究的不足之处在于研究所采用的是单变量分析，分别考察了公司的盈余/销售收入和费用序列，本研究的一个可能延展是联合分析上述序列（Box and Jenkins，1970）。

参考文献

Ball，R.，and P. Brown. 1968. An Empirical Evaluation of Accounting Income Numbers. *Journal of Accounting Research*：159−178

——，and R. Watts. 1972. Some Time Series Properties of Accounting Income. *Journal of Finance*：663−682

Beaver，W. H.. 1974. The Information Content of the Magnitude of Unexpected Earnings. Unpublished paper，Stanford University

Box，G. E. P.，and G. M. Jenkins. 1994. Time Series Analysis：Forecasting and Control. 3rd edition. Upper Saddle River，NJ：Prentice Hall

Brown，P.，and J. W. Kennelly. 1972. The Information Content of Quarterly Earnings：An Extension and Some Further Evidence. *Journal of Business*：403−415

Dernsk，J. S.，and G. A. Feltham. 1972. Forecast Evaluation. *The Accounting Review*：533−548

Foster，G.. 1973. Stock Market Reaction to Estimates of Earnings per Share by Company Officials. *Journal of Accounting Research*：25−37

——. 1977. Quarterly Accounting Data：Time-Series Properties and Predictive-Ability Results. *the Accounting Review*：1-21

Gonedes，N. J.. 1972. Income-Smoothing Behavior under Selected Stochastic Processes. *Journal of Business*：570−584

Griffin，P. A.. 1976. The Time Series Behavior of Quarterly Earnings：Preliminary Evidence. Unpublished paper，Stanford University

Green，D.. 1964. Towards a Theory of Interim Reports. *Journal of Accounting Research*：35−49

Lorek，K. S.，C. L. McDonald，and D. H. Patz. 1976. A Comparative Examination of Management Forecasts and Box-Jenkins Forecasts of Earnings. *The Accounting Review*：321−330

Miller. M.，and F. Modigliani. 1966. Some Estimates of the Cost of Capital to the Electric Utility Industry，1954—1957. *American Economic Review*：331-391

Taylor，R. G.. 1963. An Examination of the Evolution，Content，Utility and Problems of Published Interim Reports. Ph. D. diss.，University of Chicago

Watts，R.. 1975. The Time Series Behavior of Quarterly Earnings. Unpublished paper，University of Newcastle

2.3　对于会计盈余时间序列特性的进一步研究

Brooks，L.，and D. Buckmaster. 1976. Further Evidence of the Time Series Properties of Accounting Income. *The Journal of Finance* 31：1359-1373

会计盈余的时间序列特性研究始于20世纪60年代，在西方延续了20多年，受到包括会计和金融在内的学术界的高度关注，形成了大量的学术文献。为何如此众多的学者孜孜不倦地研究这样一个基础性的课题？Watts and Zimmerman（1986）总结出三个促进因素：一是研究人员试图把盈余预测当做未来现金流量的一个替代变量，进而运用时间序列模型来进行盈余预测和证券定价；二是股票价格与会计盈余相互关系的研究必须基于"有效"盈余预测；三是对盈余预测模型的解释有助于理解管理人员如何进行会计程序选择（如盈余管理）。在众多因素中，通过建立预测模型，提高公司估值的准确性是人们对公司盈余进行预测最重要的目的。研究关注的方面包括公司的估值模型、股票定价、股利政策、盈余增长预测、会计数据的信息含量以及采用会计计量的回报等。本文是对上述研究的一个补充和深入。

作者回顾了该领域内公认比较有影响力的四个研究结果，重点讨论了与本研究话题相关的两项研究。首先，Ball and Watts（1972）认为盈余变化是独立的，他们在研究中采用指数平滑模型来对所有样本公司进行盈余预测，结果证明盈余序列大致服从鞅或者类似的过程，即 $t-1$ 期的盈余是对 t

期盈余最好的预测。进一步得出结论：从长期来看，所有公司都可能亏损，盈余平滑是无效的。另外，其他一些研究发现存在一些非系统性的因素导致盈余的变化不服从鞅过程①，并认为通过平均的方式可以很好地消除这些因素的干扰。其中 Buckmaster and Brooks（1974）选取了营业性收益和非经常性损益显著低于前期的公司，发现这些业绩极端的公司下一年的收益会恢复到收益出现异常以前的状况，进而认为财务人员可能在收益异常的年份进行了“洗大澡”。本文围绕这两种不同的观点进行检验和论证，并试图通过分组研究识别出导致盈余的变化不服从鞅过程的系统性因素。

作者从 1974 年 7 月的 Compustat 行业年鉴中选取了 2 630 家公司，将其在 1954—1973 年的盈余数据作为样本，进行了三个独立的检验。在每一个检验中作者都采用一定的标准对所有样本进行分组，以识别公司盈余变化的程度。尽管分组的标准比较粗糙，但作者认为具有很强的可操作性，且并不影响对不同组样本盈余序列特性的考察。

第一种分组方法是线性回归法。作者首先从样本中选取了连续 9 年盈余数据齐全的公司，采用最小二乘法对样本公司 5，6，7 年的盈余进行时间趋势回归，模型如下：$y_t=\alpha+\beta X_t+\mu_t$。其中 y_t 代表第 t 年（$t=5，6，7$）的实际盈余，相应的 $X_t=1，2，3$，然后利用模型计算出第 8 年的盈余预测值，并采用 t 检验方法考察预测值同真实值之间的误差，根据误差的大小将样本分成 11 组（$t\leqslant 0.01$ 的为第 1 组，依此类推，$t\geqslant 0.99$ 为第 11 组）。为了考察盈余序列的独立性，对每组样本，分别用 1～8 年的数据建立一阶、二阶、三阶平滑模型：$\hat{Y}_{t+1}=Y_t\alpha+(1-\alpha)_n\hat{Y}_t$。其中，${}_nY_t$ 代表 n 阶平滑；α 代表随机性，若 $\alpha=1$，则盈余序列服从随机游走鞅过程，若 $\alpha=0$ 则完全服从均值回归。通过回归得到 α 值，代入模型进一步计算出第 9 年的预测值。分别采用均方误和预测标准差来度量预测误差，选取其中误差最小的作为最优预测模型。结果发现，第 1，2，3 和第 11 组公司盈余序列不服从鞅过程，即盈

① 一类特殊的随机过程。鞅是关于金融资产价格最古老的模型，它起源于赌博业和概率论。若价格随机过程 $\{P(t+1)\}$ 满足下述条件：$E[P(t+1)\mid P(t), P(t-1), \cdots]=P(t)$，即 $E[P(t+1)-P(t)\mid P(t), P(t-1), \cdots]=0$，则称价格随机过程 $\{P(t)\}$ 为鞅。

余变化较大和较小的公司不服从随机游走。说明这部分公司的盈余有恢复到以前水平的趋势，其余组中鞅过程为最优预测模型。在平滑阶数上，除第 2，3 组以外均以一阶平滑为最优。

第二种方法是修正的变化率法。这种方法是基于盈余序列服从随机游走假设而来。首先从样本中选取了连续 7 年数据齐全的公司，计算出第 6 年相比第 5 年的相对变化率：$p=\frac{Y_6-Y_5}{|Y_5|}$，并据此对公司分组。考虑到第 5 年的盈余绝对值太小会导致相对变化率出现极端值，因而作者剔除了变化率绝对值超过1 600%的数据。对每组样本，采用同样的指数平滑模型计算出第 7 年的预测值，并确定出各组的最优预测模型以及相应的参数。得到的结论同第一种方法基本相符。

第三种分组方法是标准化一阶差分法，仍然从样本中选取连续 7 年数据齐全的公司，计算出第 6 年相比第 5 年的变化，并除以之前各年变化的标准差进行标准化，即 $d_n=\frac{y_n-y_{n-1}}{\sigma_{d_{n-1}}}$，然后据此分组，对每组样本采用同样的指数平滑模型计算出第 7 年的预测值，并确定出各组的最优预测模型以及相应的参数。得到的结论同前两种方法基本相符。

以往有关会计盈余时间序列特性的研究都是对所有的样本采用同样的方法，本研究则考虑了对具有不同盈余特性的公司采用不同的预测模型，在研究方法上有一定的创新，为此后这方面的研究提供了新的研究思路。尽管研究方法还有一些缺陷，但研究发现了会计盈余的几个时间序列特性：整体而言，随机游走假设下的模型预测效果最好，然而对于一些盈余出现异常的公司而言则采用均值回归预测效果会比较好，即极端情况下，下一期会计盈余的变化和当期盈余的变化呈明显反转的趋势，极端负的盈余水平比极端正的盈余水平表现出更强的反转趋势。该研究结果印证了 Ball and Watts（1972）之前的结论：从长期平均来讲，所有公司都有可能亏损，但并不支持他们的另外一个结论：公司管理层对盈余所进行的平滑是无效的，研究中提供的证据虽然无法直接证明管理层对盈余进行了有效的平滑，但至少说明一些前期的因素对未来的盈余产生了影响，并且盈余波动越大的公司这种影响越明显。所以，文章的作者认为探究这种盈余平滑的成因将是未来研究的方向。

参考文献

Ray，B.，and R. Watts. 1972. Some Time Series Properties of Accounting Income. *Journal of Finance* 27：663－681

Buckmaster，D.，and L. Brooks. 1974. Accounting Income Time Series and Unusually Large Pre-Opinion 30 Extraordinary Losses. AIDS Proceedings，Atlanta：American Institute of Decision Science：226－228

Watts，R.，and J. Zimmerman. 1986. Positive Accounting Theory. Prentice Hall

2.4 账面回报率和盈余变动的预期：一项实证研究

Freeman，R.，J. Ohlson，and S. Penman. 1982. Book Rate-of-Return and Prediction of Earnings Changes：An Empirical Investigation. *Journal of Accounting Research* 20：639－653

以前的会计研究表明，未来会计盈余是不可以预测的，即会计盈余服从随机游走模型。而本文通过实证结果发现了账面回报率的两个特征：（1）账面回报率遵循均值反转过程；（2）账面回报率的变化与盈余变动显著相关。作者在此基础上提出了能够利用当期账面回报率预测未来盈余变动的假说，假说最终也得到了很好的支持。本文突破先前会计和金融文献中盈余预测随机游走模型的思维定式，提出了新的盈余变动预测模型。

作者在本文开始即指出盈余预测的随机游走模型存在以下几个方面的问题：一是市盈率在时间序列和横截面上存在巨大差异；Beaver and Morse（1978）研究表明市盈率与来年盈余增长正相关，然而 Beaver et al.（1980）认为这一结果并不意味着可以拒绝随机游走模型。未来盈余的预测是建立在比当期和过去盈余更宽泛的信息集的基础上，除了盈余以外的其他会计报表信息也包含在这个无所不包的信息集中，理性投资者运用上述信息集进行投资，因此价格必然反映了上述信息。随机游走假说对上述无所不包的信息集并不适用，对相对狭窄的会计信息集可能同样如此。其中 ROR（即 ROE，账面回报率，也即净利润除以股东权益）就是一个具体的例子。

除了不同市盈率的问题，还存在另外一个原因导致盈余变动与 ROR 相关。首先，ROR 自身服从一个均值反转的过程，Beaver（1970），Lookabill（1976）都证明了这个假设。同时，ROR 的变动与盈余变动是相关的（在股东权益没有发生变动的极端情况下，两者是完全等同的），上述思想可用下述表达式来表达：

$$ROR_t = \delta + \gamma ROR_{t-1} + \varepsilon_t \tag{1}$$

如果 ROR 服从上述过程，可以通过下列方程式来预测盈余变动：

$$\begin{aligned} E_{t-1}(\Delta I_t) &= E_{t-1}(ROR_t \times CE_{t-1} - I_{t-1}) \\ &= \delta \times CE_{t-1} + (\gamma CE_{t-1} - CE_{t-2}) ROR_{t-1} \end{aligned} \tag{2}$$

从式（2）中可以看出，盈余的变动与 ROR 负相关的条件是当且仅当

$$\gamma CE_{t-1} < CE_{t-2} \tag{3}$$

式（3）在两个极端的情况下可以满足：（1）ROR 完全遵从均值反转，即 $\gamma=0$；（2）ROR 至少有均值反转的趋势，即满足 $\gamma<1$，$CE_{t-1}=CE_{t-2}$ 两个条件。但是，式（1）和式（2）无论在理论上还是实务上都没有办法保证成立。然而，通过式（3）我们可以看到这样一个思路：存在两个因素影响备择假设，一个是 ROR 的均值反转程度，一个是股东权益的稳定性。

在指出可能影响盈余变动的因素之后，文章指出了以前研究中随机游走假设存在的计量和样本问题，作者在此基础上提出了一个全新的预测盈余变动的对数概率模型：

$$\ln(P/1-P) = \alpha + \beta ROR_{t-1}$$

式中，P 代表通过盈余变动为正的概率。从模型可以看出：如果 $\beta=0$ 意味着盈余遵从随机游走模型；如果 $\beta<0$ 意味着 ROR 与盈余变动负相关。为了

确保结果的稳健性，本文使用横截面时间序列数据和混合样本进行检验，文中运用到的两个模型的因变量分别是每股盈余变动的正负和 ROR 变动的正负：

模型 1：$P=Pr(ROR_t>ROR_{t-1} \mid ROR_{t-1})$

模型 2：$P=Pr(EPS_t>EPS_{t-1} \mid ROR_{t-1})$

通过模型 1 如果能够估计出 $\beta<0$，就能表明 ROR 服从均值反转的过程，从而为模型 2 中利用 ROR 预测盈余变动提供基础。

样本的盈余和权益数据来自 Compustat 年度工业数据库（1972）。所有数据都与穆迪工业手册进行了核对，以确保所有会计数据都是当时报告的，而不包括以后修正的，两个数据库提供了 32 年（1946—1977 年）的公司数据。模型中因变量是一阶差分形式，因此所有检验都建立在每个样本公司 31 个观测值的基础上。

样本选择过程如下：首先随机从 Compustat 年度工业数据库（1972）选出有完整盈余和权益数据的一个公司，后续数据通过穆迪工业手册和以后年度的 Compustat 来扩展，删掉那些数据不确定的样本，重复上述过程直到 30 个公司满足样本条件。样本中，ROR 增加和减少的数目基本相等（470∶460），EPS 增加数超过了减少数（597∶333），前者与均值反转相一致，而后者有一个正的漂移。

文章的研究结果如下：对于所有公司而言，模型 1 的极大似然估计结果表明 $\beta<0$，从而支持了 ROR 遵循均值反转的假说，并且 43%的 β 估计量在 0.05 的显著性水平上小于零，60%在 0.1 的显著性水平上小于零，而且混合样本中 β 的 t 值在 0.001 的显著性水平上显著。

评价 β 参数显著性的另外一种方法是评价回归模型的预测能力。将对数概率模型的预测结果与实际结果相比较，并以 0.5 为阀值点，也就是说如果模型估计盈余增长的概率大于 0.5，我们就认为盈余增长，反之就是减少，预测能力可以通过 χ^2 统计量和 Fisher 精确度统计量来进行检验。检验结果表明：30 个公司中有 8 个在 0.05 的显著性水平上显著，比随机预测要好得多，混合样本中 χ^2 统计量也在 0.001 的显著性水平上显著。

为了检验模型的有效性，将混合样本每次去掉一个公司，对剩下的公司进行检验，共得到 8 个显著的 χ^2 统计量和 Fisher 精确度统计量，表明计量模型比较稳健。从这个意义上说，本文通过实证检验拒绝了 ROR 服从随机游走假设。

本研究最重要的目的是检验 EPS 是否能够通过 ROR 来预测，而模型 1 的结果即 ROR 的均值反转特征对上述理论是至关重要的。模型 2 的回归结果显示：所有的 β 值都是负的，t 统计量也比模型 1 小得多，23%在 0.05 的水平上显著。对于混合样本，β 估计值也是负的，并且在 0.001 的水平上显著异于 0，仅有两个 χ^2 统计量是显著的，混合样本的预测结果并不比随机预测好，这样的结果表明了虽然盈余变动和前期 ROR 呈现负相关的关系，但是关系较之模型 1 要弱。模型 2 中的结果可能部分归因于 EPS 的偏差，使得模型 2 无法有效代表预测的结果。EPS 变动的符号严重偏向盈余增加一方，在样本中占到 64%，而 ROR 增加只占 51%，因此模型 1 可能会出现较为显著的回归系数，但是相对比较弱的预测表。

文章也通过测试组样本检验了盈余预测假说。参数估计来自 30 个样本公司 1946—1963 年的数据，使用 1964—1980 年的测试组数据进行预测，从而避免出现统计过度拟合的问题。而检验结果强有力地支持了 ROR 能够预测 EPS 变动这一假说，使用 0.5 的阀值点，得到 8.59 的 χ^2 统计量，进一步的分析发现：阀值点 k 越高，将置于区间 $[1-k\ ,\ k]$ 的样本剔除后，预测结果越好。从而表明，当 ROR 远离均值时，ROR 与盈余变动的概率有一个确定的关系，但是当 ROR 接近均值时，关系并不明确。

本文在最后也将文中使用的对数概率模型的预测结果与以前盈余预测模型（趋势模型和反转模型）的预测结果进行了比较，表明概率模型的效果较好。

以前对盈余的时间序列特征的研究通常无法拒绝随机游走假说，本文在前人研究的基础上，发现 ROR 对盈余变动具有预测价值，尤其当 ROR 与均值差异较大时。文章最后指出未来的研究方向可能会聚焦在如何通过使用宏观变量和微观会计变量来放宽条件信息集从而提高预测能力上。

参考文献

Beaver，W.. 1970. The Time Series Behavior of Earnings. *Journal of Accounting Research* 8：62–89

——，H. Lambert，and D. Morse. 1980. The Information Content of Security Prices. *Journal of Accounting and Economics*：3–28

——，and D. Morse. 1978. What Determines Price Earnings Ratios. *Financial Analysts Journal*：65–76

Lookbill，L.. 1976. Some Additional Evidence on the Time Series Properties of Accounting Earnings. *The Accounting Review*：724–738

第 3 章

基本面分析研究

3.1 本章概述

证券投资中的基本面分析（fundamental analysis）简单来讲就是利用过去的信息来进行股票选择决策。基本面分析认为未来回报好的股票买入，未来回报差的股票卖空。这是一个从分析过去信息到确定未来股票价格的过程。

本书第 1 章回顾的文章说明盈余信息具有价值相关性，对股票价格有决定性的影响。因此，基本面分析的过程包含一个从过去信息到未来盈余、从未来盈余到未来回报、从未来回报到现在选股决策的过程。因此，盈余预测研究是基本面分析的重要组成部分。

第 2 章中回顾的文章在预测未来盈余过程中只利用了很少一部分投资者拥有的信息，即过去盈余的时间序列，本章回顾的文章则极大地扩充了预测所利用的信息，扩充到了会计报表中的诸多项目。虽然本章和第 2 章的目的是一样的，即预测未来盈余，但是由于本章利用了更多的会计信息，所以本章的预测结果会更准确。

在这里我们有必要首先理清一下过去信息、未来盈余、未来回报之间的关系。过去信息影响未来盈余，未来盈余影响回报，但是，我们不能因此认为过去信息对未来回报的影响百分之百是通过未来盈余来发挥作用的。因为盈余的确认是基于会计基本准则（历史成本原则、稳健性原则、配比性原则等）的，所以盈余只代表了会计准则允许企业确认的财富创造（会计财富）。而股票价格则不同，股票价格变化（回报）代表了某一个期间内总的价值创造（经济财富）。经济财富往往不等于会计财富。因此，过去信息影响未来回报，一方面是因为过去信息影响未来盈余，另一方面是因为过去信息还影响盈余以外的财富创造。这就是为什么以下回顾的文章会发现过去信息预测未来回报和预测未来盈余的能力是不同的。

如前面章节所述，会计学者在发现了盈余信息的价值相关性以后，将注意力转移到利用盈余的时间序列通过统计分析来预测未来盈余的焦点上。到20世纪80年代末期，会计学者意识到利用过去盈余序列来预测，准确性比较差，利用的信息太少。因此，学者们将注意力转到利用更多的财务报表信息来预测未来盈余的任务上。Ou and Penman（1989）是这方面研究中较早的一篇。

Ou and Penman（1989）没有预先假设财务报表信息之间在预测未来盈余能力上的差异，而是从尽可能多的报表信息出发，通过统计分析从中选择具有显著预测能力的报表科目（模型选择），然后综合这些科目来预测未来盈余。统计中有大量的关于模型选择（预测变量选择）的方法，其中之一是分步回归（stepwise regression）。Ou and Penman（1989）运用这种方法从大量的财务报表科目（包括原始科目和衍生科目）中筛选，选择了68个指标作为预测变量。[①] 通过这68个变量，Ou and Penman（1989）预测下一年企业盈余增长的概率（Pr）。Pr 越大，说明过去信息预测企业下一年盈余增长的可能性越高；Pr 越小，说明过去信息预测企业下一年盈余下降的可能

① 统计学研究近年来在模型选择上已经有了重大进展，认为分步回归法并不是最有效率的方法，并提出了一些效率更高的方法，见 Wang，Li，and Jiang. 2007. Robust Regression Shrinkage and Consistent Variable Selection via LAD-Lasso. *Journal of Business and Economic Statistics* 25：347-355。

性越高。为了检验预测的能力，Ou and Penman (1989) 构建了买入 Pr 高的股票组合，卖空 Pr 低的股票组合的套利策略，发现这个策略可以取得显著的超额投资回报，因此证明了其预测模型的预测能力。

Ou and Penman (1989) 开阔了会计研究的信息视野，因此获得了美国会计学会最佳论文奖。

Holthausen and Larcker (1996) 也利用 Ou and Penman (1989) 的预测变量研究过去信息的预测能力，但是他们采用了不同的路径。Ou and Penman (1989) 是预测未来盈余变化，而 Holthausen and Larcker (1996) 则直接预测未来回报，因为投资者最终关注的不是未来盈余变化，而是未来回报。Ou and Penman (1989) 的方法低估了过去信息对未来回报的预测能力，因为过去信息对未来经济财富创造的预测作用中有一部分还没有表现在未来盈余中。例如，过去信息可能预测企业长期盈余的增长，并因此预测未来回报，但是 Ou and Penman (1989) 显然没有抓住这部分预测能力。Holthausen and Larcker (1996) 果然发现同样的预测指标，在预测未来回报和未来盈余时解释能力不同。

Lev and Thiagarajan (1993) 进一步拓展了 Ou and Penman (1989) 的研究。Ou and Penman (1989) 选择预测变量的方法是纯粹的统计方法，没有理论的基础（即数据挖掘）。Lev and Thiagarajan (1993) 则不同，他们阅读了大量的证券分析师报告和媒体报道，从中选择投资人士认为重要的会计项目作为预测变量，通常这些变量也是传统的财务报表分析中的重要变量。Lev and Thiagarajan (1993) 确认了 12 个这样的变量。

Lev and Thiagarajan (1993) 的主体部分不是预测研究，而是价值相关性研究。过去的价值相关性研究集中于盈余的价值相关性，而本文则关注这 12 个变量的价值相关性。在预测研究方面，本文利用少量篇幅研究了这些变量和未来盈余增长的关系。

Lev and Thiagarajan (1993) 的第二个创新是“情境分析”(contextual analysis)。财务数据的价值相关性或相关性程度在企业之间或不同的经济环境下是不同的，本文研究了在不同的通货膨胀和不同的经济增长阶段下财务数据的价值相关性，发现财务数据的价值相关性随宏观经济的变化而变化。

"情境分析"可以帮助投资者更好地利用财务分析来预测未来。

Abarbanell and Bushee（1997）使用了 Lev and Thiagarajan（1993）的 12 个预测变量，但是他们采用了 Ou and Penman（1989）的视角，即利用这些变量预测未来盈余，检验这些分析师认可的变量是否有很强的预测未来盈余的能力。在这个时代，证券分析师预测数据已经大量可得，所以 Abarbanell and Bushee（1997）检验了分析师在生成未来盈余预测的过程中是否使用了这 12 个变量中包含的预测能力。本文发现分析师利用了这些变量中的信息，但是并不充分。

总之，本章回顾的这四篇文章是基本面分析中利用财务信息预测未来盈余的代表。这些文章克服了基于时间序列预测盈余的不足，主要出现在 20 世纪 90 年代。

但是，从未来盈余预测到投资决策之间还缺少很重要的一步。以上回顾的文章只能预测股票价格的未来走向，是涨还是跌，但是不能直接衡量涨多少或跌多少。要回答这个问题，我们必须能够把对未来盈余的预测转变成一个确定的评估价值。这个问题要求基于盈余的价值评估模型的出现。只有有了这样一个模型，未来盈余预测才能通过模型变成一个评估价值，投资者比较评估价值和现在价格，从而得到预期回报的衡量。

Ohlson（1995）适时出现，创建了剩余收益定价模型，完成了这个任务，把会计研究推进了一大步。第 5 章回顾价值评估模型。

近年来，像本章回顾的四篇文章这样的研究（利用大量会计信息预测未来盈余）比较少见。但是这种现象说明的是任务的艰巨，而不是问题已经解决或不重要了。虽然证券分析师预测已经比较普及（第 4 章），但是盈余预测研究的重要性并不因此降低，至少我们应该指导证券分析师的盈余预测，使他们的预测更准确。

从财务报表分析到盈余预测像一个难解的"黑匣子"，谁解决这个问题比别人强，谁看未来就比别人更清楚，谁的投资回报就高。但是，任何预测未来的活动都是艰难的，这就是这方面研究比较沉寂的原因。

我们认为，突破这个困境的方向至少有以下两个。首先是统计方法上的改进。过去这些年统计学在模型选择、预测、数据挖掘等方面已经取得了重大的进步，但是会计学博士教育越来越封闭，使现代的会计学者缺乏对统计学最新成果的认识和使用。引进更先进的统计方法将为盈余预测研究带来新的突破。

其次，会计学研究过多地专注于财务报表信息，而忽略了企业经营的宏观环境和行业环境。我们对“情境分析”的关注不足。例如，会计学教育中对宏观经济（利率、汇率、通货膨胀等）问题研究不足，使研究者对这方面因素对会计数据的影响认识不够，因此也不能把这些因素纳入到盈余预测研究中。从这个方面，我们也可以取得重大的突破。

总之，盈余预测研究是一个仍然具有广泛生命力的领域，是会计学研究的核心竞争力之一，是值得大力推动的。

3.2　财务报表分析与股票回报的预测

Ou，J.，and S. Penman. 1989. Financial Statement Analysis and the Prediction of Stock Returns. *Journal of Accounting and Economics* 11：295-329

Ball and Brown（1968）研究了会计数字的信息含量，即会计盈余及组成部分与股票回报的关系。本文认为，从投资策略的角度来看，Ball and Brown（1968）是依据 12 个月后会计盈余数据来构建投资策略的，显然这样的投资策略是无法执行的。具体来讲，就是依据 12 个月后未预期盈余是否大于零，将全部公司分为正负两个组合，买入未预期盈余为正的组合，卖出未预期盈余为负的组合，观察之后 18 个月的超额回报。本文基于 Ball and Brown（1968）的价值相关性研究，提出了一个投资者可以执行的投资策略，即基于历史的会计盈余来预测未来会计盈余的变化（Pr），然后基于 Pr 分为两组，分别买入 Pr 大于 0.6 的组合、卖出 Pr 小于 0.4 的组合，观察之后 24 个月的累计回报（简称为 Pr 策略）。本文使用累计回报来衡量投资策略的业绩，如果买入组合与卖出组合风险程度一致，累计回报结果等价于累计超额回报。当然本文同时提供了考虑不同风险指标情况下投资策略的累计超额回报，发现考虑一些不同的风险指标之后，本文的套利策略同样存在显著的超额回报。

本文与传统的基本分析在看待投资策略超额回报如何实现的视角上存在区别。传统的基本分析认为，内在价值会体现在财务信息中，当市场价格偏离内在价值时，会逐步向内在价值回归。故对公开的财务报表进行分析有助于发现价格中没有反映的信息，从而帮助投资者赚取超额回报。本文认为历史的会计盈余有助于预测未来会计盈余的变化，而未来会计盈余变化具有价值相关性，故基于 Pr 进行套利可以赚取超额回报。

本文找到了可以预测未来盈余变化的 68 个指标，并且把样本期间分为两个子区间，分别是 1965—1972 年与 1973—1977 年。本文分三步筛选这 68 个指标，最终在第一子区间得到 16 个指标，在第二子区间得到 19 个，但两个子区间相同的指标仅仅有 6 个。本文基于 1965—1972 年的数据使用 Logit 模型来预测 1973—1977 年的盈余变化；基于 1973—1977 年的数据使用 Logit 模型来预测 1978—1983 年的盈余变化。具体来说，本文采用了一个提前设置好的程序来预测盈余，该程序分为三步：(1) 在 1973—1983 年期间，作者通过在每年年末的第三个月建立投资组合来观察每年的非正常回报，之所以选择每年年末的第三个月，是因为此时投资者可以得到完整的年度报告；(2) 采取的套期投资策略是：买入 Pr 值大于 0.6 的股票，卖空 Pr 值小于等于 0.4 的股票，而对于 Pr 值为 0.4～0.6 的股票则不予考虑；(3) 观察持有这些股票 24 个月后的累计回报。

套利投资组合的累计回报用累计回报和购买并持有回报来衡量。这两个回报的计算公式如下：

$$CR_m = \sum_{\tau=1}^{m} \sum_{i=1}^{N_m} \frac{1}{N_m} R_{im\tau}$$

$$BHR_m = \frac{1}{N_m} \sum_{i=1}^{N_m} \left[\prod_{\tau=1}^{m} (1 + R_{im\tau}) - 1 \right]$$

式中，m 为月；N_m 为某月所有股票的数量；τ 为形成投资策略后第一个月；R_{im} 为 i 公司在 m 月的原始回报。这两者最大的区别在于，在计算累计回报时每个月需要对投资组合进行调整，而计算购买并持有回报时则不需要进行调整。

本文的研究方法存在三点比较保守之处：第一，本文只利用历史会计信息预测未来一年的盈余变化，而不考虑未来几年的盈余变化，这显然也会使得本文的研究更不容易发现显著的结果；第二，本文预先设定了以上研究流程，本文固定的研究过程只是很多可能方法中的一种，无法保证本文正好选择了最优的方法，同样会使得本文更不容易发现显著的结果；第三，本文在使用 Logit 模型估计参数时，考虑到很多公司无法保证所有的会计指标都没有缺失，故使用了混合数据来估计模型的参数，这显然会使模型参数不能很好地代表每家公司的情况，这同样会使本文不容易发现显著的结果。显然，本文的研究方法是非常保守的，所有的研究方法都不利于发现显著的结果，如果在如此保守的方法下都可以发现显著的回报，则可以推断本文的结果是可靠的。

本文的结论表明，基于历史会计信息对未来盈余进行预测，进而基于预测的符号进行套利，产生了显著大于零的回报，就是“*Pr* 异象”。用 *Pr* 策略得到的持有期为 12 个月的市场调整后的超额回报为 8.3%，持有期为 24 个月的超额回报为 14.53%。由于采用 *Pr* 可以预测到超额回报，说明基于 *Pr* 的投资组合可以打败市场，因此对市场的有效性提出了严重的质疑。而对“*Pr* 异象”的解释，作者认为他们预测未来盈余变化的方法是从财务指标中得到的，股价并没有完全反映财务报表的信息，所以，套利的产生是由于市场对股票的错误定价造成的，而不是由于风险因素。

本文的研究不同于 Ball and Brown (1968)。本文同时提供了按照 Ball and Brown (1968) “完美预测策略”的结果，并与本文的“*Pr* 策略”进行了对比。本文中的“完美预测策略”的投资组合是买入（ΔEPS-DRIFT）大于 0 的股票，卖出（ΔEPS-DRIFT）小于 0 的股票，即用 EPS 的变化作为构造投资组合的基础，并在 $Pr>0.6$ 和 $Pr<0.4$ 的公司中运用完美预测策略得到的回报作为基准。而“*Pr* 策略”在投资组合建立期后的 24 个月后产生了正的超额回报，而且在第 24 个月的非正常报酬（14.53%）是 Ball and

Brown（1968）策略回报（26.45%）的 55%。在 1973—1983 的 11 年中，在买入与卖空投资组合中，只有两年的非正常报酬产生了错误的符号，即 1982 年的卖空组合与 1983 年的买入组合。

本文进一步对以上结论进行了稳健性测试。作者认为 Pr 不能作为风险的量度，通过把 Pr 分为 $Pr>0.8$，$0.6<Pr\leqslant 0.8$，$0.2<Pr\leqslant 0.4$ 和 $Pr\leqslant 0.2$ 四组，指出高 Pr 值的股票价格一开始上升，随后下降，低 Pr 值的股票价格一开始下降，随后上升。也就是说，股价一开始偏离其基本价值，随后反转向其基本价值靠拢。这说明 Pr 与盈余的反转有关，但没有发现 Pr 与 β 之间有任何关系，因为在年末的 12 月 31 日估计出的套期投资组合的 β 值为 0。为了使结论更有说服力，作者还通过控制公司规模进行了进一步的研究。当采用规模调整后的超额回报替代市场调整后的超额回报后，“Pr 异象”弱化了，但还是显著为正。同时，本文对“Pr 异象”与 E/P 异象和盈余宣告后漂移进行了比较，显然这两个异象无法解释本文发现的“Pr 异象”。

作者在文章最后得出结论，公开披露的财务报表中的信息可以用来预测未来的每股盈余，并且通过这些预测，投资者可以设计出能够产生超额回报的投资组合。但是，本文的基本分析与传统的基本分析存在较大的区别。传统的基本分析都是从财务报表中寻找内在价值，然后与股票价格进行比较；而本文则是利用未来盈余变化预测未来股票价格变化，即本文只是将所有股票在横截面上按 Pr 进行比较，而不是按每家公司的内在价值与价格进行比较。

本文的研究对于解释价值相关性具有重要的理论意义。从本文的研究结论可知，Ball and Brown（1968）所发生的当期盈余与股票回报的相关关系，其中有一半可以用本文的结果加以解释。显然，Ball and Brown（1968）中的未预期盈余可以分为两部分：一部分是本文中基于历史会计信息可以预测的未来盈余变化 Pr，另一部分是投资者基于历史信息使用本文的统计模型也无法预测的部分。

本文的研究对市场效率与投资策略研究、分析师盈余预测及荐股、会计准则等具有重要的参考意义。本文发现的“Pr 策略”在 24 个月的窗口内可以赚取 12.5%的累计回报（规模调整后也达到 7%），这显然就对半强有效资本市场提出了质疑。如果本文的统计模型被聪明的分析师掌握，分析师显然可以利用本文的统计模型来提高盈利预测的准确性并提出更优的推荐意见。众所周知，会计准则中的惯例是线性加总，即所有会计科目在计算会计盈余时都是等权重的，而本文的统计模型显然放松了这一要求，自然就产生了和会计盈余本身有区别的另一个盈余信号。本文只采用了二元的结果，即大于 0.6 的买入，小于 0.4 则卖出，这就类似于允许投资者同时利用两个不同的会计准则产生两个不同的会计盈余信号，如果按照 Ball and Brown (1968) 与本文的研究结论，这两个不同的盈余信号显然都具有一定的价值相关性。

在本文的基础上，许多研究者针对基本面分析进行了进一步的研究。Holthausen and Larcker (1996) 认为本文的“*Pr* 异象”只存在于 1978—1982 年，而在 1983—1988 年这 5 年中，基于“*Pr* 异象”投资策略的超额回报为负。Bernard et al. (1997) 通过检验发现，本文的“*Pr* 异象”是风险溢价的表现，而非市场无效的证据。陆璇、陈小悦、张岭松、刘慧霞 (2001) 使用本文的方法研究了中国资本市场上会计盈余数据对未来收益的预测能力，认为基本面分析可以预测未来盈余变化。

参考文献

Ball, R., and P. Brown. 1968. An Empirical Evaluation of Accounting Income Numbers. *Journal of Accounting Research* 6: 159-178

Bernard, V., J. Thomas, and J. Wahlen. 1997. Accounting-Based Stock Price Anomalies: Separating Market Inefficiencies Form Risk. *Contemporary Accounting Research* 12: 89-136

Holthausen, R., and D. F. Larcker. 1996. The Prediction of Stock Returns Using Financial Statement Information. *Journal of Accounting and Economics* 15: 373-411

Ou, J., and S. Penman. 1989. Financial Statement Analysis and the Prediction of Stock Returns. *Journal of Accounting and Economics* 11: 295-333

陆璇，陈小悦，张岭松，刘慧霞．中国上市公司财务基本信息对未来收

益的预测能力．经济科学，2001（6）：53-62

3.3 利用财务报表信息预测股票报酬率

Holthausen, R., and D. F. Larcker. 1992. The Prediction of Stock Returns Using Financial Statement Information. *Journal of Accounting and Economics* 15: 373-411

基本分析旨在通过对公开的财务报表进行分析，寻找决定股票（公司）未来价格的外部因素。基本分析注重对以下因素的研究，比如天气、政府政策、国内外政治和经济上的重大事件、公司的盈余、市盈率、账面价值与市值比、成长机会以及竞争定位等。通过观察特定市场的这些基本因素，预测公司未来盈余和股票回报。基本分析一直是证券分析师的重要工具，而基本分析的作用如何，虽说可以举出许多引人注目的例子（比如巴菲特通过基本分析在近 30 年的时间里投资回报超过 2 000 倍，而同期间的标准普尔 500 指数只上涨了 50 倍），但是统计意义上的经验证据却很少。本文研究的问题是基本分析能否为投资者带来超额回报。

按照半强有效市场假说，市场价格包含与公司价值相关的所有公开信息。与此形成鲜明对比的是，基本分析则假定市场价格偏离了证券的基本价值（即市场错误定价），它将逐步调整为其基本价值。Ou and Penman（1989）检验了如下命题：通过对已公开披露的财务报表的基本分析，是否可以打败市场，在未来一年赚取显著为正的超额回报。Ou and Penman（1989）的研究分两步完成，首先基于本年的财务报表预测下年每股盈余的变动（Pr），然后根据预测的 Pr 构建对冲投资组合，并计算该对冲投资组合的超额回报。Ou and Penman（1989）研究认为，基于当期财务报表的分析可以预测未来的超额回报。Ou and Penman（1989）的研究发现，可以简称为“Pr 异象”。

本文与 Ou and Penman（1989）在方法上的不同之处是，利用财务报表比率直接预测未来超额回报，而不是预测未来盈余的变化（Pr），然后再基于预测的未来盈余变化预测未来超额回报。本文研究发现，在 1978—1988 年期间，基于历史会计信息的投资策略取得的年平均超额回报为4.3%~9.5%。作者发现，Ou and Penman（1989）的投资策略在1978—1988年期间未产生超额回报。

作者首先建立超额回报预测模型，由此构建投资策略，并对投资策略的获利能力进行检验。文中采取了两种方法检验投资策略的获利能力：第一种是用整个研究时期的混合数据；第二种是用每年的数据。接着作者用Ou and Penman（1989）的方法，在与Ou and Penman（1989）不同的时期，用比Ou and Penman（1989）更大的样本建立未来超额回报的预测模型，并用同样的检验方法对此模型的获利能力进行了预测。

本文选取了1978—1988年期间CRSP和Compustat的数据，全面包含了纽约证券交易所、美国证券交易所以及场外交易（NYSE/AMEX/OTC）的数据，并对在投资策略实施过程中退市以及更换交易所的证券进行了特殊处理。

20世纪七八十年代，学术界不断发现质疑股票市场有效性的证据。这些证据基于公开可获得的信息构建投资组合，在未来可以取得显著的超额回报。坚持有效市场理论的学者认为，超额回报可能仅仅是研究者未能准确度量风险溢价，而不是市场错误定价（Bernard et al.，1997）。为避免以上困境，作者采用了三种不同的衡量超额回报的方法：市场调整超额回报、Jensen alpha和规模调整的超额回报。

市场调整超额回报为$MAR_{im}=\prod_{t=1}^{m}(1+R_{it})-\prod_{t=1}^{m}(1+R_{Mt})$；Jensen alpha为资本资产定价模型$(R_{it}-R_{ft}=\alpha_{im}+\beta_{im}(R_{Mt}-R_{ft})+\varepsilon_{it})$中的截距项$\alpha_{im}$；规模调整的超额回报为$SAR_{im}=\prod_{t=1}^{m}(1+R_{it})-\prod_{t=1}^{m}(1+R_{St})$。

作者考虑了Ou and Penman（1989）中的68个会计指标，其中有8个由于数据不全被剔除。他们对指标的定义与Ou and Penman（1989）略有不同，但是作者认为这些差别应该不会影响他们的结果。

首先，作者提供了不同年度混合数据的结果。本文研究发现，当采用会计信息直接预测超额回报时（绕过预测每股盈余），形成对冲组合之后12个月的市场调整的超额回报、Jensen alpha 和规模调整的超额回报依次为 4.26%，5.94%和 7.97%。1978—1988 年，每年回报的平均值大约为 8%，值得指出的是，8%的回报有一半是由卖空的股票得到的。同样值得指出的是，Ou and Penman（1989）投资策略的超额回报会随着持股期间的延长而增加，但作者的投资策略的超额回报却不会发生这种情况。作者同时对本文投资策略的敏感性进行了测试，研究认为，该投资策略不受交易所、上市区间、小公司股票的影响。

与此不一致的是，在 1978—1988 年的 11 年间，Ou and Penman（1989）的策略在头 12 个月（即+1 月到+12 月）产生了−0.4%～1.4%的超额回报。1983 年之后，Ou and Penman（1989）的策略表现很差：不管超额回报的定义如何，每年的对冲策略头 12 个月的超额回报率均为负值。

其次，作者按不同年度提供了该投资策略超额回报的统计结果（原文中的图 1）。结果表明，在 1978—1988 年的 11 年中，只有 1984 年市场调整的超额回报为负，其余所有年度三种方法计算的超额回报全部为正。显然，该文投资策略的超额回报无法用风险加以解释。

再次，作者研究了本文发现的“基本分析异象”与其他已发现的市场异象的关系。比如，学术界已发现了 E/P 比率异象（市盈率倒数异象，买入市盈率 P/E 比率低的股票、卖出 P/E 比率高的股票），账面价值与市价比率异象（买入 B/M 比率高的股票、卖出 B/M 比率低的股票），对冲策略（买入过去 3～5 年的赢家，卖出过去 3～5 年的输家），盈余宣告后漂移异象（买入未预期盈余最大的股票、卖出未预期盈余最小的股票）和规模异象（买入小规模公司、卖出大规模公司）。作者将未来一年的超额回报作为因变量，本文的投资策略作为自变量，以上这些异象作为控制变量进行回归分析。回归结果表明，在控制这些已发现的异象的基础上，本文的投资策略平均每年可以赚取的超额回报为 6%～8%。将回归结果与套利的结果进行比较，可以认为以上这些异象无法解释本文发现的“基本分析异象”。

最后，作者比较了本文的投资策略与 Ou and Penman（1989）的“*Pr* 异象”的关系。作者发现，Ou and Penman（1989）的“*Pr* 异象”只存在于 1978—1982 年，而在 1983—1988 年，基于“*Pr* 异象”投资策略的超额回报为负。

作者在文中提到，由于套利的局限性，本文的投资策略可能高估真实的超额回报。这些会限制套利的因素包括：交易成本与卖空限制、正常回报模型可能存在错误设定、没有充分考虑可能存在的风险变化、数据可得性（在财务年度结束的第三个月月末，不能取得所有公司的会计数据，发生财务危机的公司往往会推迟公布财务信息）。但是，作者认为，以上这些因素并不会使超额回报消失。在没有任何经济理论的前提下，一个基于财务比率的统计模型竟然可以产生超额回报。于是作者指出，如果充分研究年报、供应商、消费者、所处行业以及政府政策等经济方面的因素，那么基于基本分析的投资策略更能为投资者带来显著的超额回报。

在本文的基础上，Lev and Thiagarajan（1993）提到，在加入宏观变量的条件下，回报与基本分析的关系明显增强。但是，Lev and Thiagarajan（1993）使用的是根据理论和专家的判断，直接研究基本要素；而本文采用的是统计研究，直接研究是统计研究的自然延伸，但这也在一定程度上证实了本文作者的设想。

按照半强有效理论，基于历史公开信息的交易策略无法赚取超额回报，而本文的研究对半强有效市场假说提出了质疑。Fama（1998）对于否定市场有效假设的异象给予了反驳，他认为市场异象的研究存在“联合检验”问题，所有的预期回报模型都不是完美的，所以验证市场有效总是避免不了错误模型问题。Bernard et al.（1997）通过检验发现，本文的“基本分析异象”是风险溢价的表现，而非市场无效的证据。关于是否能利用历史会计信息预测未来盈余，仍然存在争论。

关于中国资本市场上基本分析的有用性，争议较大。由于中国新兴市场处于不断的变革之中，市场上噪音交易者居多，再加上会计信息在股票定价中的作用有限，是否存在“基本分析异象”是一个值得研究的问题。

王晋斌（2004），许健、魏训平（2004），张昇平、郭磊（2006），王程（2005），姜国华、岳衡（2005），卢大印、林成栋、杨朝军（2006）等研究认为，中国资本市场上价值投资策略可以赚取显著的超额回报。陆璇、陈小悦、张岭松、刘慧霞（2001）研究认为基本分析可以预测未来超额回报；而何荣天、齐安甜（2003），陆正飞、宋小华（2006）则反对以上结论，认为基于历史会计信息在未来一年无法赚取超额回报。从以上研究可以看出，中国资本市场是否存在"基本分析异象"还是一个有待回答的问题。对"基本分析异象"的研究，既可以为投资者提供有效的投资工具，又有助于了解资本市场上的价格发现过程，具有重要的理论及现实意义。

参考文献

Abarbanell, J., and B. Bushee. 1997. Fundamental Analysis, Future Earnings, and Stock Prices. *Journal of Accounting Research* 35: 1-24

Bernard, V., J. Thomas, and J. Wahlen. 1997. Accounting-Based Stock Price Anomalies: Separating Market Inefficiencies Form Risk. *Contemporary Accounting Research* 12: 89-136

Fama, E.. 1998. Market Efficiency, Long-Term Returns, and Behavioral. *Journal of Financial Economics* 49: 283-306

Holthausen, R., and D. F. Larcker. 1996. The Prediction of Stock Returns Using Financial Statement Information. *Journal of Accounting and Economics* 15: 373-411

Lev, B., and R. Thiagarajan. 1993. Fundamental Information Analysis. *Journal of Accounting Research* 31: 190-215

Ou, J., and S. Penman. 1989. Financial Statement Analysis and the Prediction of Stock Returns. *Journal of Accounting and Economics* 11: 295-333

姜国华，岳衡．大股东占用上市公司资金与上市公司股票回报率关系的研究．管理世界，2005（9）：119-126

何荣天，齐安甜．财务报表分析与股票超额回报关系的实证研究．第三届经济学年会工作论文，2003

卢大印，林成栋，杨朝军．中国股市价值策略实证分析．重庆大学学报（自然科学版），2006（6）：131-134

陆正飞，宋小华．财务指标在股票投资决策中的有用性：基于中国证券市场的实证研究．南开管理评论，2006（6）：31-38

王程．中国股市价值策略实证研究．世界经济文汇，2005（6）：32－38

王晋斌．价值溢价：中国股票市场1994—2002. 金融研究，2004（3）：79－89

许健，魏训平．价值取向投资模型及其实证研究——对中国沪深股市A股的实证分析．金融研究，2004（5）：89－98

张昇平，郭磊．基于上市公司财务信息的投资策略研究．上海立信会计学院学报，2006（1）：46－52

陆璇，陈小悦，张岭松，刘慧霞．中国上市公司财务基本信息对未来收益的预测能力．经济科学，2001（6）：53－62

3.4 基本面信息分析

Lev, B., and S. R. Thiagarajan. 1993. Fundamental Information Analysis. *Journal of Accounting Research* 31：190－215

基本面分析在证券定价决策中具有重要的地位。基本面分析的目的是通过详细分析关键价值动因，譬如盈余、风险、成长性和竞争形势等因素确定公司证券价值。本文的研究结果支持基本面分析的大部分假设。事实上，20世纪80年代证券分析师通过使用该技术使盈余对超额回报的解释力平均提高70%。本文研究还发现，在控制宏观经济变量之后，回报—基本面关系得到增强。此外，本文还探讨盈余的持续性、成长性和盈余反应系数等相关问题。

本文研究的核心是探讨公司基本面与证券回报之间的价值相关性，该问题在实证会计研究领域具有重要地位，因此引用率很高。[①] 鉴于研究问题比较复杂，本文分为基本面与公司股票报酬关系假设检验、稳健性检验、宏观经济变量条件分析和基本面—持续性—反应系数关系梳理等几个主要部分。

本文研究的第一步是对公司基本面与公司股票报酬关系进行假设检验。

① 截至2013年9月，本文已经在SCI（Social Science Index）中被引用142次。

本文确定了以下基本信号：存货、应收账款、资本支出或研发支出、毛利润、销售和行政管理费用、坏账准备、实际税金、订单、劳动力、后进先出法计算盈余以及审计意见。

与之相关的假设主要有：存货信号与股票超额回报负相关；应收账款与股票超额回报负相关；研发支出与股票回报负相关；毛利与股票回报正相关；销售和行政管理费用与股票回报负相关；坏账准备与股票回报负相关；实际税金与盈余持续性负相关；订单与股票回报负相关；劳动力变动与股票回报负相关；后进先出法下的盈余与股票回报负相关；审计意见与股票回报负相关。

针对上述假设，本文进行了传统回报—盈余回归和对基本面变量的回归。针对第一个回归，文章选取了1970—1988年间Compustat和Center for Research in Security Prices（CRSP）的数据。对与并股和股票股利相关的变量进行了调整，并剔除样本期会计年度发生变更的公司。

实证检验结果表明，大多数年份模型回归系数统计检验显著。但是先进先出法—后进先出法信号、审计意见信号、坏账准备和研发支出检验结果未得到数据支持。为此，本文将“完全模型”（6）的调整R^2与对照模型（5）进行对比分析，发现检验信号对超额回报方差显著大于报告盈余方差。

本文研究的第二步是进行稳健性检验：针对回报构建了模型（6a）；针对盈余水平、漂移项和现金流重新设定模型（5）和模型（6）；针对模型（6）盈余变化量增加漂移项；针对原始回报用原始回报代替超额回报；针对规模效应增加规模变量，并对模型（6）再次进行回归。另外，本文还对多重共线性问题进行了探讨。

本文研究的第三步是宏观经济变量分析。以往有关盈余和基本面价值相关性研究通常是在非限定条件下进行的。本文研究考虑不同经济条件，并选取三个经济变量：消费价格指数年度变动、实际GNP年度变动和公司存货年度变动。通货膨胀经济变量检验与前文预期相一致，应收账款信号统计检验只是在高通货膨胀年份显著，订单系数显著为负；GNP增长变量检验结果表明存货信号系数在高增长年份最低（绝对值），资本支出信号只是在高增长年份显著；在高存货增长期投资人更加容忍存货的超额储备。为了检验上述三个经济变量之间的相互关系，本文考虑低通货膨胀—低 GNP、低通货膨胀—适度增长 GNP，以及高通货膨胀—高增长 GNP 等九种经济状况，使用 1974—1988 年间反映基本面信号的混合数据对模型（6）进行回归，并对九种经济状况设置哑变量。在某些情况下，回归结果比表 5 更加显著。

本文研究的第四步是对基本面—持续性—反应系数关系进行梳理。Kormendi and Lipe（1987），Easton and Zmijewski（1989），Collins and Kothari（1989）和 Thiagarajan（1989）等认为盈余持续性研究的主要目标是研究投资者对盈余公告的不同投资反应。本文着重研究实际操作中投资人如何确定盈余持续性，主要包括基本面信号与盈余反应系数研究和基本面信号与未来盈余关系研究两个部分。

关于基本面信号和盈余反应系数关系，论文假设“基本面评分”值高的公司反应系数应当比评分低的公司高。为了检验该假设，首先对每一个样本公司按年份构造一个“累积基本面评分”，其次根据累积基本面评分按年份把样本公司分成五组，再次按年份进行一般回归分析和横截面报酬—盈余回归分析，从而为各个盈余质量评分组估计盈余反应系数。研究结果表明，从高盈余质量组到低盈余质量组盈余反应系数呈现下降趋势，但是并不严格单调。不过基本面信息与盈余反应系数之间的联系依然清晰，这表明投资人确实使用基本面评价盈余的持续性。为了比较基本面表征持续性能力与时间序列表征持续性能力，我们用 1970—1988 年期间各公司样本计算 Kormendi and Lipe (1987) 时间序列持续性指标，并得到如下结论：由质量评分反映的基本面信号比时间序列持续性指标更能反映投资人对盈余持续性的评价。

关于基本面信号和未来盈余关系，本文假设：如果基本面质量评分反映盈余持续性和成长性，我们将观测到高质量组的后期成长性高于低质量组；如果低质量表明当期盈余在很大程度上是短期的，我们在随后各期将观测到盈余增长反转现象。表 8 检验结果证明了上述假设，因此基本面评分可以反映非持续性盈余。

本文对于后续理论研究产生了深远的影响，是一篇经典文献。本文的研究焦点在基本面价值相关性、限定条件的报酬—基本面分析、基本面之间关系分析、盈余持续性以及盈余反应系数等方面。与以往研究相比，本文研究有如下几个突出的特点：

首先，本文对基本面价值相关性研究以分析师描述为导向，以往研究主要基于统计资料的收集。

其次，本文将宏观经济变量纳入研究范围。

再次，本文研究十分细致，除了进行稳健性分析之外，本文还呈现了非限定条件下的研究结果，并发现 1974—1988 年期间大部分基本面都具有价值相关性。

最后，本文的重要贡献还表现在对后续研究的影响上，Kothari（2001），Daniel et al.（2002），Francis et al.（2005）等都从本文研究中得到启发，并将本文作为引文之一：他们或者将基本面分析技术用于定价决策，或者将基本面分析用于市场预测。

本文存在一点不足：在计算基本面评分过程中，将与累积评分有关的各基本面信号赋予相等的权重，使累积基本面评分显得十分粗糙。

参考文献

Collins，W.，and S. P. Kothari. 1989. An Analysis of Intertemporal and Cross-Sectional Determinants of Earnings Response Coefficients. *Journal of Accounting and Economics* 7：143−182

Daniel，K.，D. Hirshleifer，and S. Hong Teoh. 2002. Investor Psychology in Capital Markets：Evidence and Policy Implications. *Journal of Monetary Economics* 1：139−209

Easton，P.，and M. Zmijewski. 1989. Cross-Sectional Variation in the Stock Market Response to Accounting Earnings Announcements. *Journal of Accounting and Economics* 7：117−141

Francis，J.，R. LaFond，P. Olsson，and K. Schipper. 2005. The Market Pricing of Accruals Quality. *Journal of Accounting and Economics* 39：295−327

Kormendi，R.，and R. Lipe. 1987. Earnings Innovation，Earnings Persistence，and Stock Returns. *Journal of Business* 7：323−345

Kothari，S. P.. 2001. Capital Markets Research in Accounting. *Journal of Accounting and Economics* 31：105−231

Lev，B.，and S. R. Thiagarajan. 1993. Fundamental Information Analysis. *Journal of Accounting Research* 2：190−215

Thiagarajan，S.. 1989. Economic Determinants of Earnings Persistence. PHD. dissertation，University of Florida

3.5　基本面分析、未来盈余和股票价格

Abarbanell，J.，and B. Bushee. 1997. Fundamental Analysis，Future Earnings，and Stock Prices. *Journal of Accounting Research* 35：1−24

财务报告信息（基本面信号）分析是会计研究的一个重要问题。以往研究发现，预测未来会计盈余，而不是预测股票回报，是基本面分析的核心任务（Penman，1992）。另外一种非直接研究检验了基本面信号和同期回报之间的关系（Lev and Thiagarajan，1993）。本文研究基本面信号是如何影响市场参与者的决策的。研究方法为检验当前的财务报告信息变化是否会对未来盈余变动产生信息含量。研究发现：第一，在评估未来公司绩效时，分析师和投资者依赖于众多基本面信号；第二，一些基本面信号只解释了长期的盈余增长，说明这些信号既反映了结构性的盈余变动，又反映了瞬时盈余变动；第三，分析师的预测修正没有完全包含投资者认为的包含在基本面中的信息。

本文研究的核心问题是，基本面信号同未来盈余以及分析师预测修正之间的关系。本文分为三个主要部分，首先理论分析基本面信号同未来盈余、股票价格以及分析师预测修正之间的关系；其次对该理论分三个步骤进行检验；最后对结论进行稳健性检验。

第一部分，大量的经济知识表明当前的会计信息对未来的盈余变化产生影响。分析师的预测修正没有体现包含在基本面信号中的所有未来盈余信息。一种解释是，价值相关信息的信号并不是盈余相关的信号。例如，从分析师短期预测中剔除的风险因素。这种观点不同于 LT 用来构建基本面信号

结构的基于未来盈余的逻辑。另一种解释是，投资者并不认为分析师的预测修正中包含信息含量。

第二部分，本文根据 Lev and Thiagarajan（1993）的研究，选取了九种会计相关的基本面信号变量：存货（*INV*）、应收账款（*AR*）、资本支出（*CAPX*）、毛利润（*GM*）、销售和管理费用（*S&A*）、有效税率（*ETR*）、盈余质量（*EQ*）、审计意见（*AQ*）、劳动力（*LF*）。本文基本面信号数据来源于 1992 年 Compustat 数据库，回报数据来源于 1992 年 Center for Research in Security Prices（CRSP）数据库，分析师预测数据来源于 I/B/E/S（Institutional Brokers Estimate System）。本文样本期为 1983—1990 年间。

文中的第一个假设检验基本面信号预测未来盈余的能力。首先，一年以后的盈余改变用 *CEPS*1 表示，基本面信号年为 t，$CEPS1=EPS_{t+1}-EPS_t$，并使用 $t-1$ 年股价平均。其次，盈余在 t 到 $t+5$ 年的盈余平均增长率记为 *CEPSL*。再次，$\Delta EPS_{t+\tau}$ 表示每股盈余 τ 期的几何平均增长率，*CHGEPS* 表示第 $t-1$ 年到第 t 年的盈余变动，*Signals* 表示九种会计相关基本面信号。第一个回归方程为：

$$\Delta EPS_{t+\tau,i}=\alpha+\beta_0 CHGEPS_i+\sum_{j=1}^{9}\beta_{ij}Signals_{ij}+u_i$$

结果表明，*INV*，*GM*，*ETR*，*EQ*，*LF* 这五个因素和一年以后的盈余显著相关，但是，*S&A*，*AQ* 和一年以后的盈余不存在显著相关关系。*CAPX* 信号系数为正，同预期相反，说明增加资本成本对未来一年盈余是坏消息，原因可能是新的资本投资项目的收益通常不能立刻反映在盈余上，但它的折旧却可以。也可能是 *CAPX* 变量没能反映 Lev and Thiagarajan（1993）假设的相关关系。*AR* 信号系数为正，也同预期相反，可能是由于信用的增长促进了盈余的增长。当使用基本面信号预测未来五年盈余时，相关系数更加显著。以上分析表明，未来盈余绩效同基本面信号存在显著相关关系。

文中的第二个假设检验是基本面信号同分析师的未来预测修正是否相关，这种影响是否同基本面信号对未来盈余改变的影响一致。首先，使用 $FY1^{+m}=(F_{t+1}^{+1}-EPS_t)-(FY_{t+1}^{-11}-F_t^{-11})$ 表示盈余宣告后第 m 个月的预测修正，其中，$FY1^{+m}$表示预测修正一年的盈余，$+m$（月份）有$+1$和$+5$两种，分别表示使用的修正水平是-11到$+1$和-7到$+5$期间。其次，本文使用宣告后第1个月和第5个月预测修正，分别表示短期和长期影响，*REV*表示分析师的盈余预测修正。第二个回归方程为：

$$REV_i = \alpha + \beta_0 CHGEPS_i + \sum_{j=1}^{9} \beta_{ij} signals_{ij} + ui$$

结果表明，*GM*，*ETR*和*LF*同未来一年的盈余预测修正负相关，该结果同这三个基本面信息与未来盈余绩效相关关系的结果一致。*INV*信号同未来一年的盈余修正无显著关系，这同*INV*信号与未来盈余绩效显著相关不一致。*CHGEPS*信号同未来一年的盈余修正负相关。样本显示了每年盈余的均值反转现象，说明分析师能够解读这种现象，说明宣告一个月后的分析师盈余预测修正同基本面信号相关。当使用宣告后五个月的预测修正时，盈余信号正的和负的系数，除了*INV*系数以外，其余系数都同使用宣告后一个月的预测修正一致，显著性水平有所提高。以上分析表明，分析师意识到基本面信号中的未来盈余信息，并且投资者期望同分析师报告的会计信息存在潜在相关性。

文中的第三个假设检验在分析师预测修正和考虑分析师效率的条件下，市场对基本面信号做出的反应程度。本文使用13个月的异常回报对基本面信号、同时期的盈余变动、分析师短期和长期的盈余预测修正回归，其中，*CAR*表示累计超额回报，*LTG*表示预测的长期盈余增长率修正。第三个回归方程为：

$$CAR_i = \alpha + \beta_0 CHGEPS_i + \sum_{j=1}^{9} \beta_{ij} signals_{ij} + \beta_{10} FY1_i^{+m^e} + \beta_{11} LTG_i^{+m} + u_i$$

结果表明，*LF*，*GM*，*S&A*，*ETR*和*INV*信号系数显著为负，*AQ*和*EQ*系数不显著。当回归超常回报到一年以后和五年以后的盈余预测修正时，两个系数显著为正。如果基本面信号仅仅传递盈余信息，那么分析师预测就会具有增量信息。有三种解释说明基本面信号解释力增强：第一，基本面信号可能包含价值相关的非财务信息，如风险；第二，投资者和分析师可能没有在盈余宣告后一个月内看到财务报告，本文否认了这个解释；第三，分析师使用财务报告信息的效率较低，产生了延迟反应。此处使用 Y_i 表示未来盈余变动和未来分析师盈余预测偏误，并将 Y_i 回归到基本面信号上。第四个回归方程为：

$$Y_i = \alpha + \beta_0 CHGEPS_i + \sum_{j=1}^{9} \beta_{ij} signals_{ij} + \beta_{10} REV_i + u_i$$

发现增加盈余修正对于改变基本面信号同一年以后的盈余变动关系没有显著影响。这说明，包含在基本面信号中的未来盈余变动信息没有包含在分析师预测修正中。同时也说明，尽管分析师使用基本面信息修正预测，但是没有有效的使用基本面信号中的信息。

第三部分，进一步使用公司特定的盈余信息、产业特征信息以及增加宏观经济因素重新检验基本面信号相关关系。其中，公司特定盈余信息方面使用 1983—1990 年的好消息和坏消息公司；产业特征信息使用制造业、初级产品产业（primary products）、服务业以及销售业；宏观产业因素包括 1974—1990 年的经济增长和通货膨胀因素，对于基本面信号的影响整体不显著。以上三种分析结果同三种假设结论基本一致。

本文对基本面分析的文献有一定贡献，特别是深化了人们对盈余预测和回报预测的认识。后人在本文基础上发展了一批深入研究该领域的文献。

首先，关于基本面分析的超额回报研究。Abarbanell and Bushee（1998）随后又对本文中的研究结论在实践中进行了进一步验证，检验了使用有关信息的交易策略可以在未来获得超额回报。Piotroski（2000）也得出了类似的结论，同时说明，对于财务报告信息来讲，市场不是完全有效的。

其次，关于基本面信息复杂度与分析师预测的研究。McEwen and Hunton（1999）和 Chen et al.（2002）理论预测，信息复杂性会降低分析师对信息的理解；Plumlee（2003）在此基础上实证检验了这种关系，发现信息复杂度同分析师选择性预测之间存在显著负相关关系。

再次，关于单个基本面信息同未来盈余关系的研究。Schmidt（2006）研究盈余的构成部分、税收变动对未来盈余的持续性和预测能力的影响，发现有效税收变动同未来盈余显著正相关，并且初次税收变更的信息含量高于修正税收变更的信息含量。

最后，对 Abarbanell and Bushee（1997）的研究也存在质疑。对于基本面信号的操控项目和未操控项目没有进行分离研究，可能导致未来盈余解释力的偏误。但是，本文使用分析师盈余预测修正为研究基本面信息和未来盈余提供了独特视角。

参考文献

Abarbanell，J.，and B. Bushee. 1997. Fundamental Analysis，Future Earnings，and Stock Prices. *Journal of Accounting Research* 35：1-24

——. 1998. Abnormal Returns to a Fundamental Analysis Strategy. *The Accounting Review* 73：19-45

Chen，M. Danielson，and M. Schoderbek. 2002. Analysts' Interpretation of Transitory Earnings Components：Evidence from Forecast Revisions after Disclosure of the 1993 Deferred Tax Adjustment. Working Paper，Rutgers University

Lev，B.，and S. R. Thiagarajan. 1993. Fundamental Information Analysis. *Journal of Accounting Research* 31：190-215

McEwen，R.，and J. Hunton. 1999. Is Analyst Forecast Accuracy Associated with Accounting Information Use. *Accounting Horizons* 13：1-16

Penman，S. H.. 1992. Return to Fundamentals. *Journal of Accounting，Auditing and Finance* 7：465-482

Piotroski，J.. 2000. Value Investing：The Use of Historical Financial Statement Information to Separate Winners from Losers. *Journal of Accounting Research* 38：1-41

Plumlee，M. A.. 2003. The Effect of Information Complexity on Analysts' Use of that Information. *The Accounting Review* 78：275-296

Schmidt，A. P.. 2006. The Persistence，Forecasting，and Valuation Implications of the Tax Change Component of Earnings. *The Accounting Review* 81：589-616

第 4 章

证券分析师盈余预测研究

4.1 本章概述

本书第 2 章回顾了盈余时间序列特征研究，第 3 章回顾了基础研究（fundamental analysis）。前者是不利用其他信息，仅仅依据会计盈余的历史时间序列，来研究这个序列的统计特征，其和股票回报的关系，及依此构建未来盈余预测统计模型。后者则扩充了盈余预测中利用的信息量，把大量财务会计信息综合起来，形成对未来盈余（或者股票回报）的预测。任何投资者都可以通过这些研究成果，更有效地利用会计信息来进行投资决策。

本章回顾的内容是另一类重要的盈余预测研究：分析师盈余预测研究。证券分析师分成买方分析师和卖方分析师两类，买方分析师进行的投资分析主要是为自己机构投资的决策服务，如基金分析师；卖方分析师进行的投资分析是为客户投资者服务的，一般不涉及自身机构的交易，如投资银行的证券分析师。在任何一个时点上，分析师对企业未来若干季度和年度的盈余进行预测。一些机构把各个卖方分析师的盈余预测收集起来，向投资者或研究者发布。买方分析师的预测一般是自用，不对外发布。

多个分析师可能同时对同一企业同一季度/年度的盈余做出预测，我们把这些预测的平均值称为一致预测（consensus forecast），一致预测比单个分析师预测能更好地代表市场预期。

证券分析师通过系统、科学地分析和企业价值相关的各种信息（包括宏观信息、行业信息、企业非财务信息和财务信息），预测企业未来盈余走向，从而建立价值评估模型来评估企业的内在价值。然后把评估价值和股票的市场交易价格对比，向投资者做出买入、卖出或继续持有股票的建议。有了证券分析师的工作，大部分投资者可以避免支付高昂的信息收集、处理和分析成本，同时又能够进行有效的投资。

随着证券分析师行业的成熟和信息技术进步带来的信息传播成本的降低，证券分析师盈余预测逐渐成为市场上投资者对企业未来盈余预期的代表。企业实际公布的盈余如果和分析师预测不同，企业股票的价格将发生相应的波动。因为其对股票定价的重要性日益提高，会计学术界对分析师盈余预测的研究也相应加强。

在讨论本领域的重要研究方向之前，我们就证券分析师盈余预测研究中若干变量的定义做个解释。我们称这些变量为分析师盈余预测的特征。

（1）预测准确性（accuracy）。既然分析师预测代表了市场对企业未来盈余的预期，我们最关心的就是其准确性。显然，准确性低的预测会损害投资者回报和市场效率。准确性的定义一般是取每股盈余的预测值和实际值的差的绝对值（以每股价格标准化）。

（2）预测偏差（bias）。预测偏差指的是分析师预测是否存在系统性的过高预测或过低预测的倾向，前者称为乐观偏差，后者称为悲观偏差。预测偏差的定义是每股盈余的预测值和实际值的差（以每股价格标准化），不取绝对值。可以看出，如果两个分析师一个的预测比实际盈余多 10%，另一个少 10%，那么两者综合起来的平均预测准确性是 10%的误差，但是两者综合起来的预测偏差是 0%，即综合预测不存在预测偏差。

（3）预测修正（revision）。分析师往往在被预测季度或年度实际盈余披露前一年，甚至两到三年，就开始预测。随着时间的推移和更多信息的出现，分析师要修正之前的预测，称为预测修正。预测修正体现了分析师对企业盈余的新看法，是很重要的投资信息。预测修正的定义是新预测减去旧预测（以每股价格标准化）。

（4）分析师数目（analyst following；analyst coverage）。分析师数目是指在任何一个时间点上，有多少个分析师对某个企业某个未来季度/年度的盈余做出了预测。

（5）预测离散度（dispersion）。预测离散度是指在任何一个时间点上，对某企业同一季度/年度盈余所有分析师预测的标准差，反映了分析师之间意见的不一致性。

（6）未预期盈余（earnings surprise；forecast error）。在企业公布实际盈余时，公布之前最新的分析师预测和实际盈余之间的差别，一般计算为实际盈余减去预测盈余的差（以每股价格标准化）。

分析师盈余预测研究大体可以分为三大类①。第一大类研究关注的是以上这些盈余预测的特征，以及公司特征和分析师特征如何影响这些盈余预测的特征。

一些基本的描述性研究检查盈余预测整体上的准确性、偏差、预测修正是否存在系统性方向等问题。例如，Richardson，Teoh，and Wysocki（2004）发现盈余预测发布得越早，其乐观性偏差越严重，但是，随着实际盈余发布日期的临近，盈余预测由乐观转为轻微的悲观，从而使企业可以在发布实际盈余时达到分析师盈余预测，给市场传递一个好消息。②

影响盈余预测特征的因素首先是被分析企业的特征。企业特征的区别影响到预测特征的各个方面。研究者关注的企业特征主要有企业规模、企业在行业中的地位、机构投资者持股情况、行业因素以及企业过去盈余的特点（应计盈余比例、盈余的波动性、盈余构成、盈余或收入的成长性）等。例如，研究发现，企业规模越大，分析师预测准确性越高，预测离散度越低。这显然和大企业受到市场的关注比较多，流露出来的信息也比较多有关。又如，Brad-

---

① 本部分内容借鉴了 Lawrence Brown，2000，*I/B/E/S Research Biography*，Six Edition。

② Richardson，S.，S. Teoh，and P. Wysocki. 2004. The Walkdown to Beatable Analyst Forecasts：The Role of Equity Issuance and Insider Trading Incentives. *Contemporary Accounting Research* 21：885-924.

shaw，Richardson，and Sloan (2001)[①] 发现分析师和投资者一样不能理解应计盈余的低持续性，从而过高地预测应计盈余高的股票的未来盈余。

企业行为对盈余预测特征的影响也是研究者关注的一个问题。企业的会计政策选择、信息披露水平、企业购并等行为、盈余管理行为、经理层盈余预测、管理层变更等都会影响盈余预测特征。例如，Baik and Jiang (2006) 发现，当经理层认为当前分析师盈余预测过高时，因为担心实际盈余达不到预测盈余而带来的负面后果，经理层自己会发布一个盈余预测，从而引导分析师调低预测。[②] 这项研究一定程度上解释了 Richardson，Teoh，and Wysocki (2004) 的发现。

除了对象企业的特征，分析师自身特征对预测特征的影响也受到研究者的关注。首先是分析师的个人能力及其工作机构提供的资源。预测未来的工作从来都是很困难的，因为分析师个人的能力及其工作机构提供的研究支持影响到分析师预测的准确性等特征。例如，Mikhail，Walther，Willis and Jacob (1997) 发现随着分析师跟踪一个企业的时间的延长，其分析经验增加，所以其预测的准确性也随之提升。[③] 第二，分析师的动机影响其预测。主要是投行分析师和非投行分析师的区别。投资银行因为要争取企业的融资业务，所以希望自己的分析师对这些企业"说好话"，即发布乐观预测。Lin and McNichols (1998)[④] 证明了这一点。第三，随着行为金融学的兴起和发展，研究者开始关注人的心理偏差对分析师预测的系统性影响。大量的研究证明，和普通人一样，证券分析师的预测体现了他们同样受到过于乐观、过度自信、羊群效应等大众心理偏差的影响。

分析师盈余预测研究的第二大类研究是分析师预测和股票回报的关系。

---

① Bradshaw，M.，S. Richardson，and R. Sloan. 2001. Do Analysts and Auditors Use Information in Accruals? *Journal of Accounting Research* 39：45-74.

② Baik，B. and G. Jiang. 2006. The Use of Management Forecasts to Dampen Analysts' Expectations. *Journal of Accounting and Public Policy* 25：531-553.

③ Mikhail，M.，B. Walther，R. Willis，and J. Jacob. 1997. Do Security Analysts Improve Their Performance with Experience. *Journal of Accounting Research* 35：131-166.

④ Lin，H. and M. McNichols. 1998. Underwriting Relationship，Analysts'earnings Forecasts and Investment Recommendations. Journal of Accounting and Economics 25：101-127.

既然分析师盈余预测代表了市场投资者对企业未来盈余的预期，那么预测错误（未预期盈余）和预测修正就会带动企业股票价格的变化。这方面的研究很多，基本结论是如果实际盈余达到或者超过了盈余预测，股票价格平均会有小幅上升；如果实际盈余没有达到盈余预测，股票价格会有大幅下降。Skinner and Sloan（2002）[①] 发现成长性股票之所以未来回报低，是因为当成长性股票没有达到盈余预测时，这些股票的价格大幅下跌所致。

盈余公告后价格漂移现象（post earnings announcement drift）发现每股盈余比上年同期增长的股票未来一段时间内价格会继续上升，而每股盈余比上年同期下降的股票未来一段时间内价格会继续下降。同样的现象也出现在每股盈余和分析师预测盈余的对比上。这方面的研究已经被称为盈余动量效应（earnings momentum strategy），例如 Jiang，Lee and Zhang（2005）。[②] 又如，Diether，Malloy，and Scherbina（2002）[③] 发现预测离散度越大的股票未来回报越低，而预测离散度越小的股票未来回报越高。

分析师盈余预测研究的第三大类研究是直接把分析师盈余预测应用到价值评估模型当中，计算股票的内在价值或者股票的系统风险（资本成本）。我们在本书第 5 章中将回顾剩余收益股票定价模型。这个模型的“原料”是企业未来盈余的预测。有了这个模型，我们就可以根据分析师盈余预测计算企业的内在价值，并作为投资决策的基础。例如，Lee and Swaminathan（1999）。[④] 如果假设股票价格是正确的，还可以使用价值评估模型和盈余预测倒推出企业的系统风险水平（资本成本或折现率）。Claus and Thomas（2001）[⑤] 使用剩

① Skinner，D.，and R. Sloan. 2002. Earnings Surprises，Growth Expectations，and Stock Returns：Don't Let an Earnings Torpedo Sink Your Portfolio. *Review of Accounting Studies* 7：289－312.

② Jiang，G.，C. Lee，and Y. Zhang. 2005. Information Uncertainty and Expected Returns. *Review of Accounting Studies* 10：185－211.

③ Diether，K.，C. Malloy，and A. Scherbina. 2002. Differences of Opinion and the Cross-Section of Stock Returns. *Journal of Finance* 57：2113－2141.

④ Lee，C.，and B. Swaminathan. 1999. What is the Intrinsic Value of the Dow? *Journal of Finance* 54：1693－1741.

⑤ Claus，J，and J. Thomas. 2001. Equity Premia Is as Low as Three Percent? Evidence from Analysts' earnings Forecasts for Domestic and International Markets. *Journal of Finance* 55：1629－1666.

余收益定价模型和股票价格倒推出企业资本成本就是一个例子。

以上概述了证券分析师盈余预测研究的主要方面。证券分析师研究除了研究盈余预测以外，还有其他外延研究，如对分析师推荐意见的研究等。总体来讲，在成熟的资本市场上，证券分析师已经是市场上占主导地位的信息中介机构，而且这个行业未来的发展前景还十分广阔。证券分析师的工作为市场效率的提高做出了重大贡献。

我国证券分析师行业和分析师盈余预测研究还处于起步阶段，这方面的研究和实践同样具有广阔的前景。大部分证券分析师研究都比较容易理解，技术性不是很强。本章回顾的文章既有早期的经典文献（O'Brien，1988；Lin and McNichols，1998），也有近期的重要文献（Gu and Wu，2003；Gleason and Lee，2003；Irvine，2004；Drake et al. 2011）。这些文章分别检验了盈余预测特征、分析师特征、预测修正与价格发现等问题。其中 Gu and Wu（2003）还从技术上分析了一致预测计算中的问题。

在未来研究方面，一个将继续引起研究者关注的问题是如何继续提高分析师预测的准确性。盈余预测和价值评估模型是证券投资中两个最关键的问题。帮助分析师和投资者提高预测未来的准确性研究将具有重大的价值。另一方面，研究者也应该更加关注分析师的动机问题。近年来各个国家发生的市场丑闻中都有分析师的身影。分析师为了自身企业的利益故意扭曲未来预测，误导投资者，造成投资者的投资损失和市场波动，学术研究在这个方面可以帮助投资者提高鉴别分析师预测丑闻的能力。

4.2　作为盈余预期的分析师预测

O' Brien, P.. 1988. Analysts' Forecasts as Earnings Expectations. *Journal of Accounting and Economics* 10: 53-83-530

分析师在资本市场信息沟通过程中起到了重要作用，为提高市场效率做出了贡献。20 世纪 70 年代以来，Brown and Rozeff（1978），Fried and Givoly（1982）等文章认为分析师对盈余的预测可以比盈余的时间序列预测更好地代表“市场预期”，分析师财务预测的特性及其决定因素成为实证研究的热门话题。早期研究主要以盈余的时间序列预测为参照，关注分析师盈利预测的精确性以及它和证券收益之间的关系。O'Brien（1988）用不同的方法计量分析师的盈利预测并发现，在某一时间点所能获得的分析师预测的范围内，最新的一次分析师预测相对于它们的均值或中位数而言，能更加精确地预测公司未来盈余；若控制了预测的及时性因素，用该时间点所能获得的分析师预测的均值或中位数作为盈余的预期却更加精确。之后O'Brien（1988）检验了不论用何种方法，分析师预测均能比单变量盈余时间序列模型预测更加精确地预测公司未来盈余，然而时间序列模型的预测误差与股票的超额回报更加相关。这一研究结果虽然与前人的研究结果有所冲突，且目前分析师对盈余的预测可以更好地代表“市场预期”这一结果已被普遍接受（Kothari，2001），但本文作为早期与分析师预测相关的经典文章，其研究方法和结果依然被后人广为运用。

作者采用渐进式的方法对研究问题进行了完整的分析。首先，文章分析了决定分析师财务预测精确性的两个因素，即综合更多信息的程度和预测的及时性（timeliness），对预测精确度的影响哪个更大；之后，作者用不同的方法计量分析师的盈利预测，与时间序列预测比较它们作为公司未来盈余预期的精确度；最后，作者从市场角度出发，看股票价格的超额回报与何种盈余预测误差相关性更强。

基于作者的研究目标和前人对分析师预测特性的研究，本文提出了三个假设。

“究竟何种分析师预测能更精确地预测公司未来盈余”这一问题受到两方面因素的影响：Crichfield et al.（1978）；Collins and Hopwood（1980）；Elton et al.（1982）等人研究发现，随着时间的推移和新信息的发布，分析师会将新信息融入盈余预测中，从而提高盈余预测的精确度；而在预测所利用的信息具有相同及时性的情况下，综合所有分析师的预测可利用分析师拥有的不同信息，并抵消个体预测误差。作者提出了假设一：在某一时间点所能获得的所有分析师预测所利用的信息不一定具备相同的及时性，因而该时间点所能获得的最新一次分析师预测能更加精确地预测公司未来盈余，但如果控制了信息的及时性差异，则综合所有分析师的预测能够更精确地预测公司未来盈余。

一些研究表明，由于分析师能够将更广泛地信息融入预测，因此他们的预测能比单变量盈余时间序列预测模型更精确地预测公司未来盈余（Brown and Rozeff，1978；Collins and Hopwood，1980；Fried and Givoly，1982；Brown et al.，1987a）。作者在假设二中也维持了同样的假设。

由于预测误差反映了预测发布日后与公司相关的新信息，因此预测误差与股票超额回报应有正相关关系，这在前人文献中已得到证明（Ball and Brown，1968；Beaver et al.，1979；Fried and Givoly，1982）。Fried and Givoly（1982）和 Brown et al.（1987b）进一步发现，相比单变量盈余时间序列预测误差，分析师预测误差与股票超额回报的相关性更强。本文作者在假设三中肯定了预测误差与超额回报正相关的假设，但对于哪类预测误差与超额回报的相关性更强未提出假设。

作者搜索了 1975—1981 年 7 年间 Institutional Broker Estimate System（I/B/E/S）中的记录，若某公司在某一年度至少有一位分析师对其进行了预测，那么它就作为一个“公司年”进入样本。作者从 Compustat 和 Wall Street Journal（WSJ）获得季度盈余公告日期和季度盈余数据，从 Center for Research in Securities Prices（CRSP）获得股票回报率、股票分割和分红数据，在保证了每个“公司年”的盈余都可以进行单变量时间序列预测后，最终剩下 1 260 个“公司年”样本，覆盖 184 家公司。

对于每个“公司年”样本，文章设定了 5 个固定的时间点：年度盈余公告日前第 240，180，120，60 和 5 个交易日。上述前四个时间点恰好落在两次季度盈余公告之间，如年度盈余公告日前第 180 个交易日就介于公司一季报和中报之间。对于每个时间点，作者又定义了该时间点所能获得的对当年盈余的预测：三种分析师预测的计量值和两种通过时间序列模型得到的预测值。最后作者分别比较每个时间点上这几种盈余预测的精确度及其误差与股票超额回报的相关性。

在第 t 年，第 q 家证券分析机构会在时间点 ζ 之前对公司 j 做出多次当年的盈余预测，其中最接近 ζ 的那次 EPS 预测值即为时间点 ζ 上第 q 家机构对“公司年 j_t”的盈余的预测值（作者参照分析师签署的预测发布日而不是该预测在 I/B/E/S 首次出现日），然后收集所有证券分析机构在时间点 ζ 上对“公司年 j_t”的盈余预测值，记为集合 $F_{jt\zeta}$，在此集合上定义了时间点 ζ 上分析师对公司 j 第 t 年盈余预测的三种计量值：

（1）$f(Mean)_{jt\zeta}$：集合 $F_{jt\zeta}$ 中所有 EPS 预测值的均值，代表综合所有分析师信息所得到的预测；（2）$f(Median)_{jt\zeta}$：集合 $F_{jt\zeta}$ 中所有 EPS 预测值的中位数，意义同上；（3）$f(Current)_{jt\zeta}$：集合 $F_{jt\zeta}$ 中所有 EPS 预测中离 ζ 最近的一次预测值，代表最新的一次分析师预测。

作者也假设季度盈余满足两种单变量时间序列模型：前后两年同一季度 EPS 的差分满足带漂移项的一阶自回归模型（$Q.A.R$）：$E(\alpha_{jtq})=\alpha_{jtq-4}+\theta_{j0}+\theta_{j1}(\alpha_{jtq-1}-\alpha_{jtq-5})$；前后两年同一季度 EPS 的差分满足带漂移项的随机游走模型（$Q.R.W$）：$E(\alpha_{jtq})=\alpha_{jtq-4}+\theta_{j2}$

作者先用公司 j 季度 $t_m(m=1,2,3,4)$ 前 30 个季度的实际 EPS 值估计出相应的 θ_{j0}，θ_{j1} 和 θ_{j2}，并用估计值对公司 j 季度 t_m 的 EPS 做出两种预测；对于除了年度盈余公告日前第 5 个交易日以外的时间点 ζ，作者将它之前几个季度公司 j 所实现的 EPS 和它之后几个季度的预测 EPS 进行加总，将该值作为时间点 ζ 上时间序列模型对公司 j 第 t 年盈余的预测值 $f(Q.A.R)_{jt\zeta}$ 和 $f(Q.R.W)_{jt\zeta}$。

要比较几种盈余预测的精确性及其误差与股票超额回报的相关性，还要定义预测误差和股票超额回报。在时间点 ζ 上，对公司 j 第 t 年的盈余使用第 i 种方法预测的预测误差 $e_{ijt\zeta}$ 定义为：$e_{ijt\zeta}=A_{jt}-f_{ijt\zeta}$，其中 A_{jt} 为 j 公司第 t 年的实际 EPS，$i=Mean$，$Median$，$Current$，$Q.A.R$ 或 $Q.R.W$。公司 j 第 s 天的超额回报 ε_{js} 定义为：$\varepsilon_{js}=\ln(1+R_{js})-\widetilde{E}[\ln(1+R_{js})]$，从时间点 ζ 开始的第 t 年公司 j 的股票超额回报 $U_{jt\zeta}$ 就是将从时间点 ζ 到第 t 年年度盈余公告日的所有 ε_{js} 加总。[①]

① 这里 $\widetilde{E}[\ln(1+R_{js})]$ 是利用模型 $\widetilde{E}[\ln(1+R_{js})]=\alpha_j+\beta_j\ln(1+R_{Ms})$ 得到的估计值，其中 R_{Ms} 是等量加权市场组合的日回报率，作者每间隔 100 天估计一次 α_j 和 β_j 的值，每次估计使用间隔点当天前 200 天内的回报率数据。

对于假设一和假设二的检验同时进行，即使用所有样本，分时间点 ζ 考察 $f(Mean)_{jt\zeta}$，$f(Median)_{jt\zeta}$，$f(Current)_{jt\zeta}$，$f(O.A.R)_{jt\zeta}$和 $f(O.R.W)_{jt\zeta}$ 的平均预测偏量和精确度。每个年度里不可预测的信息量大小不同，因此即便是同一种预测方法，不同年度的平均预测偏量和精确度也有所不同。在进行预测方法的比较时，作者使用了与前人不同的方法消除年度因素的影响。

作者首先考察五种盈余预测的平均预测偏量。对于每一种盈余预测方法 i，作者先假设所有年度所有公司时间点 ζ 上的样本服从如下回归模型：

$$e_{jt\zeta} = \mu_{1\zeta}t_1 + \mu_{2\zeta}t_2 + \cdots + \mu_{T\zeta}t_T + \eta_{jt\zeta}$$

式中，t_1，…，t_T为年度的哑变量。在估计出 $\mu_{1\zeta}$，…，$\mu_{T\zeta}$的值后，构造统计量 $\bar{\mu}_\zeta = \frac{1}{T}\sum_{t=1}^{T} \hat{\mu}_{t\zeta}$ 作为平均预测偏量的估计值，并依靠 $\bar{\mu}_\zeta$与其标准差的估计 $s_{\bar{\mu}_\zeta} = \frac{s_\eta}{T} \times [\bar{l}'(X'X)^{-1}\bar{l}]^{1/2}$①的比值检验平均预测偏量是否为 0。结果发现，在各个时间点上，三种分析师盈余预测都存在着显著的乐观倾向，这一结果与 Dirks and Gross (1974) 的研究结果一致。然而 $f(Median)_{jt\zeta}$的偏量最小且在有些时间点上甚至并不显著不为 0，且时间序列模型的预测也存在着显著乐观的倾向，这两点就说明 Dirks and Gross (1974) 所提出的“分析师预测存在乐观倾向是为了与公司管理层维持良好关系”这一假设未必成立。

接下来作者考察了五种盈余预测的精确度。对于每一种盈余预测方法 i，作者类似地假设所有年度所有公司时间点 ζ 上的样本服从如下回归模型：

$$\begin{aligned} |e_{jt\zeta}| = {} & d_{11\zeta}j_1 + d_{12\zeta}j_2 + \cdots + d_{1J-1\zeta}j_{J-1} + d_{21\zeta}t_1 \\ & + d_{22\zeta}t_2 + \cdots + d_{2T\zeta}t_T + \xi_{jt\zeta} \end{aligned}$$

这里作者不但控制了表示年度的变量 t_1，…，t_T，也控制了表示被预测公司的变量 j_1，…，j_{J-1}，则年度 m 对预测精确度的影响为 $\delta_{2m\zeta} = d_{2m\zeta} + \frac{1}{J}$

① 这里 $\bar{l}' = (1, 1, \cdots, 1)'$，长度为 T，x 为样本自变量组成的矩阵，s_η 为回归残差的标准差，这种估计统计量标准差的方法在对其他假设检验时也被类似地使用。

$(d_{11\zeta}+\cdots+d_{1J-1\zeta})$，公司 n 对预测精确度的影响为 $\delta_{1n\zeta}=d_{1n\zeta}+\frac{1}{T}(d_{21\zeta}+\cdots+d_{2T\zeta})$，仍然构造统计量 $\bar{\delta}_{\zeta}=\frac{1}{J}\sum_{t=1}^{J}\hat{\delta}_{1j\zeta}+\frac{1}{T}\sum_{t=1}^{T}\hat{\delta}_{2t\zeta}$ 作为“平均绝对预测误差”（体现一种预测方法的精确度）的估计值。作者对五种盈余预测方法都计算出 $\bar{\delta}_{i\zeta}$ 和它们标准差的估计 $S_{\bar{\delta}_{i\zeta}}$，并构造出 t 统计量两两比较平均绝对预测误差的大小。将上述回归模型的被解释变量替换为 $(e_{jt\zeta})^2$ 后，按照同样的步骤也可以构造出 t 统计量两两比较“平均预测误差平方”（也体现一种预测方法的精确度）的大小。统计结果发现：（1）不论是何种预测盈余的方法，预测误差（包括绝对误差和误差平方）都随着时间点接近年度盈余公告日而逐渐减小，这一点与 Crichfield，Dyckman and Lakonishok（1978）的研究结果一致，说明随着时间的推移和新信息的发布，分析师会将新信息融入盈余预测中，从而提高盈余预测的精确度；（2）在任何时间点预测公司未来盈余时，使用最新的一次分析师预测与分析师预测的均值或中位数相比，平均绝对预测误差更小，且结果显著，假设一的前半部分得到了验证；（3）当时间点为年度盈余公告日前第 240，180，120 个交易日时，分析师预测显著地比时间序列模型的预测误差（包括绝对误差和误差平方）小，然而当时间点为年度盈余公告日前第 60 个交易日时，情况恰好相反，假设二得到部分验证。

最后作者为了验证假设一的后半部分，又使用子样本集合 $F'_{jt\zeta}$ 替代 $F_{jt\zeta}$，运用上述相同办法再次比较三种计量方法下分析师预测的精确度。子样本集合的构造方法如下：设时间点 ζ 介于公司 $m-1$ 季报和 m 季报之间，若集合 $F_{jt\zeta}$ 中的 EPS 预测是在 $m-1$ 季报之后发布，则该预测进入子样本集合 $F'_{jt\zeta}$。研究结果发现，当时间点为年度盈余公告日前第 5 个交易日时，若控制了信息的及时性这一要素，则与分析师预测的均值或中位数相比，使用最新一次分析师预测的预测误差（包括绝对误差和误差平方）反而显著更大，这一结果和 Dimson and Marsh（1984）和 Zarnowitz（1984）的结果一致，假设一的后半部分得到验证。

对于假设三的检验，作者先假设时间点 ζ 上所有年度所有公司所有盈余预测方法的样本服从如下回归模型：

$$e_{ij t\zeta}=\alpha_{1i1\zeta}j_1+\alpha_{1i2\zeta}j_2+\cdots+\alpha_{1iJ\zeta}j_J+\alpha_{2i1\zeta}t_1+\alpha_{2i2\zeta}t_2+\cdots$$
$$+\alpha_{2iT\zeta}t_T+\beta_{1\zeta}U_{jt\zeta}I_1+\cdots+\beta_{K\zeta}U_{jt\zeta}I_K+v_{ijt\zeta}$$

式中，I_1，…，I_K 为盈余预测方法的哑变量。对于 ζ=年度盈余公告日前第 5 个交易日，$K=3$，而对于其他 ζ，$K=5$。作者将属于同一时间点的样本进行一次回归，共进行了 5 次回归，得到 5 组估计值：

$$\alpha_{1i1(-240)}\cdots\alpha_{1iJ(-240)},\ \alpha_{2i1(-240)}\cdots\alpha_{2iT(-240)},\ \beta_{1(-240)}\cdots\beta_{5(-240)}$$
$$\vdots$$
$$\alpha_{1i1(-5)}\cdots\alpha_{1iJ(-5)},\ \alpha_{2i1(-5)}\cdots\alpha_{2iT(-5)},\ \beta_{1(-5)}\cdots\beta_{3(-5)}$$

假设三认为预测误差与超额回报正相关，实际上就是检验 $\beta_{i\zeta}>0$，实际检验结果表明，$\hat{\beta}_{i\zeta}>0$，但并不是对每种预测方法 i 或每个时间点 ζ，$\beta_{i\zeta}>0$ 都能得到假设检验的显著支持，最强的假设检验结果出现在 ζ=年度盈余公告日前第 120 个交易日时。又计 $\bar{\beta}_\zeta=(\beta_{1\zeta},\beta_{2\zeta},\cdots,\beta_{5\zeta})'$，$\bar{c}_{12}'=(1,-1,0,0,0)'$，则统计量 $\bar{c}_{12}'\bar{\beta}_\zeta$及其标准差的估计 $S_{\bar{c}\bar{\beta}}$可用来检验 $\beta_{1\zeta}$和 $\beta_{2\zeta}$之间的差值是否显著不为 0，即判断时间点 ζ 上哪种预测的预测误差与超额回报的相关性更强。实际检验结果表明，*Q. A. R* 时间序列模型的预测误差在任何时间点上均与股价超额回报呈现显著的正相关关系，且该关系显著强于 *Q. R. W* 时间序列模型和三种分析师预测的预测误差。这一结果与 Fried and Givoly (1982) 和 Brown et al. (1987b) 等人的研究结果不尽相同，O'Brien (1988) 认为这种差异部分由样本选取与研究方法的差异所致。

这篇文章在“分析师财务预测性质及其在资本市场中的作用”这一研究领域的贡献卓著。一方面，其结论被后人从多个角度引用并加以详细解释和深入研究，例如 Easterwood and Nutt (1999) 受这篇文章中分析师预测有显著乐观倾向结论的启发，进一步发现分析师对坏消息反应不足，并对好消息反应过度，在考虑新信息含义时存在系统性乐观主义；另一方面，本文在前人研究方法上加以改进，例如考虑到预测在 I/B/E/S 中发布的延迟性，作者使用分析师签署的预测发布日而不是预测在 I/B/E/S 中的首次出现日，这样加入了更多及时性强的样本，变量定义更为准确，研究结果更为可靠，后续的相关研究也大多注意到了这一点。

但同时我们也应该看到，文章的结论“时间序列模型的预测误差与股票的超额回报更加相关”与前人研究存在冲突，然而伴随着时间的推移和研究样本的扩大，分析师对盈余预测可以更好地代表“市场预期”这一结果已被普遍接受（Kothari，2001）。本文也仅仅以预测偏量和预测误差的大小来衡量预测方法的优劣，但若一种预测方法能够成功地将对多家公司的预测误差局限在一定的范围内，而仅对少数几家公司的预测存在较大误差，也不失为一种好的预测方法，作者显然在本文尚未考虑到这一因素。

另外，在研究设计方面本文也存在争议。例如，在定义盈余预测误差时用的是实际 EPS 和预测 EPS 的差值，但每个公司一股股份所代表的资产价值并不相同，研究中应使用股票价格调整后的相对预测误差。特别是在研究股票超额回报与预测误差的相关性时，将“预测误差”这一被解释变量与解释变量“超额回报”相匹配显得尤为重要。后人在做类似的研究时都做了调整处理，如 Jegadeesha and Livnat（2006）。另外，每家公司拥有的对其进行盈余预测的机构数量不尽相同，而机构数量的多少也会影响到分析师预测的准确性，本文虽然控制了公司和年度这两个变量，却没有在检验时控制机构数量这一变量，这会给统计结果带来一定的误差。

在本文的基础上，该领域的研究逐渐扩展到分析师预测是否存在偏量，是什么因素导致了偏量的存在，以及市场在证券定价时是否意识到分析师预测偏量的存在等问题上。尽管如此，O'Brien（1988）仍不失为早期与分析师财务预测相关的研究中最为经典的篇目之一。

参考文献

Beaver，W. H.，R. Clarke，and W. Wright. 1979. The Association between Unsystematic Security Returns and the Magnitude of Earnings Forecast Errors. *Journal of Accounting Research* 17：316-340

Brown，L.，and M. Rozeff. 1978. The Superiority of Analysts' Forecasts As Measures of Expectations：Evidence from Earnings. *Journal of Finance* 33：1-6

Brown，L.，P. Griffin，R. Hagerman，and M. Zmijewski. 1987a. Security Analyst Superiority Relative to Univariate Time-Series Models in Forecasting Quarterly Earnings. *Journal of Accounting and Economics* 9: 61-87

Brown, L., P. Griffin, R. Hagerman, and M. Zmijewsky. 1987b. An Evaluation of Alternative Proxies for the Market's Assessment of Unexpected Earnings. *Journal of Accounting and Economics* 9: 159-193

Collins, W. A., and W. S. Hopwood. 1980. A Multivariate Analysis of Annual Earnings Forecasts Generated from Quarterly Forecasts of Financial Analysts and Univariate Time-Series Models. *Journal of Accounting Research* 18: 390-406

Crichfield, T., T. Dyckman, and J. Lakonishok. 1978. An Evaluation of Security Analysts' Forecasts. *Accounting Review* 53: 651-668

Dimson, E., and P. Marsh. 1984. An Analysis of Brokers' and Analysts' Unpublished Forecasts of UK Stock Returns. *Journal of Finance* 39: 1257-1292

Easterwood, J. C., and S. R. Nutt. 1999. Inefficiency in Analysts' Earnings Forecasts: Systematic Misreaction or Systematic Optimism. *The Journal of Finance* 54: 1777-1797

Elton, E., M. Gruber, and M. Gultekin. 1981. Professional Expectations: Accuracy and Diagnosis of Errors. Working Paper, New York University

Fried, D., and D. Givoly. 1982. Financial Analysts' Forecasts of Earnings: A Better Surrogate for Market Expectations. *Journal of Accounting and Economics* 4: 85-107

Kothari, S. P.. 2001. Capital Markets Research in Accounting. *Journal of Accounting and Economics* 31: 105-231

Jegadeesh, N., and J. Livnat. 2006. Revenue Surprises and Stock Returns. *Journal of Accounting and Economics* 41: 147-171

O'Brien, P.. 1988. Analysts' Forecasts as Earnings Expectations. *Journal of Accounting and Economics* 10: 53-83

Zarnowitz，V.. 1984. The Accuracy of Individual and Group Forecasts from Business Outlook Surveys. *Journal of Forecasting* 3：11-26

4.3 分析师长期盈利预测与股票发行后的市场表现

Dechow, P., A. Hutton, and R. Sloan. 2000. The Relation between Analysts' Long-Term Earnings Forecasts and Stock Price Performance Following Equity Offering. *Contemporary Accounting Research* 17: 1-32

证券分析师是资本市场上一个特殊而重要的群体，他们收集和分析市场信息，形成股票评级（stock recommendations）和盈利预测（earnings forecasts)，并以此为投资者提供投资建议。证券研究对整个市场的价值是毋庸置疑的，证券分析师的活动显著提高了市场的定价效率，进而增进了整个资本市场的效率。因此证券分析师方面的研究也成为财务会计与资本市场，乃至金融学研究中非常重要的研究领域。作为证券发行者和证券投资者两个市场主体的信息中介，投资银行分析师存在潜在的利益冲突可能。所谓利益冲突，是指投资银行利用其信息优势为谋求自身或第三方利益而损害客户利益的行为。Lin and McNichols（1998），Michaely and Womack（1999）研究都发现有关联的分析师所提供的研究报告比独立分析师的研究报告更为乐观和偏颇。Loughran and Ritter（1995），Spiess and Affleck-Graves（1995）发现公司发行股份（包括 IPO 和 SEO）后五年的回报低迷，他们称之为股份发行折价之谜。那么折价之谜与分析师的乐观预测是否有联系呢？Rajan and Servaes（1997）研究发现，分析师在 IPO 时有过度乐观倾向，同时发现成长性高的公司会经历更大的发行折价，但是他们并没有将这两者有机地融合在一起。Dechow et al.（2000）将两者结合在一起，认为承销商一方分析师发布乐观的长期盈利预测引导投资者，而基于幼稚期望假说，投资者不能识别这种过度乐观的分析误差，造成发行公司长期低迷。在分析师研究领域，这是一篇重要的研究文献。

文章采用渐进式的研究方式，首先分析了有关联方和承销方的分析师，出于利益驱动，发布的长期盈利预测是否比独立分析师发布的盈利预测更乐观；其次分析高成长的公司，分析师的盈利预测是否也有更大的分析误差；再次，作者分析有关联的分析师长期盈利预测是否与承销商所得到的承销费用有关系；最后，作者利用 Mishkin（1983）检验资本市场是否能对分析师长期预测误差进行识别，从而检验有效资本市场假说（the efficient market hypothesis）和幼稚预期假说（a naive expectations）。

文章选取了 1981—1990 年间所有发行股票（包括 IPO 和 SEO）的公司数据，剔除缺少财务和市场数据、缺少分析师预测数据的公司，最后得到的研究样本是 1 179 个公司年观测。股份发行数据来自 SDC（Securities Company，Inc.），分析师长期盈利预测数据来自 I/B/E/S（Institutional Broker Estimates System），财务数据取自 Compustat，月度回报取自 CRSP（Center for Research in Security Prices）。

文章首先需要分析的问题是：有关联的分析师长期预测是否存在明显的乐观倾向。为什么要选择分析师长期盈利预测进行分析？作者认为实务界考察分析师非常重要的标准是他们的年度预测和买卖推荐的准确度（Stickel，1998），但是对长期预测关注并不多，因此长期预测更能反映分析师的乐观程度。Abarbanell（1991）发现分析师在发布盈利预测时倾向于乐观。而在实务界，人们更是普遍认为卖方分析师因为要追求回报丰厚的投行发行承销业务，正在逐步丧失他们的客观性和公正性。作者通过以下方程进行检验：$FE_{t+1}=\alpha_0+\varepsilon_{t+1}$，其中 FE_{t+1} 是指分析师长期盈利预测误差，即用实际实现的公司长期盈利增长减去分析师预测的盈利增长。作者认为有关联的和承销方的分析师预测更乐观，即这些分析师的 α_0 负值更大。实证结果验证了作者的假设。在原文表 2 中作者发现所有分析师的平均盈利增长预测是 16.2%，而实际实现的为 5.7%，这说明分析师整体上都存在乐观倾向。同时有关联的分析师长期盈利预测更乐观，有关联的分析师长期盈利增长预测为 23.3%，独立分析师的长期盈利增长预测为 16.5%，两者存在显著差异。

其次，以前的经验证据（Dechow and Sloan，1997；La Porta，1996；Rajan and Servaes，1997）表明分析师长期预测的乐观程度与成长性预测水平正相关。作者采用 Dechow and Sloan（1997）的方法，估计以下方程：$FE_{t+1}=\alpha_0+\alpha_1 Growth_{t+1}+\varepsilon_{t+1}$，其中 $Growth_{t+1}$ 是分析师长期盈利增长预测值。作者认为有关联的分析师预测误差受公司的成长性影响更大，即其 α_1 较独立分析师的 α_1 负值更大。在原文表 4 Panel B 中作者发现所有样本回归结果 α_1 是 -0.678，即实现的盈利增长仅为分析师预测的 1/3 左右，而单独有关联的分析师样本回归结果为 -0.832，即实现的盈利增长仅为分析师预测的 1/6 左右，这说明有关联的分析师存在过度乐观行为。

再次，作者认为如果说分析师的长期盈利预测受利益驱动，那么有关联的分析师预测误差与其所在公司得到的承销费用肯定是密切相关的。作者运用两个方程来验证这个假设：

$$Growth_t=\gamma_0+\gamma_1 Fee_t+\gamma_2 R\_Growth_{t+1}+\mu_t$$

$$FE_{t+1}=\alpha_0+\alpha_1 Growth_{t+1}+\alpha_2 Fee_t+\varepsilon_{t+1}$$

他们预计 γ_1 显著为正，而 α_1 显著为负。原书表 5 中的实证结果验证了作者的假设，这说明分析师进行长期预测时会受到利益驱动。

最后，作者在两种竞争性假说下（即有效资本市场假说和幼稚预期假说）预测股票价格的长期表现。在这两种假说下，投资者都会利用分析师的长期盈利预测，但是方式并不相同。有效资本市场假说下，投资者能完全预期，进而股票价格也能完全吸收分析师可预期（predictable）的预测误差，因此股票价格只对未预期（unexpected）的分析师预测误差进行反映。而基于幼稚预期假说，投资者幼稚地依赖于分析师长期盈利预测，因此股票价格中不仅反映未预期的分析师预测误差，而且会反映可预期的分析师预测误差。作者运用 Mishkin（1983）检验的方法对下面两组方程进行检验，做法与 Sloan（1996）是一致的：

$$FE_{t+1}=\alpha_0+\varepsilon_{t+1}$$

$$AR_{t+1}=\beta_1(FE_{t+1}-\alpha_0^*)+v_{t+1} \tag{1}$$

式中，AR_{t+1} 为股票发行后五年市场调整的持有超额回报（five-year marketadjusted buy-hold abnormal returns)。在方程(1)中,如果市场是有效的,也就是说,如果投资者能够辨别蕴涵在分析师可预测误差中的信息,就应该可以看到 $\alpha_0^*=\alpha_0$,否则在幼稚期望假说下意味着 $\alpha_0^*=0$。

$$FE_{t+1}=\alpha_0+\alpha_1 Growth_{t+1}+\varepsilon_{t+1}$$
$$AR_{t+1}=\beta_1(FE_{t+1}-\alpha_0^*-\alpha_1^* Growth_{t+1})+v_{t+1} \tag{2}$$

同样对于方程(2),检验有效资本市场就是检验 $\alpha_0^*=\alpha_0$ 和 $\alpha_1^*=\alpha_1$,而幼稚期望假说则意味着 $\alpha_0^*=0$ 和 $\alpha_1^*=0$。对这两组联立方程的预测采用迭代加权非线性最小二乘法,并采用一个近似 $\chi^2(q)$ 分布的似然比统计量 $2n\log(SSR^c/SSR^u)$ 来检验市场的有效性。① 作者在原书表 6 和表 7 中对两种竞争性假说进行了检验。在表 6 中,作者发现 α_0 显著为负,而 a_0^* 不显著;同样在表 7 中,作者发现 a_0^* 和 a_1^* 均不显著。实证结果支持了幼稚期望假说。

Dechow et al.(2000)在分析师研究领域是一篇非常重要的文献,不仅在于拓展了以前有关分析师利益冲突的研究,而且有机地将分析师乐观的长期盈利预测与发行后股票长期折价之谜联系在一起,对折价之谜进行了验证和解释。但同时我们也应该看到,文章尚有一些值得进一步探讨的地方。

首先,Kothari(2001)认为在计量股票市场表现方面可能存在问题,他认为尽管有分析认为三因素模型或四因素模型是经验证据,但是对风险(beta)、规模(size)、账面市价比(book-to-market)等因素的控制还是非常重要的。但是我们发现 Dechow et al.(2000)并没有进行这方面的控制。

其次,Kothari(2001)指出分析师是否关联的划分是个内在性问题,因为公司会选择那些本身就乐观的分析师,因此我们发现这些发行公司的分析师的盈利预测本身就比独立分析师的盈利预测误差更大。Kothari(2001)认

① 其中,q 为系统规定参数的个数,n 为进入回归的观测数目,SSR^c 为受限加权系统的残差平方和,SSR^u 为未受限加权系统的残差平方和。

为更应该研究分析师的误差是投资银行的利益冲突所致，这种关系应该是因果关系（demonstrate causality），但是我们在 Dechow et al.（2000）的文章中发现作者验证的是相关关系而非因果关系。

最后，Dechow et al.（2000）是用 Mishkin test 来验证有效资本市场假说和幼稚期望假说，并且作者的结论支持后一假说。但是 Kraft et al.（2007）认为在进行 Mishkin test 时遗漏了重要变量，比如会计信息的变量（现金流、应计利润等），因此凭此就得出市场是无效的结论，可能是有问题的。但 Mishkin test 对有效资本市场假设检验的有效性还没有统一的结论，在学术界存在较大的争论。

参考文献

Abarbanell，J.. 1991. Do Analysts' Earnings Forecasts Incorporate Information in Prior Stock Price Changes. *Journal of Accounting and Economics* 14：147−165

Dechow，P.，A. Hutton，and R. G. Sloan. 2000. The Relation between Affiliated Analysts' Long-Term Earnings Forecasts and the Overpricing of Equity Offerings. *Contemporary Accounting Research* 17：1−32

——，and R. G. Sloan. 1997. Returns to Contrarian Investment Strategies：Tests of Naive Expectations Hypotheses. *Journal of Financial Economics* 43：3−27

Kothari，S. P.. 2001. Capital Markets Research in Accounting. *Journal of Accounting and Economics* 31：105−231

Kraft，A.，A. J. Leone，and C. E. Wasley. 2007. Regression-Based Tests of the Market Pricing of Accounting Numbers：The Mishkin Test and Ordinary Least Squares. *Journal of Accounting Research* 45：1081−1114

La Porta，R.. 1996. Expectations and the Cross-Section of Stock Returns. *Journal of Finance* 51：1715−1742

Lin，H.，and M. McNichols. 1998. Underwriting Relationships，Analysts' Earnings Forecasts and Investment Recommendations. *Journal of Accounting and*

Economics 25：101－127

Loughran，T，and J. R. Ritter. 1997. The New Issue Puzzle. *Journal of Finance* 50：23－51

Mishkin，F.. 1983. A Rational Expectations Approach to Macroeconometrics：Testing Policy Effectiveness and Efficiency Market Models. Chicago：University of Chicago Press for the National Bureau of Economic Research

Michaely，R.，and K. Womack. 1996. Conflict of Interest and the Credibility of Underwriter Analyst Recommendations. Unpublished Working Paper，Cornell University

Rajan，R.，and H. Servaes. 1997. Analyst Following of Initial Public Offerings. *Journal of Finance* 52：507－529

Sloan，R.. 1996. Do Stock Prices Fully Reflect Information in Accruals and Cash Flows about Future Earnings. *The Accounting Review* 71：289－315

Spiess，D. K.，and J. Affleck-Graves. 1995. The Long-Run Performance Following Seasoned Equity Offerings. *Journal of Financial Economics* 38：243－267

4.4 盈余偏态和分析师预测偏差

Gu，Z.，and J. Wu. 2003. Earnings Skewness and Analyst Forecast Bias. *Journal of Accounting and Economics* 35：5－29

近二三十年，证券分析师的研究在会计和金融界是一个很热门的领域。大量的文章从不同角度对证券分析师做出研究。有对分析师预测决定因素的研究（Block，1999），有对分析师预测偏差的研究（Bowen et al.，2002），有分析师预测和市场有效性的研究（Brown，1997），有分析师和公司管理层之间关系的研究（Matsumoto，2002）。以前的研究对分析师预测的乐观偏差提出了三类解释：一类是战略报告偏差解释（Francis and Philbrick，1993；Dugar and Nathan，1995；Das et al.，1998；Lim，2001），假设分析师是合理推测的，但是他们为了所在证券公司的利润增长并维持和管理者之间的信息通道，而进行乐观预测；第二类是选择性偏差解释（McNichols and O'Brien，1997），认为分析师是理性并且遵循事实的，但为了所在证券公司的利益会选择性地进行乐观预测；而第三类认知偏差解释（Abarbanell and Bernard，1992；Elgers and Lo，1994）则认为非理性的分析师在处理公开信息时存在系统性的错误。Gu and Wu（2003）通过研究对证券分析师预测盈余偏差提出了补充性解释。这篇文章发现，即便分析师是理性的，遵循事实且无选择性地进行分析报告，仍有可能存在预测偏差。尤其在盈余是偏态分布，且分析师力求提高预测准确性的时候，预测偏差依然存在。具体来说，偏态分布的盈余数据的中位数和平均值之间的差异导致了分析师预测偏差，且盈余偏态和分析师的预测偏差显著相关。同时，本文还研究了市场对于盈余偏态导致的预测偏差的反应。

这篇文章的基本发现是证券分析师的预测偏差和盈余偏态之间存在正相关关系，同时市场对这个关系是有反应的。在表征分析师预测准确性的时候，通常使用两种度量，即平均绝对预测误差（MAFE）和均方误差（MSE）。均方误差是可以直接从盈余偏差和预测偏差中测算出来的损失函数。如果用均方误差描述分析师的损失函数，预测偏差将和盈余分布无关。只有用平均绝对预测误差表征，才可以体现出正相关关系。

由此本文提出了两个假设。假设1为：分析师预测偏差和盈余偏态正相关。盈余偏态导致的预测偏差是基于分析师的理性行为，作者预期有效市场可以在盈余公布时感知并且调整偏差。因此，如果分析师如假设一样预测盈余的中位数，盈余的市场预期会和分析师预测不同，其间的差异就是偏态相关的偏差。假设2为：盈余公布前后的市场超额回报和分析师预测偏差正相关，和盈余偏态负相关。因为真实盈余对市场的冲击是不能直接观测的，作者用盈余公布前后的超额回报作为表征替代，预期市场将会把分析师预测误差向下（向上）调整来弥补由正向（负向）偏斜导致的偏差。

本文分析师预测的数据来源于I/B/E/S数据库。选取了1983—1998年的季度盈余预测数据。对于每家公司每季度的数据，用季度盈余公布前90天的所有分析师的预测平均作为一致预测结果。因为I/B/E/S中的预测数据剔除了异常项和一些特殊项目，因此从 I/B/E/S 获取实际盈余数值，以便和 I/B/E/S 预测数据的处理保持一致。股价信息从 Compustat 数据库中获取，为了避免误差，剔除股价小于 3 美元的公司。盈余公布日期从 Compustat 获取。要求每家证券公司至少有 16 个季度观测值，以保证对盈余偏态的有效估计。最后从 2 331 家公司中获得 57 728 个季度数据。

对于每家公司的季度数据，分析师预测偏差（*FERR*）定义成实际每股盈余和一致预测值的差值，并且用季度初期单位股价标准化，用百分比的形式表示，如下所示：

$$FERR_{jt}=\frac{actualEPS_{jt}-analystforecast_{jt}}{Price_{jt-1}}\times 100$$

用每股总资产替换单位股价，不改变结论。所有变量都经过股票分割和股利的调整。

用两种方法度量盈余偏态分布。*MAFE* 表征的是盈余分布中均值和中位数的差异。因此，对每家公司季度 t 的数据，盈余偏态的第一种表征方法 *MNMD* 为每股盈余的均值和中位数之差按单位股价标准化后用百分比表示。

$$MNMD_{jt}=\frac{mean\ (EPS_{j\tau})\ -median\ (EPS_{j\tau})}{Price_{jt-1}}\times 100$$

式中，τ 为 t 季度前后的研究窗口。

第二种表征方法 *SKEW* 和偏斜系数类似：

$$SKEW_{jt}=\frac{n_j}{(n_j-1)(n_j-2)}\sum_{\tau}\left[(EPS_{j\tau}-\overline{EPS_j})/s_j\right]^3$$

式中，$\overline{EPS_j}$ 为 *EPS* 数据的平均值；s_j 为标准差；n_j 为在相关窗口中的 *EPS* 数据观测值个数。

作者使用一些季度 t 前后的滚动窗口来度量盈余偏斜。第一个是 $t-8\sim t-1$ 季度期间的实际盈余。第二个滚动窗口是把 $t-8\sim t-1$ 季度的实际盈余和 $t+1\sim t+8$ 季度的实际盈余合并。为了避免潜在的相关性，但同时又要包括 t 季度的特殊信息，作者增加了当前 t 季度的事先盈余，所以

第三个窗口包括 $t-8\sim t-1$，$t+1\sim t+8$ 季度的实际盈余以及 t 季度的预测盈余。预测盈余完全基于先前的信息，不可能像实际盈余一样来估计 t 季度的实际盈余偏斜，所以作者又用 $t-8\sim t+8$ 季度，包括 t 季度在内的数据进行测试，防止潜在内部相关的局限。主要的分析基于第三个窗口，因为作者认为第三个窗口是受到内部相关性影响最小同时又最能准确度量偏斜度的窗口。

检验假设 1，作者进行如下回归：

$$\begin{aligned} FERR_{jt} = {} & b_0 + b_1 MNMD_{jt} + b_2 LGMV_{jt} + b_3 LGFLLW_{jt} \\ & + b_4 LOSS_{jt} + b_5 DISP_{jt} + b_6 CV_{jt} + b_7 INDROE_{jt} \\ & + b_8 SUE\_1_{jt} + b_9 SUE\_2_{jt} + b_{10} LGTV_{jt} + e_{jt} \end{aligned}$$

$$\begin{aligned} FERR_{jt} = {} & b_0 + b_1 SKEW_{jt} + b_2 LGMV_{jt} + b_3 LGFLLW_{jt} + b_4 LOSS_{jt} \\ & + b_5 DISP_{jt} + b_6 CV_{jt} + b_7 INDROE_{jt} + b_8 SUE\_1_{jt} \\ & + b_9 SUE\_2_{jt} + b_{10} LGTV_{jt} + e_{jt} \end{aligned}$$

通过描述统计、相关性分析和不同窗口下的回归分析，得出如下结论：MNMD，SKEW 和 FERR 明显相关且随着窗口的增大，对 FERR 的解释力越来越强。公司市值（LGMV）用季度初期的普通股市值的自然对数来度量，和分析师预测偏差正相关（Bhushan，1989），即规模越小的公司，披露信息越不完全，越容易导致分析师乐观预测。跟踪的分析师人数（LG-FLLW）在此回归中显著，与分析师预测偏差负相关。公司亏盈（LOSS）是一个哑变量（Hwang et al.，1996；Brown，1997，1998），当预测的当期盈余是负值的时候取 1，正值的时候取 0，和 FERR 呈负相关。预测离散度（DISP）是盈余公布前 90 天分析师预测的标准差（Barron et al.，1998），与 FERR 呈显著负相关，体现了公司的盈余变动带来的预测不确定性越大，分析师越容易乐观估计。Coefficient of Variation（CV）定义成平均盈余的标准差和绝对值的比值，体现了公司盈余变动。INDROE 表示为公司在 t 季度后 12 个月已经实现的 ROE 减去同时期同行业所有公司的 ROE 的中位数（Francis and Willis，2000），和 FERR 关系不显著。盈利预测前的 12 个月的月交易量总和的自然对数（LGTV）（Hayes，1998）与 FERR 的关系也不显著。SUE_1和 SUE_2 是时间序列下的未预期收益的量（Abarbanell and Bernard，1992；Elgers and Lo，1994），与分析师预测误差正相关，表明分析师对近期盈余信息反应不足。

随后，作者又进行了敏感性分析，通过拆分 $MNMD$ 为正负两个样本组，得出盈余偏态和预测偏差之间的正显著性同样存在正负偏态的数据中。又通过时间窗口的划分，分成盈余公布前第 90 天到第 31 天，和公布前 30 天，同样盈余偏态和预测偏差呈现正显著性。

对假设 2 的检验，作者把市场对盈余意外的反应，即累计超额回报表示如下：

$$CAR_{jt} = \beta_0 + \beta_1(FERR_{jt} - k_{jt}) + \varepsilon_{jt}$$

式中，k 为市场反应盈余数和分析师预测数的差额。转化后表示成：

$$CAR_{jt} = \beta_0 + \beta_1 FERR_{jt} + \beta_2 MNMD_{jt} + \varepsilon_{jt}$$
$$CAR_{jt} = \beta_0 + \beta_1 FERR_{jt} + \beta_2 SKEW_{jt} + \varepsilon_{jt}$$

回归结果得到，在调整投资组合大小、风险系数 β 的情况下，都有 $FERR$ 和 CAR 显著正相关，而 $MNMD$ 和 CAR 显著负相关，即检验了假设 2。

这篇文章为目前的分析师预测偏差解说提供了一个很好的补充，另外还有三点贡献。第一点是本文的结论可以应用到乐观性和悲观性预测中。战略报告偏见解释只支持乐观性预测。选择性偏见解释则认为分析师会为了所在公司的利益，选择性地进行观测，从而得出乐观性预测，这说明被剔除的预测值有可能是悲观性的。本文认为在分析师覆盖的观测中，系统性的悲观也是存在的。正向偏斜的盈余以及分析师对利好消息的反应不足会导致悲观性预测。第二点是以前的研究用 $MAFE$ 来表征准确性，隐含的假设是越是有偏的预测越不准确，越准确的预测越无偏。而本文认为准确性和偏差是本质相关的：当盈余分布存在偏斜时，低 $MAFE$ 高准确性会导致偏差。第三点是本文发现市场对偏斜导致的预测偏差有一定程度反应。对于市场有效性的进一步研究可以区分分析师预测偏差的原因。

参考文献

Abarbanell，J.，and V. Bernard. 1992. Tests of Analysts' Overreaction/Underreaction to Earnings Information as an Explanation for Anomalous Stock Price Behavior. *Journal of Finance* 47：1181－1207

Barron，O.，O. Kim，S. Lim，and D. Stevens. 1998. Using Analysts' Forecasts to Measure Properties of Analysts' Information Environment. *The Accounting Review* 73：421－433

Bhushan，R.. 1989. Firm Characteristics and Analyst Following. *Journal of Accounting and Economics*：255－274

Block，S.. 1999. A Study of Financial Analysts：Practice and Theory. *Financial Analysts Journal*，55：86－95

Bowen，R.，A. Davis，and D. Matsumoto. 2002. Do Conference Calls Affect Analysts Forecasts? *The Accounting Review*，77：285－316

Brown，L.. 1997. Analyst Forecasting Errors：Additional Evidence. *Financial Analyst Journal*，81－88

Brown，L.. 1998. Managerial Behavior and the Bias in Analysts' Earnings Forecasts. Working Paper，Georgia State University

Das，S.，C. Levine，and K. Sivaramakrishnan. 1998. Earnings Predictability and Bias in Analysts' Earnings Forecasts. *The Accounting Review* 73：277－294

Dugar，A.，and S. Nathan. 1995. The Effect of Investment Banking Relationships on Financial Analysts' Earnings Forecasts and Investment Recommendations. *Contemporary Accounting Research* 12：131－160

Elgers，P. T.，and H. Lo. 1994. Reductions in Analysts' Annual Earnings Forecast Errors Using Information in Prior Earnings and Security Returns. *Journal of Accounting Research* 32：290－303

Francis，J.，and R. H. Willis. 2000. A Multivariate Test of Incentive, Selection and Judgmental Explanations for Analyst Bias. Working paper，

Duke University

Hayes，R.. 1998. The Impact of Trading Commission Incentives on Analysts' Stock Coverage Decisions and Earnings Forecasts. *Journal of Accounting Research* 36：299－320

Hwang，L.，C. Jan，and S. Basu. 1996. Loss Firms and Analysts' Earnings Forecast Errors. *Journal of Financial Statement Analysis* 1：18－30

Lim，T.. 2001. Rationality and Analysts' Forecast Bias. *Journal of Finance* 56：369－385

Matsumoto，D.. 2002. Management's Incentives to Avoid Negative Earnings Surprises. The Accounting Review 77：483－514

McNichols，M.，and P. O' Brien. 1997. Self-Selection and Analyst Coverage. *Journal of Accounting Research* 35：167－199

4.5　分析师的预测修正与市场价格发现

Gleason，C. A.，and C. M. C. Lee. 2003. Analyst Forecast Revisions and Market Price Discovery. *The Accounting Review* 78：193－225

在过去20年的研究当中，市场对盈余消息的滞后反应一直是最令人困惑的异象之一。具体到分析师的盈余预测修正对市场产生的影响上，Griffin（1976），Givoly and Lakonishok（1979，1980）以及 Imhoff and Lobo（1984）都发现了市场价格对于盈余预测修正的反应。在后续研究中，Stickel（1991）和 Chan et al.（1996）还发现市场对于盈余预测修正的即时反应是不充分的，在未来3～12个月内才得以修正。然而，前人的研究却没有证实哪些因素影响了盈余预测修正带来的市场价格变化的过程。在这篇文章中，作者检验了可能影响价格发现过程的各种因素，既侧重于盈余预测修正本身带来的因素，又考察了被预测公司的特性因素。文章首先发现，市场对于提供新信息的盈余预测修正与只不过是向舆论靠近的盈余预测修正无法做出区分。其次，相比预测准确却不著名的分析师，价格调整过程对于明星分析师而言更加迅速和充分。最后，文章还发现相当大部分的价格调整发生在后续盈余公布日或预测修正日附近。总之，这篇文章的结论揭示了盈余预测修正这一信息如何阻碍了市场的价格发现效力。尤其对于分析师覆盖较少的公司来说，这一结果更为明显。而后续的盈余消息，则成为价格发现过程的催化剂。

文章重点研究了盈余消息修正对价格发现过程的影响。首先，作者考察了盈余预测修正消息对于市场价格的即时影响。之后作者又分析了价格在修正消息公布后一年中的后续变化。总体看来，作者关注于寻找在这一过程中，分别是哪些因素影响了价格的即时变动和后续变动。主要关注的因素及其对应的研究假设如下。

因素 1：盈余预测修正本身的幅度及其方向。Bernard and Thomas（1990）的研究已经显示出，未被预料到的盈余消息的幅度高低与后续价格变动呈现出正相关的关系。前人的这一结果仅仅局限于真实盈余消息给市场带来的意外，而本文以此为基础，进一步做出了假设：更大幅度的盈余预测修正也将引发更大幅度的后续价格变化。

因素 2：盈余预测修正的质量。在文章中，作者从两个角度考虑了盈余预测质量：盈余修正包含新信息的程度，即信息创新性，以及做出盈余预测修正的分析师的排名情况。Stickel（1992）研究发现，明星分析师能够提供更为精确的预测。

因素 3：被分析师覆盖的程度。Brennan et al.（1993）和 Hong et al.（2000）的研究发现，股票价格对于分析师覆盖密集的公司来说，对信息反应的速度更快。作者假设，对于分析师覆盖较低的公司来说，股票价格变动将更加迟缓。

最后作者还纳入三个公司特征变量来控制横截面股票回报的差异：价格惯性（momentum）、公司规模（firm's market capitalization）及账面市值比率（book to market ratio）。

作者从 I/B/E/S Detail File 数据库中获得了分析师的预测数据，从 Center for Research on Security Prices（CRSP）中获得了股票回报数据。样本

数据始于 1993 年 10 月，终止于 1998 年 12 月 31 日。对于盈余预测修正而言，作者选取的是前一年的年度盈余预测（one-year-ahead annual earnings）。这样，作者得到 372 021 个盈余预测修正的观测样本，这些样本同时包含同一分析师先前的预测结果。此外，作者以前一天 I/B/E/S 中所有分析师的预测均值作为市场舆论水平，并且以《机构投资者》（*Institutional Investor*）公布的全明星排名和《华尔街日报》公布的盈余预测师排名作为分析师评级的标准。

根据前述的假设，作者构造了三个回归模型。

模型 1：解释变量仅包含盈余预测修正的本身性质，即修正幅度的大小、盈余预测修正公布附近三日时间窗口回报，以及盈余预测修正的创新性。

模型 2：考虑到股票横截面收益差异的特性，第二个模型则对价格惯性、公司规模以及账面市值比率等因素加以控制。

模型 3：包含假设中提及的所有变量，以及一些交叉变量。

采用这三个模型，作者分别用盈余预测修正公布后的 6 个月及 12 个月的股票收益回报进行了回归。这里的股票回报根据公司规模进行了调整。

从回归结果来看，模型对于股票回报的总体解释能力一般。盈余预测修正的创新性的解释能力最强，其回归结果最为显著。以此变量构建的对冲策略，在一年内获得了 6%～10%的超额回报。盈余预测修正幅度的大小以及盈余预测修正公布附近三日时间窗口回报的解释能力相似。当将任何一个变量排除在回归模型之外时，剩下的另外一个变量都与未来 6～12 个月的回报正相关。其中，盈余预测修正幅度大小对未来 6 个月的回报解释相对略好，而盈余修正公布附近三日时间窗口回报则对未来 12 个月的回报有较强的预测能力。无论如何，这两个解释变量的解释能力都不如盈余预测修正的创新性。

还应注意，分析师覆盖程度与分析师排名这两类变量在统计上是不显著的。也就是说，在控制了其他变量之后，分析师覆盖程度与分析师的排名本身无法解释未来回报的变化。

交叉项的结果则相对比较有趣。分析师覆盖程度与盈余预测的创新性所组成的交叉项的回归系数显著为负，说明对于分析师覆盖程度较高的公司而言，盈余预测修正中新信息带来的未来回报更低。与之相似的是，All Stars 分析师排名与创新性所组成的交叉变量对于未来 6 个月的回报也可靠地为负。这就是说，当分析师来自 All Stars 排行榜时，未来 6 个月内盈余预测修正的创新性产生的后续回报较低。相反，对于来自 Earnings-Estimators 排行榜的分析师来说，盈余预测修正的创新性能够提供更高的未来回报。

这一结果恰恰说明，市场对于 All Stars 排行榜的分析师作出的盈余预测修正或是来自分析师覆盖程度较高公司的盈余预测修正而言，吸收信息的速度更快。与此相反，市场对于 Earnings-Estimators 排行榜的分析师作出的盈余预测修正以及分析师覆盖程度较低公司的盈余预测修正而言，其反映信息的程度较为迟缓。此外，在模型 3 包含交叉项之后，盈余预测修正的创新性这一解释变量的回归系数有所提升。这说明，对于未上榜的分析师作出的盈余预测修正且分析师覆盖程度较低的公司盈余预测修正，股票价格的后续变化更大。

为了更好地考察盈余预测修正之后股票价格的变动，作者还进一步检验了盈余预测修正日后，后续盈余消息发布日附近的股票价格变化。这一检验的目的在于区分股票价格的后续变动究竟是由于市场效率不足带来的（没有“及时且充分”地对盈余预测修正做出反应），还是只不过与股票的自身风险相关。作者发现，在盈余预测修正公布后的 12 个月内，4 个盈余消息公布日附近的 3 天内共带来了 11.1%的年超额回报。这说明此前市场对于未来盈余的理解出现了差错，在之后的盈余消息公布时才得以纠正。此外，市场对于初始盈余预测修正公布后的后续盈余预测修正仍然表现出了“意外”，好的盈余预测修正带来正面的价格调整，而不好的盈余预测修正则带来了负面的价格调整。这就说明市场对于一次盈余预测修正的调整一般不是一步到位的，而是在其后的分析师盈余预测修正发布之后才得以纠正，且这一结果与分析师覆盖程度的高低无关。

在前述的研究中，作者一直都关注于市场从每一则盈余预测修正中吸收信息的过程。因此，采用盈余预测修正作为观测单位。接下来，作者又以公司为基本研究对象进行了检验。回归的结果与前述结论基本相似，这就说明先前的结论并没有受到“针对同一家公司包含多重盈余预测”这一样本固有问题的影响。此外，以公司样本为基础的回归分析也为投资者提供了某种投资策略。

本篇文章考虑的影响因素较为广泛，数据较为繁杂。因此，作者在文章中使用的很多研究方法都为后人所采用。例如，在对待样本中包含同一公司不同盈余预测修正的处理方法上（Bonner et al. 2007），在回归分析中解释变量的选取上（Kwag and Small，2007），在对盈余修正预测的创新信息分类（Clement and Tse，2003），以及在选取盈利修正预测的比较基准时（Herman and Thomas，2005；Bonner et al，2007）。

在后续的研究方面，Clement and Tse（2003）进一步扩展了本文的研究。他们发现除了盈余预测修正包含的新信息含量之外，还有其他因素影响股票价格变动对于盈余预测修正的幅度。进一步，他们还发现，当面对高信息含量的盈余预测修正时，市场似乎并不关心盈余预测修正本身的精确性。

此外，Bonner et al.（2007）的研究还发现，在控制其他因素后，分析师的“名人效应”可以解释盈余预测修正对于市场价格的影响。具体来说，在股票市场价格形成过程中，媒体报道这一因素不仅从公司层面发挥影响，也可以提升卖方分析师的盈余预测修正的市场影响力。

总之，尽管作者没有考虑到所有影响市场价格变化的相关因素，但本文在考察分析师的盈余预测修正与市场价格变化的关系这一问题上承前启后，为日后的研究构建了一个坚实的基础。

参考文献

Bernard，V.，and J. Thomas. 1990. Evidence that Stock Prices Do Not Reflect the Implications of Current Earnings for Future Earnings. Journal of Accounting and Economics 13：305－340

Brennan，M. J.，N. Jegadeesh，and B. Swaminathan. 1993. Investment Analysis and the Adjustment of Stock Prices to Common Information. *Review of Financial Studies* 6：799－824

Bonner，S. E.，A. Hugon，and B. R. Walther. 2007. Investor Reaction to Celebrity Analysts：the Case of Earning Forecast Revisions. *Journal of Accounting Research* 45：481－513

Chan，L. K.，N. Jegadeesh，and J. Lakonishok. 1996. Momentum Strategies. *Journal of Finance* 51：1681－1713

Clement，M. B.，and S. Y. Tse. 2003. Do Investors Respond to Analysts Forecast Revisions as if Forecast Accuracy is all that Matters? *The Accounting Review* 78：227－249

Griffin，P.. 1976. Competitive Information in the Stock Market：An Empirical Study of Earnings，Dividends，and Analysts' Forecasts. *Journal of Finance* 31：631－650

Givoly，D.，and J. Lakonishok. 1979. The Information Content of Financial Analysts' Forecasts of Earnings. *Journal of Accounting and Economics* 1：165－185

Hong，H.，T. Lim，and J. Stein. 2000. Bad News Travels Slowly：Size，Analyst Coverage，and the Profitability of Momentum Strategies. *Journal of Finance* 55：265－295

Herrmann，D.，and W. B. Thomas. 2005. Rounding of Analyst Forecasts. *The Accounting Review* 80：805－823

Imhoff，E.，and G. Lobo. 1984. Information Content of Analysts' Composite Forecast Revisions. *Journal of Accounting Research* 22：541－554

Kwag，S. W.，and K. Small. 2007. The Impact of Regulation Fair Disclosure on Earnings Management and Analyst Forecast Bias. *Journal of Economics and Finance* 31：87－98

Stickel，S. E.. 1991. Common Stock Returns Surrounding Earnings Forecast Revisions：More Puzzling Evidence. *The Accounting Review* 66：402－416

——. 1992. Reputation and Performance among Security Analysts. *Journal of Finance* 47：1811－1836

4.6　分析师预测与券商交易量

Irvine, P. J.. 2004. Analysts' Forecast and Brokerage-Firm Trading. *The Accounting Review* 79: 125-149

分析师的盈余预测对股票交易量的影响是会计研究中的一个重要问题。由于卖方分析师要协助投资银行承销部门发行股票，并且分析师的收入通常与其所预测的股票的成交量挂钩（Konrad，1989；Dorfman，1991），所以分析师有动机促使交易量扩大（以下称这种动机为交易动机）。以前的研究发现，当客户公司发行普通股时，分析师会做出过于乐观的长期盈余预测（Dechow et al.，2000）。分析师乐观的长期盈余预测与券商从股票发行中获得的手续费收入呈正相关关系，而在很多券商中，这是分析师年度红利的一个重要组成部分（Lowenstein，1996）。这篇文章检验了分析师的盈余预测与荐股意见是否影响券商在该股票交易中占有的市场份额。文章发现，分析师个人预测与一致意见之间的差异在机构经纪人评估系统（I/B/E/S）收到预测信息后的两周内显著增加券商交易的市场份额，这表示分析师有可能为提高券商的手续费收入，进而增加自己的报酬，做出与一致意见不同的预测；预测误差，即分析师预测与实际盈余之间的差异，并没有增加券商的市场份额，因此，增加预测误差不是分析师创造交易的有效途径；分析师的荐股意见可以显著增加券商的市场份额，并且分析师的买入和强力买入投资建议比其他建议更能使券商获得较大市场份额。

这篇文章研究的核心问题是，分析师的盈余预测与荐股意见能否影响券商的股票交易量。作者采用 Hayes（1998）的模型，假设风险规避的投资者把财富 W_t 投资于无风险资产和风险资产（股票），将无风险资产的价格正规化为 1，风险资产的价格为 P，其期望终值为 $P+\chi$，χ 指一般期望回报，且 $\chi>0$。风险资产的实际终值为 $P+\chi+\mu$，μ 服从标准正态分布。在 Hayes（1998）的模型中，投资者选择风险资产份额 n 以实现自身财富的最大化，即求下式的最优解：

$$(W-nP)+n(P+x+\mu_R)-\frac{\rho}{2}n^2\sigma_R^2-c|m-n|$$

式中，ρ 为风险规避系数。对上式求偏导，得到以下结果。

当 $\mu_R>0$ 时，最优解为：

$$n_b=\frac{x+\mu_R-c}{\rho\sigma_R^2}$$

当 $\mu_R<0$ 时，最优解为：

$$n_s=\frac{x+\mu_R+c}{\rho\sigma_R^2}$$

作者以上式为基础提出三个假设。

文中的第一个假设为：$|\mu_R|$ 越大，券商在预测股票上的交易量就越大。若分析师的个人预测比一致意见更乐观，即 $\mu_R>0$，则 μ_R越大，投资者会购买越多的股票；若分析师的个人预测比大多数人的预测更悲观，即 $\mu_R<0$，则 μ_R越小，投资者会出售越多的股票。总之，$|\mu_R|$ 越大，投资者的股票交易量越大。

文中的第二个假设为：券商的股票交易量随预测总体不确定性的增加而降低。σ_R 表示分析师预测误差 μ_R 的方差，是投资者面对的一种不确定性。从上文可以看出，投资者想要买入或卖出的股票数量与 σ_R 负相关。本文的总体不确定性包括分析师预测误差的不确定性和一致意见的不确定性。

文中的第三个假设为：正的 μ_R 比负的 μ_R 能为券商创造更大的交易量。如果 μ_R 是负的，并且绝对值很大，则投资者的最优股票持有量可能是负的，即投资者最有利的决策是卖空。但是，有些投资者，如共同基金，是不允许卖空的，这就使得 μ_R 为正和 μ_R 为负时投资者的交易需求不同。

文章选取了 1993 年 9 月 1 日到 1994 年 8 月 31 日间多伦多证券交易所（TSE）的交易数据。样本包括多伦多证券交易所最大的 100 家公司的所有交易。作者检验了分析师预测发布前后的四个窗口期间，分别是公布前 10～6 天、公布前 5～1 天、公布后 1～5 天、公布后 6～10 天。文中最重要的三个变量为总市场份额、绝对误差、不确定性。市场份额 *SUMSHARE* 为券商每个窗口每天交易份额，经纪公司 j 第 i 天在股票 k 上的交易份额 $MKT\_SHARE_{j,i}^{k}=BrokerVolume_{j,i}^{k}\Big/\sum_{j=1}^{j}BrokerVolume_{j,i}^{k}$，所以 *SUMSHARE* 为窗口期间内所有的 $MKT\_SHARE_{j,i}^{k}$ 的总和。绝对误差 *ABSDEV* 即为分析师的预测与一致意见的差的绝对值。不确定性 $UNCERTAINTY=\left(1-\frac{1}{N}\right)D+SE$，$N$ 为预测个数，D 是分析师预测的方差，即 $D=\frac{1}{N-1}\sum_{a=1}^{N}(F_a-\bar{F})^2$，$F_a$ 为分析师预测的盈余，$\bar{F}$ 为一致意见预测的盈余。SE 为一致意见预测误差的平方，即 $SE=(A-\bar{F})^2$，A 为实际盈余。

对假设 1 和假设 2 的检验即验证 $SUMSHARE=\alpha+\beta_1 ABSDEV+\beta_2 UNCERTAINTY+\sum_{j=3}^{7}\beta_j INDDUMMY_j+\varepsilon_{i^*}$ 中是否 $\beta_1>0$，$\beta_2<0$。其中，市场份额 *SUMSHARE* 为券商每个窗口交易份额，即窗口期间内所有的 $MKT\_SHARE_{j,i}^{k}$ 的总和。控制变量 *INDDUMMY* 为表示行业类型的哑变量。若 $\beta_1>0$，则表示分析师与一致意见的绝对差别越大，券商在该股票上的交易份额就越大。若 $\beta_2<0$，则表示不确定性越大，券商在该股票上的交易份额越小。回归结果显示，*ABSDEV* 的系数显著大于 0，*UNCERTAINTY* 的系数显著小于 0，从而假设 1 和假设 2 得证。

对假设 1 和假设 2 的拓展检验，控制分析师预测与一致意见差距的符号或控制分析师的荐股建议，检验 β_1，β_2 的符号，即检验 $SUMSHARE=\alpha+\beta_1 ABSDEV+\beta_2 UNCERTAINTY+\beta_3 ABSDEV\times NEG+\sum_{j=4}^{8}\beta_j INDDUMMY_j+\varepsilon_{j^*}$ 中 $\beta_1>0$，$\beta_2<0$，同时可以检验假设 3，即 $\beta_3<0$。其中，*NEG* 为表示分析师与一致意见差异符号的哑变量，若分析师的预测低于一致意见，则 *NEG* 的值为 1，否则为 0。回归结果发现，β_1 显著大于 0，β_2 显著小于 0，从而假设 1 和假设 2 得证。但是，β_3 不显著小于 0，所以假设 3 没有得到验证。此外，文中还检验了 $SUMSHARE=\alpha+\beta_1 ABSDEV+\beta_2 UNCERTAINTY++\beta_3 BUY+\beta_4 SELL+\sum_{j=5}^{9}\beta_j INDDUMMY_j+\varepsilon_{i^*}$ 中 β_1，β_2，β_3，β_4 的符号。*BUY*，*SELL* 为

哑变量，若分析师的荐股意见为买入或强力买入，则 BUY 的值为 1，否则为 0；若分析师的荐股意见为卖出或强力卖出，则 $SELL$ 的值为 1，否则为 0。回归结果显示，假设 1 与假设 2 仍然成立。此外，β_3 显著大于 0，即买入推荐比包含在截距项中的持有推荐产生更大的交易量，而 β_4 的符号不显著，说明卖出推荐没有比持有推荐产生更多的交易量。

作者还分别对买入和卖出的交易份额进行了回归，具体如下：

$$
\begin{aligned}
SUMBUY = {} & \alpha + \beta_1 ABSDEV + \beta_2 UNCERTAINTY + \beta_3 BUY + \beta_4 SELL \\
& + \beta_5 UPTOBUY + \beta_6 DOWNTOSELL + \sum_{j=7}^{11} \beta_j INDDUMMY_j \\
& + \varepsilon_{i^*}
\end{aligned}
$$

$$
\begin{aligned}
SUMSELL = {} & \alpha + \beta_1 ABSDEV + \beta_2 UNCERTAINTY + \beta_3 BUY \\
& + \beta_4 SELL + \beta_5 UPTOBUY + \beta_6 DOWNTOSELL \\
& + \sum_{j=7}^{11} \beta_j INDDUMMY_j + \varepsilon_{i^*}
\end{aligned}
$$

回归结果显示，假设 1 和假设 2 仍然成立，并且买入推荐可以产生更多的交易量，无论客户是买入还是卖出。至此，可以得出如下结论，即分析师的预测与大众预测的差别以及分析师的股票推荐能够对投资者的交易量产生显著影响。

最后，作者进行了如下回归：

$$
\begin{aligned}
SUMSHARE = {} & \alpha + \beta_1 FORECASTERROR + \beta_2 BUY + \beta_3 SELL \\
& + \sum_{j=4}^{8} \beta_j INDDUMMY_j + \varepsilon_{i^*}
\end{aligned}
$$

式中，$FORECASTERROR$ 为分析师预测误差，即分析师的盈余预测与实际盈余的差。回归结果显示，$FORECASTERROR$ 的系数为负，说明绝对预测误差越大，券商在该股票上的交易量越小，所以分析师不能通过增加预测误差来增加交易量。BUY 的系数显著为正，说明在控制了预测误差后买入推荐仍然能够显著增加券商的市场份额。

总之，文章研究发现，分析师预测与一致意见之间的差异越大，券商交易的市场份额也越大；预测准确性的不确定性与投资者的交易量负相关，分析师预测的总体不确定性越大，券商交易的市场份额越小；没有证据表明分析师可以通过增加预测误差来为券商创造市场份额；分析师的买入和强力买入建议比其他荐股意见能为券商创造更多的手续费收入。

这篇文章完善了交易动机影响分析师盈余预测和荐股意见的有关理论，具有重要的理论价值。但文章也有一些局限，值得进一步研究。例如，作者不能直接观察分析师是否增加他们的预测误差来影响券商的交易量，因此，作者得出的交易动机不会影响分析师盈余预测的结论是基于对事后预测误差的分析。此外，作者也不能直接观察获得分析师的盈余预测和荐股意见后更换券商的投资者的交易量，因此，文中的结果还不是分析师盈余预测和荐股意见的全部效应。尽管 Irvine（2004）存在一些不足之处，但仍不影响其成为一篇关于分析师交易动机研究的非常有价值的文章。

参考文献

Dechow，P.，A. Hutton，and R. Sloan. 2000. The Relation between Analysts' Forecasts of Long-Term Earnings Growth and Stock Price Performance Following Equity Offerings. *Contemporary Accounting Research* 17 (1)：1-32

Dorfman，J.. 1991. Analysts Devote More Time to Selling as Firms Keep Scorecard on Performance. *Wall Street Journal*（October 29）：C1

Hayes，R.. 1998. The Impact of Trading Commission Incentives on Analysts' Stock Coverage Decisions and Earnings Forecasts. *Journal of Accounting Research* 36 (2)：299-320

Konrad，W.. 1989. Are Analysts Putting Their Mouths where the Money is? *Business Week*（December 18）

Lowenstein，R.. 1996. Today's Analyst often Wears Two Hats. *Wall Street Journal*（May 2）：C1

4.7 投资者应该相信预言者还是空头？来自分析师与卖空者利用公开信息的证据

Drake, M. S., L. Rees, and E. P. Swanson. 2011. Should Investors follow the Prophets or the Bears? Evidence on the Use of Public Information by Analysts and Short Sellers. *The Accounting Review* 86 (1): 101-130

作为证券市场上重要的参与者，证券分析师通过系统、科学地对市场信息进行分析，对股票做出买入、卖出或持有的评级。他们的评级会影响投资者的行为，也就影响了价格发现的过程。过去的研究表明价格发现的过程存在滞后，由此，大量文章开始研究分析师对价格发现滞后的影响（Bradshaw et al., 2001；Jegadeesh et al., 2004, hereafter JKKL；Bradshaw, 2004；Barniv et al., 2009）。JKKL 发现，一些与未来回报负相关的公司特征（如低账面市值比、高销售增长率和高应计利润），却与分析师的股票评级正相关。这是因为分析师为了自身利益或客户利益，会对股票做出过于乐观的评级，因此，分析师预测偏差会通过影响投资者行为导致价格发现滞后。卖空者也是证券市场上一个重要的群体，他们时常被认为是富有经验的成熟的投资者（Boehmer et al., 2008）。与分析师相似，卖空者会投入大量的时间和资源分析股票，但不同的是，卖空者在投资时是自己直接承担风险，因此，相对于分析师，他们有更强的动机去充分利用信息，预测股票未来回报。

本文基于分析师和卖空者的差别，研究了两者在预测股票未来回报时，对公开信息的使用是否有所不同。首先，基于 JKKL 发展的 11 个可以预测未来回报的变量，作者使用单变量分析和多元分析检验了分析师和卖空者是否充分利用了基本面信息；其次，作者检验了在控制分析师评级和 11 个变量后，分析师和卖空者是否还能提供增量信息；再次，作者分别利用分析师和卖空者的预测构建投资组合，比较两者的超额回报；最后，作者检验了是否可以通过同时利用来自分析师和卖空者的预测，提高超额回报。

作者从I/B/E/S数据库中收集了分析师评级数据，分别设强烈买入＝5，买入＝4，持有＝3，卖出＝2和强烈卖出＝1。过去的研究表明分析师预测修正比分析师预测能更准确地预测未来回报，因此作者引入分析师评级修正，定义为t期分析师评级减去$t-1$期分析师评级。卖空比例数据从Compustat数据库、NYSE交易所、AMEX交易所和NASDAQ交易所获得，具体计算方法为卖空的股数除以流通股数。根据JKKL的方法，作者选择了11个反映基本面信息的变量，并根据变量的属性分为4组。会计变量组包括盈余意外（*SUE*）、应计项目（*TACCR*）和资本支出（*CAPEX*）；估值变量组包括权益市值（*MVE*）、市盈率倒数（*EP*）、净值市价比（*BTM*）和日换手率（*TURN*）；成长变量包括销售增长率（*SG*）和预测的长期增长率（*LTG*）；惯性变量组包括盈余预测修正（*FREV*）和价格惯性（*MOM*）。这些变量的具体计算方法和与未来盈余的关系已在过去的研究解释过（见原文附录），预期成熟的市场参与者（如分析师和卖空者）可以利用这些变量预测股票回报。最后，为计算未来6个月的买入持有超额回报，作者从CRSP数据库中获取了月度回报数据，并根据基准投资组合（benchmark portfolio）调整（Daniel et al.，1997）。

第一部分中，作者分析的问题是卖空者与分析师利用基本面信息的差别。过去已有研究验证过基本面信息（如本文所用的11个变量）与未来股票回报的关系，所以分析师和卖空者的预测与这些变量的关系越是与已验证的关系一致，说明他们理解基本面信息越充分，做出预测越准确。

首先，单变量分析中，作者根据分析师评级、分析师评级修正和卖空比例将样本排序并分成五组，再分别计算每组各变量均值。本文研究发现，分析师评级由差变好的分组中有8个变量呈现明显的单调趋势。其中，*SUE*，*EP*，*FREV*和*MOM*的递增说明分析师正确理解了这些变量与未来回报的关系；而*TACCR*，*CAPEX*，*SG*和*LTG*的递增与已验证的关系相反，说明分析师错误理解了这些基本面信息，对欠佳的股票做出过于乐观的评级。分析师评级修正由负到正的分组中，只有*FREV*，*MOM*和*LTG*具有明显的单调趋势，且均与已验证的关系一致。卖空比例由低到高的分组中，*BTM*，

CAPEX，*TURN* 和 *SG* 的单调趋势与已验证的关系一致。其他变量虽然没有明显的单调趋势，但这些变量在卖空比例最低和最高两组呈现的关系，与已验证的关系是一致的。

其次，在多元分析中，作者使用有序 logistical 回归模型，再次检验了分析师和卖空者的预测与 11 个变量的关系。对分析师评级和分析师评级修正的回归结果发现，分析师评级只能正确反映 *SUE*，*MVE*，*EP*，*FREV* 和 *MOM* 的信息；分析师评级修正只能正确反映 *EP*，*TURN*，*FREV* 和 *MOM* 的信息。其他变量的相关性与已验证的关系不一致。综合分析师评级和分析师评级修正的研究结果发现，分析师对高 *LTG*，高 *TACCR* 和低 *BTM* 的股票会做出过于乐观的评级，但这些指标均与未来回报负相关（Lakonishok et al.，1994；La Porta，1996；Sloan，1996）。

对卖空比例的回归结果发现，所有变量与卖空比例显著相关，并且与已验证的关系一致，说明卖空者能够更正确、更充分地利用 11 个变量的信息。另外，模型的解释力度（pseudo $R^2=33.2\%$）明显大于对分析师评级回归的模型的解释力度（pseudo $R^2=13.8\%$）和对分析师评级修正回归的模型的解释力度（pseudo $R^2=9.8\%$），说明卖空者的预测能更好地被 11 个变量解释。

最后，作者分析了分析师评级、分析师评级修正和卖空比例是否能提供 11 个变量之外的信息。两个模型的自变量分别为分析师评级和卖空比例、分析师评级修正和卖空比例，因变量均为超额回报，控制变量均为 11 个变量。回归结果发现，分析师评级的系数显著，说明其提供了预测未来回报的增量信息；分析师评级修正尽管与未来超额回报正相关，但是结果并不显著，说明分析师评级修正并不具有增量信息含量；卖空比例在两个模型中均与未来超额回报显著负相关，说明卖空者能提供除分析师评级和 11 个变量以外的增量信息，并能正确预测未来回报。

在第一部分中，作者验证了：（1）分析师评级没能充分利用基本面信息，如果投资者跟随分析师评级将得到更低的回报；（2）分析师评级修正没能充分利用基本面信息，并且不能提供基本面信息与卖空者以外的增量信息；（3）卖空者能够正确利用基本面信息，并且能提供基本面信息与分析师以外的增量信息。

通过上一部分的研究结果，可以预期如果投资者追随卖空者可以提高股票回报。因此，在第二部分中，作者利用分析师和卖空者的预测构建投资策略，比较两者的投资回报。本文借鉴 Jegadeesh and Titman（1993）构建投资组合的方法，根据当月分析师评级或卖空比例构建投资组合并持有 6 个月，同时持有过去 5 个月分别形成的投资组合。

首先，作者分别利用分析师和卖空者的预测构建投资组合。研究发现超额回报随分析师评级的提高而减少，如果买入分析师评级最高的股票，卖空分析师评级最低的股票，会得到负的月度回报（-0.26%，$t=-2.03$），说明投资者跟随分析师评级反而会得到负的超额回报；超额回报随卖空比例的增加而减少，如果买入卖空比例最低的股票，卖空卖空比例最高的股票，会得到正的月度回报（0.56%，$t=-2.46$）。其中有趣的是，买入卖空比例最低的股票所产生的超额回报比卖空卖空比例最高的股票所产生的超额回报更为显著，说明卖空者不仅能识别哪些股票应该卖空，也能识别哪些股票应该买入。

其次，作者检验了是否可以通过同时利用分析师和卖空者的预测，提高超额回报。作者分别根据分析师评级和卖空比例将样本分为 5 组，再合并形成 55 个组合。第一种投资策略为投资分析师和卖空者意见一致的股票，买入分析师评级最高—卖空比例最低的股票，卖空分析师评级最低—卖空比例最高的股票，得到的超额回报在整个样本窗口和分时段窗口中虽然为正，但是并不显著；第二种投资策略为投资分析师和卖空者意见分歧的股票，买入分析师评级最低—卖空比例最低的股票，卖空分析师评级最高—卖空比例最高的股票，得到的超额回报在整个样本窗口和分时段窗口中显著为正。所以，研究发现，可以结合分析师和卖空者的预测，获得超额回报，尤其是采用投资分析师与卖空者意见分歧的股票投资策略，能有更高的超额回报。

本文的贡献主要有三点：

第一，本文补充了分析师与卖空者股票选择的差别研究，通过研究卖空者对基本面信息的使用，扩展了 Dechow et al.（2001）的研究。研究发现卖空者能更充分地利用基本面信息并且提供了增量信息，也证明了当分析师和卖空者预测有分歧时，与卖空者保持一致能够获得超额收益。

第二，本文补充了市场有效性的研究。过去研究主要集中在基本面信息和价格发现的关系，本文基于分析师和卖空者预测的不同，发现分析师会阻碍价格发现而卖空者可以促进价格发现。

第三，本文对卖空相关政策的制定有所启示。现在，美国和其他国家都在进一步规范卖空交易，但若监管者对卖空进行限制或者增加卖空的交易成本，那么可能会切断投资者的一个重要信息来源。

参考文献

Barniv, R., O. K. Hope, M. Myring, and W. B. Thomas. 2009. Do Analysts Practice What They Preach and Should Investors Listen? Effects of recent regulations. *The Accounting Review* 84: 101-1039

Boehmer, E., C. M. Jones, and X. Zhang. 2008. Which Shorts Are Informed? *The Journal of Finance* 63: 491-527

Bradshow, M. T. 2004. How Do Analysts Use Their Earnings Forecasts in Generating Stock Recommendation? *The Accounting Review* 79: 25-50

Bradshow, M. T., S. A. Richardson, and R. G. Sloan. 2001. Do Analysts and Auditors Use Information in Accruals? *Journal of Accounting Research* 39: 45-74

Dechow, P. M., A. P. Hutton, L. Meulbroek, and R. G. Sloan. 2001. Short-sellers, Fundamental Analysis, and Stock Returns. *Journal of Financial Economics* 61: 77-106

Jegadeesh, N., and S. Titman. 1993. Returns to Buying Winners and Selling Losers: Implication for Stock Market Efficiency. *The Journal of Finance* 48: 65-91

Jegadeesh, N., and J. Kim, S. D. Krische, and C. M. C. Lee. 2004. Analyzing the Analysts: When Do Recommendations Add Value? *The Journal of Finance* 59: 1083-1124

Lakonishok, J. , A. Shleifer, and R. W. Vishny. 1994. Contrarian Investment, Extrapolation, and Risk. *The Journal of Finance* 49: 1541-1578

La Porta, R. 1996. Expectations and the Cross-section of Stock Returns. *The Journal of Finance* 51: 1715-1742

Sloan R. G. 1996. Do Stock Prices Fully Reflect Information in Accruals an Cash Flows about Future Earnings? *The Accounting Review* 71: 289-315

第 5 章

基于会计信息的价值评估模型研究

5.1 本章概述

价值投资之父本杰明·格雷厄姆（Benjamin Graham）有一句很著名的话：价格是投资者付出的成本，价值是投资者得到的补偿（Price is what you pay，and value is what you get）。投资者投资的目标是取得回报，即价格和价值之差。股票价格很容易取得，但价值却是一个看不到、摸不着的东西，因此价值评估就成为投资研究中的一个重要问题。缺乏可靠的、科学的价值评估，投资行为就容易进入投机状态，最终导致市场泡沫的反复出现。

历史上出现了若干个比较流行的股票定价模型，如戈登增长模型、股利折现模型、现金流折现模型，以及对比定价方法。这些模型都在不同的环境下发挥了价值评估的作用，但是在整体上缺乏一致性和普遍适用性。例如，股利折现模型很难应用到大量不发放股利或者股利政策十分稳定，股利不随企业盈利能力变化而变化的股票定价中。现金流折现模型面临着大量的成长型企业，价值在不断增加，但现金流由于企业膨胀而长期为负的困境。对比定价法理论上缺乏可靠的依据，现实中应用起来会加剧市场错误定价。

在这些定价模型中，一个显著的特点是会计信息没有被充分应用到定价中。这是很令人吃惊的。之所以令人吃惊是因为在证券市场上，会计信息发挥着巨大的作用。投资者密切关注上市公司的会计年报、季报，对企业盈余的变化做出强烈的反应。而上市公司也对自己汇报的盈余极为重视，出于不同的目的，企业进行盈余管理，甚至不惜冒着法律风险操纵企业的利润。这些现象说明会计信息对企业的价值评价起着决定性的作用。但是过去的证券定价模型对会计信息的应用十分有限。学术界和投资界都需要一个基于会计信息的证券定价模型的出现。

Ohlson（1995）① 及其后一系列文章创立并逐步完善了基于会计信息的剩余收益定价模型（residual income valuation model），初步完成了这个任务。这篇经典文章的贡献在于它把会计报告中的每股收益、每股权益直接和股票价值联系起来，给会计信息以生命力，给证券价值评估以坚实的会计基础。

剩余收益定价模型可以表述如下：

$$V_0^E = Equity_0 + \sum_{t=1}^{\infty} \rho_E^{-t} RE_t$$

我们现在所在的评估时点是0期期末（1期期初）。式中，V_0^E是评估时点股东权益内在价值；$Equity_0$是0期期末（1期期初）每股股东权益账面价值；ρ_E是股东权益折现率（资本成本，这里已经加了1）；RE_t是t（$t=1$，2，3，…）期的剩余收益，剩余收益具体定义为：

$$\begin{aligned} RE_t &= NI_t - (\rho_E - 1) \times Equity_{t-1} \\ &= [ROE_t - (\rho_E - 1)] \times Equity_{t-1} \end{aligned}$$

式中，NI_t是第t期的每股收益。从该定义可以看出，一个企业在任何一个会计期间的剩余收益等于其当期净利润减去股东权益应该在本期间内得到的预期回报后的余额，可以将其理解为超额收益。而股票的内在价值等于未来所有期间剩余收益的现值之和加上本期期初股东权益账面价值。

① Ohlson，J. A.. 1995. Earnings，Book Values and Dividends in Security Valuation. *Contemporary Accounting Research* 11：661-687.

剩余收益模型是依据股利折现模型，辅以一定的关于会计数据之间关系的假设推导出来的。如果我们知道未来所有期间的会计和股利信息，这两个模型得出的内在价值评估应该是完全一样的。但是，这个模型和股利折现模型及现金流定价模型有几点重要的区别。

第一，这个模型是基于会计数据的，它确定了应计制会计信息在价值评估中的作用。在此之前，虽然价值评估模型使用者特别关注企业的会计信息，但是关注的出发点是会计信息如何预测未来现金流，而会计信息本身一直不能直接成为价值评估的“原料”，因为之前的价值评估模型不直接使用会计数据。

第二，其他定价模型使用的“原料”都是流量价值，而剩余收益模型利用了流量和存量价值。它一方面使用未来期间的每股收益，另一方面又使用了存量价值——每股股东权益。换句话说，剩余收益模型既使用了损益表信息，又使用了资产负债表信息。

第三，因为使用了存量信息，在预测期内（例如五年内），剩余收益模型能够比其他模型抓住更多的预测可靠性比较高的信息。也就是说，五年内的预测数据（含预测期期初每股股东权益）可靠性比较高，一个模型利用的可靠性高的信息越多，其价值评估中猜测的成分（五年以后远期预测所代表的价值）越小，整个预测的准确性就越高。

因此，从理论上讲，剩余收益折现模型有优越性，并且大多数情况下适用性好于其他模型。例如，当一个企业膨胀很快，自由现金流持续为负的时候，现金流折现模型就不适用，但是在这种情况下，剩余收益模型往往可以适用。一般来说，当现金流定价模型不适用的时候，剩余收益模型可能适用，但是当剩余收益模型不适用的时候，现金流定价模型基本也不适用。①

Ohlson (1995) 模型出现以后，后续学术研究集中于两个方面，一方面是对该模型的拓展，另一方面是对该模型优越性的评估。前者以 Feltham and Ohlson (1995)②，以及 Ohlson 教授其后发表的一系列文章为代表。后

① 关于价值评估模型之间比较的具体例子，可参见姜国华：《财务报表分析与证券投资》，第11章，北京，北京大学出版社，2008。

② Feltham, G. A., and J. A. Ohlson. 1995. Valuation and Clean Surplus Accounting for Operating and Financial Activities. *Contemporary Accounting Research* 11: 689-732.

者的代表是本书回顾的 Dechow et al.（1999）和 Lee and Swaminathn（1999）。这些文章使用实际数据，把剩余收益定价模型具体化，应用到证券定价中，来评估这个模型的优点、缺点和适用性。本书还回顾了 Liu and Ohlson（2000），在这篇文章中，作者对剩余收益定价模型实证检验中应该注意的一个重要问题——稳健性会计原则的影响做了论述。综合来讲，虽然剩余收益定价模型的实证检验指出了该模型的一些问题，但是总体上肯定了该模型作为一种新的证券定价模型的价值和优越性，尤其是指出了该模型在实际应用中一些参数选取时应该注意的问题。

Ohlson（1995）发表以后，对剩余收益模型在投资界应用发挥了最大贡献的应该是 Stephen Penman 教授，他在 2000 年出版了《财务报表分析与证券价值评估》一书。该书系统地论述了剩余收益定价模型，并对会计三大报表进行了改造，使三大报表符合剩余收益模型的应用格式，然后进行盈余预测并完成基于剩余收益模型的价值评估。该书出版以后受到很大欢迎，迄今已经出版了第六版，并翻译成多种语言，包括中文版。现在，剩余收益定价模型正越来越多地出现在投资分析师报告中。

一方面，我国股票市场在经历了十几年的起伏跌宕以后，监管机构和广大投资者正越来越强调价值投资理念的重要性。因此，研究各种价值评估模型，包括剩余收益定价模型，是未来会计学术研究的一个重要方向。通过借鉴国外学术界的研究成果，我们可以检验现有模型在我国证券市场上的适用性。在这方面，我国的学术研究已经取得了一定的成绩。

另一方面，价值评估模型的拓展应该是一个重要的研究方向。现有模型主要是基于历史会计信息。在预测未来方面，历史会计信息固然重要，但是在预测时间点上的宏观信息、行业信息、企业非财务信息对预测未来同样十分重要。而这些信息往往没有体现在历史会计信息中，也不一定充分体现在对未来会计信息的预测当中。拓展价值评估模型的一个出发点可以是构建一个综合宏观、行业、企业非财务信息及企业财务信息的定价体系。这方面的研究应该引起会计学术界的注意。

任何价值评估模型使用的“原料”都是未来盈利能力的预测。因此，本章的内容和第 2 章、第 3 章、第 4 章的内容有机地结合了起来。第 2 章、第

3 章、第 4 章分别介绍了基于会计数据时间序列、扩展会计信息和分析师预测的未来盈余预测研究。这些研究的结果为投资者提供更准确的未来会计信息的预测，而这些预测应用到本章回顾的价值评估模型中，可以为投资者提供更准确的证券投资的决策基础。

但是，任何未来会计信息预测的质量除了取决于预测方法是否科学外，还取决于作为预测基础的过去会计信息的质量。如果过去的会计信息不准确，基于这些信息的预测就不准确，不论预测方法多么有效。影响会计信息质量的一个重要问题是盈余管理和盈余操纵。虚假的过去信息必然导致低质量的未来预测。学术界注意到了这个问题，因此开展了大量的盈余管理和盈余操纵研究。我们将在第 6 章中回顾这方面的研究。

5.2 Feltham-Ohlson（1995）模型：实证含义

Liu, J., and J. Ohlson. 2000. The Feltham-Ohlson (1995) Model: Empirical Implications. *Journal of Accounting, Auditing & Finance* 15: 321-331

会计盈余的信息含量在 20 世纪 90 年代以前得到了广泛的证实，但是会计盈余究竟是如何与股票价格联系起来的，在会计理论界却一直缺乏一个可靠的模型，这不仅使得会计实证研究缺乏可靠的理论基础，也使得人们对于会计盈余的价值产生了质疑。毋庸置疑，Ohlson（1995）和 Feltham-Ohlson（1995）的理论研究填补了这一空白。Ohlson 的理论研究虽然简单却非常可靠地将股票价格表达成了会计盈余的模型，这不仅使我们对于股票价格的基本面因素有了更深的认识，更为会计实证研究提供了一个有效的理论模型。应当说，Ohlson 的理论研究是最近 20 年会计研究界最重大的成就之一。在 Ohlson 模型提出后，有很多实证研究采用了这个模型，但是正如 Liu and Ohlson（2000）所说，这些实证研究都是用实现的盈余和公司账面价值作为公司市值的解释变量，而忽略了 Feltham-Ohlson（1995）模型（以下简称 FO 模型）中一个非常重要的方面：稳健性会计处理对于公司市值与会计盈余之间关系的影响。稳健性会计之所以在基于 FO 模型的实证研究中非常重要，是因为公认会计准则几乎都是建立在稳健性原则之上的，而稳健性会计会使会计盈余和经营性资产的增长也成为公司市值的重要解释变量。这一点在过去的实证研究中都被忽略了，而 Liu and Ohlson（2000）针对这一点对 FO 模型的实证含义展开讨论，他们关注的核心问题是“我们如何理解和计量预期增长对公司市值的解释作用”。

首先我们简要地将 FO 模型的基本假设和结论讨论一下。我们用 oa_t 代表公司的经营性资产（扣减了经营性负债后的净额）；ox_t 代表公司的营业利润；fa_t 代表公司的融资性资产（扣减了融资性负债后的净额）；i_t 代表公司融资活动的利润；$b_t = fa_t + oa_t$ 代表公司的股东权益；$x_t = i_t + ox_t$ 代表公司的净利润；P_t 代表公司的市值；d_t 代表公司的净股利支出；c_t 代表公司的自由现金流；R 代表折现率；$x_t^a = x_t - (R-1)\ b_{t-1}$ 代表公司的超额利润；$ox_t^a = ox_t - (R-1)\ oa_{t-1}$ 代表公司的超额营业利润。在四个基本假设：（1）$P_t = \sum_{\tau=1}^{\infty} R^{-\tau} E_t[\tilde{d}_{t+\tau}]$；（2）净剩余会计：$fa_t = fa_{t-1} + i_t - d_t + c_t$ 和 $oa_t = oa_{t-1} + ox_t - c_t$；（3）净利息关系：$i_t = (R-1) fa_{t-1}$；（4）线性信息机制：$o\tilde{x}_{t+1}^a = \omega_{11} o\, x_t^a + \omega_{12} oa_t + v_{1t} + \tilde{\varepsilon}_{1t+1}$，$o\tilde{a}_{t+1} = \omega_{22}\, oa_t + v_{2t} + \tilde{\varepsilon}_{2t+1}$，$\tilde{v}_{1t+1} = \gamma_1 v_{1t} + \tilde{\varepsilon}_{3t+1}$，$\tilde{v}_{2t+1} = \gamma_2 v_{2t} + \tilde{\varepsilon}_{4t+1}$（$v_{kt}$ 代表了预测今后超额收益时除公开会计信息以外的其他信息），以及对参数的一定限制条件下，我们可以得到 FO 模型：

$$P_t = b_t + \alpha_1 ox_t^a + \alpha_2 oa_t + \beta_1 v_{1t} + \beta_2 v_{2t}$$

式中，$\alpha_1 = \omega_{11}/(R-\omega_{11}) \geqslant 0$，$\alpha_2 = \omega_{12} R/(R-\omega_{11})(R-\omega_{22}) \geqslant 0$，$\beta_1 = R/(R-\omega_{11})(R-\gamma_1) > 0$，$\beta_2 = \alpha_2/(R-\gamma_2) \geqslant 0$。我们最关心的就是 ω_{12} 这个参数，如果 $\omega_{12}=0$ 就说明会计盈余是无偏的，这样 α_2 和 β_2 都等于 0，FO 模型中第三项和第五项就不存在。但是稳健性会计原则必然导致 $\omega_{12}>0$，也就是未来的超额利润不仅来自未来公司的成长，也来自当期的稳健性会计所没有记录的价值。在稳健性会计原则下，必然会导致当 $\tau \to \infty$ 时 $E_t[\tilde{P}_{t+\tau} - \tilde{b}_{t+\tau}] > 0$，此时 FO 模型中的第三项和第五项就不再为 0。而当 oa_t 和 v_{2t} 是公司市值的解释因素时，上面提到的线性信息机制的第二和第四个关系式就是有价值的。

这两个等式决定了公司的长期和短期预期经营性资产的增长；线性信息机制第五个等式说明公开会计信息之外的其他信息也是决定公司市值的重要因素。这些所谓的其他信息是可以通过分析师预测与公开会计信息近似地推算出来的。下面我们在假设 $E_t[o\widetilde{x}^a_{t+1}]$ 和 $E_t[o\widetilde{a}_{t+1}]$ 可观测的条件下，讨论 FO 模型的实证含义。通过简单的变形可以得到 FO 模型的下述形式：

$$P_t=b_t+k_1ox^a_t+k_2E_t[o\widetilde{x}^a_{t+1}]+k_3oa_t+k_4E_t[o\widetilde{a}_{t+1}]$$

式中，$k_1\leqslant0$，当且仅当 $\gamma_1=0$ 或 $\omega_{11}=0$ 时等号成立；$k_2>0$；$k_3\leqslant0$，当且仅当 $\omega_{12}=0$ 或 $\gamma_1=\gamma_2=0$ 时等号成立；$k_4\geqslant0$，当且仅当 $\omega_{12}=0$ 时等号成立。这一变形说明：(1) 市场预期的未来超额收益以及未来经营性资产和公司已实现的超额收益及经营性资产共同解释了公司的市值。(2) 更重要的是，在稳健性会计原则下（即 $\omega_{12}>0$ 时），$k_3<0$ 且 $k_4>0$，除了公司的超额利润和股东权益，公司的经营资产也是公司市值的解释变量，而这一点在以前的实证研究中往往都被忽略了。(3) 在稳健性会计下，$k_1<0$ 且 $k_3<0$，这看起来非常奇怪，为什么公司当期的经营性资产和超额收益会与公司的市值存在一种负向的关系呢？这仿佛与我们的直觉是不相符的。但是仔细研究假设中的线性信息机制，就不难发现 k_1 和 k_3 的符号恰恰说明了公司预期的成长对市值的影响。为了更清楚地表达这一点，我们将上一等式进一步变形：

$$\frac{P_t}{oa_t}=\frac{fa_t}{oa_t}+\lambda_1\frac{E_t[\Delta o\widetilde{x}_{t+1}]}{oa_t}+\lambda_2\frac{E_t[o\widetilde{x}_{t+1}]}{oa_t}+\lambda_3\frac{oa_t}{oa_t}+\lambda_4\frac{E_t[\Delta o\widetilde{a}_{t+1}]}{oa_t}$$

在稳健性会计下，系数满足：$\lambda_1\geqslant0$，$\lambda_2>0$，$\lambda_3\geqslant0$，$\lambda_4>0$。由上式可以看出，公司的市值有以下解释变量：(1) 财务杠杆变量 $\frac{fa_t}{oa_t}$，系数为 1；(2) 营业利润的预期增幅除以经营性资产，系数非负；(3) 预期的下一期经营性资产收益率 $\frac{E_t[o\widetilde{x}_{t+1}]}{oa_t}$，系数为正；(4) 预期的下一期经营性资产增长率 $\frac{E_t[\Delta o\widetilde{a}_{t+1}]}{oa_t}$，系数为正；(5) 截距项非负。

以上就是 FO 模型的实证含义。尽管上面的分析使我们很清楚地认识到了 FO 模型的实证预测，但是如果真正展开实证分析，还将面临一个重要的问题，那就是会计计量问题。上面所提到的变量都是在一定前提假设下归纳出来的，因此在实证分析中对于变量的会计计量问题必须最大限度地符合 FO 模型的假设条件。比如如何将公司的资产分拆为经营性资产和融资性资产，另外就是如何有效地衡量这些预期变量。在美国资本市场，由于分析师预测非常活跃，因此可以用分析师的盈利预测来计量预期的营业利润。但是预期的营业性资产增长一般是缺乏分析师预测的，变通的做法就是用分析师的中长期盈利增长预测或销售收入增长预测来替代。

总的来说，Liu and Ohlson（2000）为我们进行实证研究树立了典范。这篇文章纠正了以往应用 FO 模型实证研究中忽略的一个基本会计问题，即稳健性会计原则对实证设计的影响。在稳健性会计原则下，公司经营性资产的账面价值和市值是不同的，因此经营性资产也是公司市值的一个重要解释变量。同时，在稳健性会计原则下，公开会计信息以外的其他信息也能解释公司的市值。通过严格的理论分析，这篇文章推导出了 FO 模型的可靠实证含义：预期的营业利润增长以及预期的经营性资产增长都是公司市值不可缺少的解释变量。此外，这篇文章还说明，预期的营业利润和经营性资产的增长应当能比已实现的营业利润和经营性资产更好地解释公司的市值。如果实证结果恰恰相反，只能说明分析师预测的数据不能有效反映整个市场的预期。

这篇文章虽然是一篇理论研究论文，但它的真正贡献在于帮助我们理解如何才是进行实证研究的正确方法。实证研究并不是简单地找一些变量进行回归，而应当是基于我们对模型的理解、限制条件和假设的把握，以及对会计计量可能导致问题的处理。比如通过这篇文章的分析可以看到 FO 模型的基本假设中包含稳健性会计的情况，但是过去的实证分析都是使用了无偏会计盈余情况下的 FO 模型，因而忽略了预期增长这一重要变量。另外，这篇文章对于使用 FO 模型进行实证研究还可能涉及的两个会计问题进行了探讨，一是稳健性会计导致的对公司经营性资产和融资性资产的区分，另一个就是如何将盈余外的其他信息也纳入到 FO 模型的分析框架中。这两个问题看似很普通，但是对于这两个问题的处理却对实证检验的可靠性带来了极大的挑战。这篇理论性论文实际上教会了我们如何在实证文章中的研究设计部分提出正确的模型，实证研究不是简单的计量统计，而是对于理论、会计计量和数据结构的一种融会贯通。只有做到上述几点，才可能完成一篇优秀的实证性研究论文。

参考文献

Feltham，G.，and J. Ohlson. 1995. Valuation and Clean Surplus Accounting for Operating and Financial Activities. *Contemporary Accounting Research* 11：689-731

Liu，J.，and J. Ohlson. 1995. The Feltham-Ohlson（1995）Model：Empirical Implications. *Journal of Accounting*，*Auditing & Finance* 15：321-331

Ohlson，J.. 1995. Earnings，Book Values，and Dividends in Equity Valuation. *Contemporary Accounting Research* 1：661-687

5.3 对剩余收益价值评估模型的实证评估

Dechow，P. M.，A. P. Hutton，and R. G. Sloan. 1999. An Empirical Assessment of the Residual Income Valuation Model. *Journal of Accounting and Economics* 26：1-34

如何有效评估公司的真实价值是学术界和实务界不断研究的课题。已经存在的评价方法有资产价值评价法、现金流量折现评价模型、价格乘数评价法等。相比而言，Ohlson（1995）提出的剩余收益价值评估模型（residual income valuation model）及此后一系列修正模型在资本市场的权益评价模型中得到了肯定和广泛的应用。

Ohlson 模型是会计基础评价模型，其特色在于，可将会计政策的裁决性、未来盈余的预测、参数估计等因素的影响减至最低以提升权益评价的准确性。现有文献认为，Ohlson 在两个方面有开创性的贡献：一是相比基于短期预测的股利折现和现金流折现模型而言，Ohlson 模型能更好地预测、解释股价（Bernard，1995；Penman and Sougiannis，1996；Francis et al.，

1997)；二是该模型相比现在流行的其他模型更能完整地进行价值评估(Frankel and Lee，1998)。

本文对 Ohlson（1995）的剩余收益价值评估模型进行了实证评估。分析的重点在于结合了 Ohlson 剩余收益资讯动态。过去关于剩余收益价值评估模型的研究（Whitbeck and Kisor，1963；Malkiel and Cragg，1970；Kothari and Zimmerman，1995）忽略了剩余收益的资讯动态，强调将当期或者预测的盈余应用在股利折现模型上，而未采用账面价值或剩余收益。

Ohlson 模型中的公式用一个简洁的框架整合了盈余信息、账面价值和盈余预测。而过去很多实证研究中用到的估值模型其实是 Ohlson 模型的一些特殊情况，但是本文也发现，除了分析师用来预测下一年盈余所用的信息以外，过去的盈余信息和账面价值对股价的解释能力是相对较弱的。所以该模型相对基于分析师盈余预测和传统的基于股利折现的方法而言，在进行实证研究过程中得到的改进甚微，但资讯动态的引入为未来的估值研究提供了很好的框架。

文章回顾了 Ohlson 剩余收益价值评估模型的公式以及模型的实证推论。Ohlson 模型的提出基于以下三个假设。

假设一：价格等于预期股利折现值。

$$P_t = \sum_{\tau=1}^{\infty} \frac{E_t[d_{t+\tau}]}{(1+r)^{\tau}} \tag{1}$$

式中，P_t为 t 期公司权益价格；d_t 为 t 期发放的净现金股利；r 为折现率；E_t［ ］为 t 期信息环境下预期值运算子。

假设二：全含所得关系（clean surplus accounting relation)。

$$b_t = b_{t-1} + x_t - d_t \tag{2}$$

式中，b_t为 t 时期的权益账面价值；x_t为 $t-1$ 时期到 t 时期期间的盈余。

以上两式整合经过数学变化后可得

$$P_t = b_t + \sum_{\tau=1}^{\infty} \frac{E_t[x_{t+\tau} - rb_{t+\tau-1}]}{(1+r)^{\tau}} - \frac{E_t[b_{t+\infty}]}{(1+r)^{\infty}} \tag{3}$$

式（3）的最后一项假设为 0，同时剩余收益或者说超额盈余可定义为：

$$x_t^a = x_t - rb_{t-1}$$

则价格可以表示成账面价值和未来超额收益的折现值：

$$P_t = b_t + \sum_{\tau=1}^{\infty} \frac{E_t[x_{t+\tau}^a]}{(1+r)^\tau} \tag{4}$$

式（4）即为剩余收益版的股利折现模型。Frankel and Lee（1998）利用式（4）对超额收益进行三个区间的预期，得到式（5）：

$$P_t = \frac{d(1)_t}{(1+r)} + \frac{d(2)_t}{(1+r)^2} + \frac{f(3)_t}{(1+r)^2 r} \tag{5}$$

式中，$f(i)_t$为t时期分析师对$t+i$期盈余预测的多数一致值；$d(i)_t$为t时期对$t+i$期股利的预测。

可以发现其中账面价值已经被替代了。因此如果明确几期的盈余预测和账面价值（即也明确股利），则可以用式（5）来进行估值（Frankel and Lee，1998；Francis et al.，1997）。

假设三：剩余收益线性资讯动态性。

$$x_{t+1}^a = wx_t^a + v_t + \varepsilon_{1,t+1} \tag{6a}$$

$$v_{t+1} = \gamma v_t + \varepsilon_{2,t+1} \tag{6b}$$

式中，v_t为未来超额收益的所含信息；$\varepsilon_{i,t}$为不能预测的均值为 0 的干扰项；w 和 γ 为小于 1 的非负固定参数。则考虑假设三后的剩余收益估值模型为：

$$P_t = b_t + \alpha_1 x_t^a + \alpha_2 v_t \tag{7}$$

式中，$\alpha_1 = w/(1+r-w)$，$\alpha_2 = (1+r)/[(1+r-w)(1+r-\gamma)]$。这个估值模型不需要未来股利的预测和终值价值假设。式（6a）、式（6b）、式（7）体现了 Ohlson（1995）最初的思想。

然后作者进行了研究设计和变量表征。首先作者对以往研究中 Ohlson 模型的应用做了归类，如附录中的表 1 所示，不同的应用基于不同的假设条件。其中 r 为折现率，假设为 12%。b_t为t年末的权益账面价值。参数 w 取 0，1，无条件估计 w^u和有条件估计 w^c，w^u是从 1950 年到预测年度进行时间序列横截面数据的超额收益的一阶自回归系数，w^c是对 1950 年到预测年

度进行回归模型中 w 的估计值，这个回归模型将在下文提到。γ 取值为 0，1 和无条件估计 γ^w，其中 γ^w 是 v_t，即其他信息变量（other information）的一阶自回归系数，同样也是从 1950 年到预测年度进行时间序列横截面数据的回归。其中 $v_t = f_t^a - w^u x_t^a$，而 t 时期对下一时期的超额收益一致预测为 $f_t^a = f_t - rb_t$，f_t 为 t 年盈余公布后的下一年即 $t+1$ 年的一致盈余预测，来源于 I/B/E/S 数据库。本文对这些假设的应用进行了举例，如 Easton and Harris（1991）；Barth（1991）；Kothari（1992）；Kothari and Zimmerman（1995）；Penman and Sougiannis（1996）；Whitbeck and Kisor（1963）；Vander, Weider and Carleton（1988）；Frankel and Lee（1998）；Lee et al.（1998）；Francis et al.（1997）；Bernard（1995）。

文章的数据来源于三个数据库。历史财务数据来自 Compustat，主要的实证分析用了 1976—1995 年的年报数据。股票收益数据用到了 Center for Research in Security Prices（CRSP）数据库中股利回报和买入持有回报。分析师预测数据来自 I/B/E/S 数据库。总共得到了 50 133 个观测值。同时，本文采用每股数据，并排除了非经常项目。然后本文对表 1 中的各个参数提供了自己的估计方法，上文提到的有条件估计 w^c 是考虑了各种会计信息的操纵因素进行超额收益自回归得到的估计。

本文从四个方面对模型做了评估。

第一，从五个因素检验了超额收益的时间序列特性。

（1）检验了包含一个滞后因子的自回归方程，其系数为 0.62，t 检验为 138.31，所以 w 显著不同于极值 0 和 1。作者发现，$w=w^u$ 模型和随后的超额收益线最吻合，$w=0$ 在预测短期超额收益上不明显，但在预测长期收益上相对显著。

（2）加入其他滞后因素后的一阶自回归仍然能合理预测超额收益。

（3）在自回归模型中加入账面价值因素，发现呈显著负相关。Feltham and Ohlson（1995）解释可能是激进会计报告的表现。

（4）考虑一些短期会计项目，股利收益和行业内超额收益的历史水平因素等都在自回归模型中显著相关。说明滞后现象是系统的和可预测的，Ohlson 模型中对 w 的有条件估计能为未来超额收益的预测提供解释能力。

（5）对其他信息变量 v 进行自回归发现其系数 γ 估计值为 0.32，同样显著不同于极值 0 和 1，说明对 γ 的估计越精确也能提高预测能力。

第二，文章预测了下一期的超额收益。通过包含其他信息和不包含其他信息两组模型假设进行测试，发现忽略了其他信息时，不同假设下分析师预测的准确度差不多且都有些过分自信的预测偏见。而考虑了其他信息比单纯从历史数据的时间序列获取的预测值要精确，说明了其他信息的重要性。

第三，文章解释了对同期股价的预测影响。发现如果不考虑其他信息，形成的预测将低估权益的价值，有很大的预测偏差。假设 $w=1$ 下，对解释长期超额收益的能力很差，而长期超额收益用来计算股价，所以对股价的预测能力也很差。假设 $w=w^e$ 在不包括其他信息的情况下，预测下一期的超额收益是具有最好的准确性的，但是在预测股价的时候却不是最准确的，这说明股价不能体现对未来超额收益的理性预期。同样考虑了其他信息下的假设 $w=1$ 和 $\gamma=0$ 具有最好的准确性也说明了这一点解释。

随后在放开任何假设约束的情况下，考察了股价与账面价值、超额收益及分析师预测之间的关系，发现分析师对下一年盈余的预测和股价显著正相关，说明分析师预测包含公司价值外的其他信息。文章发现相对当期超额收益而言，股价与账面价值有很大相关性，而相对账面价值而言，与分析师对下一年的预测的关系更大，一种解释是被 Ohlson 模型误导了，另一种解释是投资者的高估导致股价不能体现超额收益的非理性预期。

第四，对未来股价的预测。本文检验了考虑和忽略其他信息两种情况下的一年后套利组合回报率。发现在忽略其他信息时，假设 $w=w^e$ 有最好的预测能力，其套利组合回报率为 9.9%，t 检验为 2.44。此外，考虑其他信息对同时期股价有很好的预测能力，但是忽略其他信息对未来股价有很好的预测能力。所以随后检验了每个假设忽略其他信息后，对下一期盈余的预测误差，发现这些误差都是系统性的。

本文是对 Ohlson（1995）模型的一个实证评估，贡献在于强调了 Ohlson 模型假设的关键是提出了资讯动态，也就是超额收益预期信息。通过实证研究发现，考虑资讯动态能更好地利用分析师盈余预测解释随后的股价。而投资者在看重分析师预测信息的同时，相对看轻当前盈余和账面价值所体现的信息，则模型对股价的解释力度会更强。尽管模型的实证支持不是十分明确，但是 Ohlson（1995）确实为以后的实证研究提出了很好的框架。

参考文献

Bernard，V.. 1995. The Feltham-Ohlson Framework: Implications for Empiricists. *Contemporary Accounting Research* 11：733－747

Barth，M. E.. 1991. Relative Measurement Errors among Alternative Pension Asset and Liability Measures. *Accounting Review* 66：433－463

Easton，P. D.，and T. S. Harris. 1991. Earnings as an Explanatory Variable for Returns. *Journal of Accounting Research* 29：19－36

Feltham，G. A.，and J. A. Ohlson. 1995. Valuation and Clean Surplus Accounting for Operating and Financial Activities. *Contemporary Accounting Research* 11：689－732

Francis，J.，P. Olsson，and D. Oswald. 1997. Comparing the Accuracy and Explainability of Dividend，Free Cash Flow and Abnormal Earnings Equity Valuation Models. Working paper，University of Chicago

Frankel R.，and C. M. C. Lee，1998. Accounting Valuation，Market Expectation，and Cross-Sectional Stock Returns. *Journal of Accounting and Economics*，25：283－319

Kothari，S. P.. 1992. Price-Earnings Regressions in the Presence of Prices Leading Earnings: Earnings Level versus Earnings Change Specifications and Alternative Deflators? *Journal of Accounting and Economics* 15：173－202

Kothari，S. P.，and J. Zimmerman. 1995. Price and Return Models. *Journal of Accounting and Economics* 20：155－192

Lee，C. M.，C. J. Myers，and B. Swaminathan. 1998. What is the Intrinsic Value of the Flow? Working paper，Cornell University

Malkiel，B.，and J. Cragg. 1970. Expectations and the Structure of Share Prices. *American Economic Review* 60：601－617

Ohlson，J. A.. 1995. Earnings，Book Values and Dividends in Security

Valuation. *Contemporary Accounting Research* 11：661-687

Penman，S. H.，and T. Sougiannis. 1996. A Comparison of Dividend，Cash Flow and Earnings Approaches to Equity Valuation. Working paper，University of California，Berkeley

Vander Weider，J. H.，and W. T. Carleton. 1988. Investor Growth Expectations：Analysts vs. History. *Journal of Portfolio Management* 14：78-82

Whitbeck，V.，and M. Kisor. 1963. A New Tool in Investment Decision Making. *Financial Analysts Journal* 19：55-62

附录

表 1　　不同估值模型的总结

超额盈余参数	其他信息参数			
	忽略其他信息	$\gamma=0$	$\gamma=1$	$\gamma=\gamma^{w}$
$w=0$	$E_t[x_{t+1}^a]=0$ $P_t=b_t$	$E_t[x_{t+1}^a]=f_t^a$ $P_t=b_t+\frac{f_t^a}{(1+r)}$	$E_t[x_{t+1}^a]=f_t^a$ $P_t=\frac{f_t}{r}$	$E_t[x_{t+1}^a]=f_t^a$ $P_t=b_t+\frac{1}{(1+r-\gamma^{w})}f_t^a$
$w=1$	$E_t[x_{t+1}^a]=x_t^a$ $P_t=\frac{x_t}{r}+x_t-d_t$	$E_t[x_{t+1}^a]=f_t^a$ $P_t=\frac{f_t}{r}$	未考虑	未考虑
$w=w^{\mu}$	$E_t[x_{t+1}^a]=w^{\mu}x_t^a$ $P_t=b_t$ $+\frac{w^{\mu}}{(1+r-w^{\mu})}x_t^a$	$E_t[x_{t+1}^a]=f_t^a$ $P_t=b_t$ $+\frac{1}{(1+r-w^{\mu})}f_t^a$	未考虑	$E_t[x_{t+1}^a]=f_t^a$ $P_t=b_t+\frac{w^{\mu}}{(1+r-w^{\mu})}x_t^a$ $+\frac{(1+r)}{(1+r-w^{\mu})(1+r-\gamma^{w})}v_t$
$w=w^{f}$	$E_t[x_{t+1}^a]=w^{f}x_t^a$ $P_t=b_t$ $+\frac{w^{f}}{(1+r-w^{f})}x_t^a$	未考虑	未考虑	未考虑

5.4 道琼斯指数股票的内在价值

Lee, C., J. Myers, and B. Swaminathan. 1999. What is the Intrinsic Value of the Dow? *Journal of Finance* 54: 1693-1741

金融、会计学界都认为，公司股票的内在价值等于其预期未来股利的折现值。但是，在学术界真正试图计量股票内在价值的研究却非常少。出现这种现象的原因在于很多学者认为股价就是股票内在价值可以观测的最佳预测值，在这种背景下计量股票内在价值的基础性分析被认为是没有太大实际意义的。但是，最近几年的行为金融研究却发现由于市场上存在信息不对称和套利成本，市场的套利行为需要较长的时间才能将股票价格调整到其内在价值上。所以，一个更符合市场实际情况的假设是股票价格及其内在价值是一个动态连续的收敛过程，而非一个静态的相等过程。在这样的背景下，研究股票内在价值的可靠计量方法就显得非常重要，而 Lee et al.（1999）的价值就在于此。

Lee et al.（1999）这篇文章通过实证的方法比较了多种计量股票内在价值的方法，试图找到道琼斯指数股票内在价值最为可靠的计算方法。作者假设公司的股价并不是一直都等于其内在价值，而是可以偏离其内在价值的。这种偏离可能是由噪音交易造成的（Shiller，1984；DeLong et al.，1990），也可能是在一个噪音理性预期背景下由没有信息条件下的交易造成的（Wang，1993）。这种价格和价值的偏离程度和偏离时间是由套利成本决定的。作者进一步认为股票价格及其内在价值在时间序列上是一个共同体，即股价与内在价值是一个长期的收敛关系。文章中比较的内在价值计量方法都是目前实务界和理论界较为常用的基本面分析计量方法，包括市净率、市盈率、股利回报率和剩余收益模型等。

对于不同内在价值计量方法的比较，文中采用了两个标准。作者首先假设公司的股票价格 P_t是其内在价值 V_t^* 的市场估计值，而由计量模型计算出的内在价值估计值为 V_t。这三者之间的关系满足：（1）$\log(P_t)=\log(V_t^*)+\varepsilon_t$；

(2) $\log(V_t)=\log(V_t^*)+\omega_t$，其中 ε_t 为市场的定价错误，ω_t 为 V_t 的计量误差。由于 V_t^* 是不可观测的，因此将上面两式相减可以得到：$\log(V_t/P_t)=\omega_t-\varepsilon_t$。市场定价错误 ε_t 的时间序列特征是由市场决定的，而不在计量方法的控制之内；一个内在价值较好的计量估计模型应当尽量控制其计量误差 ω_t，使该误差的时间序列均值为零、方差更小，并且最好能够预测今后的回报率。

作者提出了内在价值计量估计方法的比较标准：（1）更好的内在价值计量估计方法应该使得 V/P 在时间序列上有更小的标准差，同时均值回归的速度更快；（2）更好的内在价值计量估计方法应该使得 V/P 能够更好地预测未来的回报率。

Lee et al.（1999）的研究方法采用的是时间序列的方法，时间间隔单位为月，选取的样本是 1963 年 5 月至 1995 年 6 月这一时间段内的道琼斯工业指数股票，并且剔除了有缺失值和股东权益为负的样本，最后得到的 1968 年以后的样本在大部分月份都有 30 家公司，最少的时候也有 24 家公司。研究中用到的会计数据来自 Compustat 数据库，公司股票价格和回报数据来自 CRSP 月度数据库，分析师预测来自 I/B/E/S 数据库。

文中比较的内在价值计量估计方法主要有四种：（1）道琼斯指数股票组合的月末股利收益率——$DJDP$，定义为组合最近年度的股利除以当月末道琼斯指数股票组合的市值。（2）道琼斯指数股票组合的月末利润收益率——$DJEP$，定义为最近一个会计年度组合的净利润除以月末道琼斯指数股票组合的市值。（3）道琼斯指数股票组合的月末净资产市值比率——$DJBM$，定义为最近披露的组合净资产账面价值除以当月末道琼斯指数股票组合的市值。（4）各种不同假设条件下根据净剩余收益模型计算而得的道琼斯指数股票组合内在价值估计值与当月末道琼斯指数股票组合市值的比率——V/P。净剩余收益模型为：

$$\hat{V}_t=B_t+\frac{FROE_{t+1}-r_e}{1+r_e}B_t+\frac{FROE_{t+2}-r_e}{(1+r_e)^2}B_{t+1}+TV$$

式中，B_t 为最近披露的每股账面价值；$FROE_{t+1}$，$FROE_{t+2}$ 为预测的 $t+1$ 年和 $t+2$ 年的净资产收益率。

Lee et al.（1999）既使用 I/B/E/S 中披露的最新分析师预测均值，也使用时间序列计量模型的估算值作为预测值。TV 为终值，TV 的计算方法因预测期长度（预测未来 3 个会计年度、12 个会计年度或 18 个会计年度）的选择不同而有一些差异，当选择预测长度为 12 期时，作者的做法为假设从未来第 3 期开始公司的净资产收益率开始向行业过去的平均水平回归，到第 12 期时等于行业过去的平均水平，并在以后年度保持不变，其他预测长度条件下计算方法类似。r_e 为估计的资本成本，本文一个重要的特点就是假设无风险利率为当期的短期国债利率或者长期国债利率，风险溢价为市场组合回报率与无风险利率差额的历史平均值。从时间序列来看，无风险利率实际上是随着时间在不断改变的。为了显示这种处理的作用，Lee et al.（1999）也考察了 r_e 为定值条件下的净剩余收益模型内在价值估计量的性质。

除上面这些变量外，作者还考察了两个经济周期变量在内在价值计算中的可能影响。第一个为 Def，定义为整体公司债券组合与评级为 AAA 级公司债券组合月度收益的差异，用来衡量市场的破产风险；第二个为 $Term$，定义为 AAA 级公司债券组合月度收益率与短期国库券收益的差额，用来衡量市场的风险溢价。Lee et al.（1999）在上文提到的两个比较标准下，严格比较了上面四种内在价值计量模型估计量的时间序列特征。

在第一个比较标准方面，作者发现 $DJDP$，$DJEP$，$DJBM$ 的一阶自相关性非常高，而采用净剩余收益模型计算得到的 V/P 的一阶自相关性就小许多。这说明当 V/P 值偏离其均值时，它回归均值的速度比其他计量模型估算值更快。采用 Phillips-Perron 单位根检验方法（Phillips，1987）的结论支持了描述性统计的结论，即 V/P 的标准差更小，回归均值的速度比 $DJDP$，$DJEP$，$DJBM$ 更快。

在第二个比较标准即预测未来回报率方面，作者主要运用了以下两个模型来评价各种内在价值计量模型估计值的相对优势，其中 DJ_{t+k} 为未来 $t+k$ 月的道琼斯指数股票组合的回报率，X_t 为采用净剩余收益模型计算而得的 V/P 值，$TB1_t$ 为第 t 月的短期国债利率：

$$\sum_{k=1}^{K} DJ_{t+k}/K = a + bDJDP_t + cDJEP_t + dDJBM_t + eX_t + u_{t+K,t} \tag{a}$$

$$\sum_{k=1}^{K} DJ_{t+k}/K = a + bDef_t + cTerm_t + dTB1_t + eX_t + u_{t+K,t} \tag{b}$$

模型（a）的回归结果说明，只有净剩余收益模型计算的 V/P 值，才能持续稳定地预测道琼斯指数组合未来的回报率。而模型（b）的回归结果也说明 V/P 值即使在控制了经济周期性变量情况下，仍能显著地预测未来的回报率。

综合这两方面的比较结果可以清楚地看到，采用净剩余收益模型计算的内在价值估计量在时间序列性质上显著优于其他计量方法。但是，净剩余收益模型由于假设不同而具有各种不同的形式，比如是采用分析师预测还是时间序列预测作为公司未来净资产收益率的预测方法，是采用固定的还是随时间变动的资本成本率。Lee et al.（1999）对各种不同形式的净剩余收益模型进行了比较，以找到决定净剩余收益计量模型成功的最关键因素。为此，作者采用一系列测试方法，得到了以下几点重要结论：（1）采用随时间变动的短期国债利率作为无风险利率是净剩余收益模型成功最为关键的因素。当采用固定利率作为折现率时，净剩余收益模型估计的内在价值均值回归速度很慢，且对未来回报基本没有预测能力。即使加入了分析师预测作为未来净资产收益率的预期，也不能提高估计值的时间序列特征。（2）当采用了随时间变动的短期国债利率作为无风险利率时，使用分析师预测能够比使用时间序列的收益率预测使净剩余收益模型内在价值估计量具有更好的表现。（3）在采用了随时间变动的短期国债利率作为无风险利率时，风险溢价的选择对于模型表现的边际影响不大。

Lee et al.（1999）试图寻找不依赖公司市场价格的内在价值计量方法，结果证明净剩余收益模型是目前最为可靠的计量公司内在价值的方法。决定净剩余收益模型成功最关键的因素是选择随时间变化的短期国债利率作为无风险利率，并且使用分析师预测作为公司未来收益率的预测值。在以上两种条件设定下，净剩余收益模型估计的内在价值具有最优的时间序列特征。

这篇文章对理论界的贡献是巨大的。首先，本文证明了资产账面价值市值比例、市盈率和股利收益率这些市场倍数对于未来回报率的预测能力是值得怀疑的，在加入了净剩余收益模型内在价值估计量与市值比 V/P 后，这些市场倍数对于未来回报没有预测能力。其次，本文验证了净剩余收益模型的时间序列特征。在此之前对于净剩余收益模型的验证都是考察它的横截面特性。最后，这篇文章证明了内在价值研究的重要性，在股票价格具有很大噪音时，内在价值的计量应当是金融和会计研究的重要分支。

参考文献

DeLong，J.，A. Shleifer，L. Summers，and R. Waldmann. 1990. Noise Trader Risk in Financial Markets. *Journal of Political Economy* 98：703－738

Lee，C.，J. Myers，and B. Swaminathan. 1999. What is the Intrinsic Value of the Flow? *Journal of Finance* 54：1693－1741

Phillips，P.. 1987. Time Series Regression with a Unit Root. *Econometrica* 55：277－301

Shiller，R.. 1984. Stock Prices and Social Dynamics. *The Brooking Papers on Economic Activity* 2：457—510

Wang，J.. 1993. A Model of Intertemporal Asset Prices under Asymmetric Information. *Review of Economic Studies* 60：249－282

第6章

盈余管理

6.1 本章概述

6.1.1 对本章三部分的概述

盈余管理一直是会计研究中的核心问题。Schipper（1989）将盈余管理定义为“意图为管理者或股东获得某些私人利益而对外部报告进行有目的的干涉”。[①] 研究经理层对会计报告的操纵及其动机，不仅可以让研究者更了解企业盈余报告行为，而且可以为会计准则制定者提供依据。20世纪70年代后期，Watts和Zimmerman的实证会计理论革新了会计文献，他们解释了会计学者从前无法解释的一些难题。促成Watts和Zimmerman研究成果的是Jensen and Meckling（1976）和Ross（1977）所作的开创性的工作。Jensen and Meckling（1976）提出在信息有效资本市场，公司股东（委托人）和管理人员（代理人）之间、股东和债权人之间的代理理论。之所以会

① Schipper, K., 1989. Commentary on Earnings Management. *Accounting Horizons* 3, 91-102.

产生代理问题，部分原因是管理人员努力的不可观察性和契约的不完备性。企业是一系列契约的结合使得 Watts 和 Zimmerman 发展了新的假设，该假设就是为什么即使在完全有效的资本市场，公司如何处理经济活动和会计准则制定者的本意之间也会有可预计的差异。

实证会计理论（见 Watts and Zimmerman，1986）认为，出于报酬契约、债务契约和政治方面的考虑，经理层会通过会计方法选择影响公司的会计报告。后人基于该理论，延续并发展了盈余管理方面的研究。本章选取了盈余管理领域具有代表性的 8 篇文章做一概述，这些文章虽然具有代表性，但仍仅是盈余管理领域研究的沧海一粟。

本章将分三个部分对盈余管理文献加以概述。第一部分是为了达到特定阈值（盈余 0 点、盈余变化 0 点和分析师预测）而进行的盈余管理，这部分包括 Burgstahler and Dichev（1997）；Jones（1991）；Mastumoto（2002）三篇文章。第二部分是出于债务契约目的而进行的盈余管理，包括 DeFond and Jiambalvo（1994）；Sweeney（1994）；Dichev and Skinner（2002）三篇文章。第三部分为盈余管理领域的最新发展，也就是基于前人的研究，我们还能做些什么，这部分包括 Gramlich，McAnally，and Thomas（2001）和 Daniel，Dennis，and Naveen（2008）两篇文章。

6.1.2　为达到阈值而进行的盈余管理

Burgstahler and Dichev（1997）通过检验盈余分布的平滑性考察是否存在为避免盈余下降和亏损的盈余管理，为盈余变化和盈利水平的 0 阈值点处的操纵行为提供了证据，发现上市公司主要通过操纵经营性现金流量和营运资本的变化达到避免亏损和避免业绩下降的目的，并对产生该现象的动机提供了利益相关者交易成本理论和前景理论两种解释。

Jones（1991）的结论表明，那些有可能获取政府进口补助的公司在进口补助调查的过程中存在为谋求进口补助而进行“调低盈余水平”的盈余管理。本文的贡献不仅体现在发现了上述现象，更为重要的是，本文所采用的分离非操控性应计项目与可操控性应计项目的“琼斯模型”，作为一种重要研究工具的创新，对此后会计、财务以及公司治理等许多研究领域均产生了重大影响，从而奠定了本文作为经典性文献的地位。可操纵应计项目预测模型将总的应计项目分为可操纵和不可操纵两部分，其中可操纵的应计项目即盈余操纵的代表。不可操纵的应计项目和营运现金流一起构成企业报告盈余中不可操纵的部分。

在Jones（1991）以后，若干文献对Jones（1991）模型进行了发展和延伸。但其中只有Jones模型和修正后的Jones模型在以后研究中得到较普遍的运用，因为它们比其他模型在设计和可靠性方面做得更加出色（见Dechow等，1995）。[①] 在随后的研究中，DeFond and Jiambalvo（1994），Subramanyam（1996）[②] 等研究发现，横截面估计的Jones模型的表现比时间序列的Jones模型更好。横截面的估计方法对于数据可用性的要求不像时间序列那么严格，这减轻了研究中潜在的样本生存误差。相对于时间序列模型只能针对单独的一家公司，横截面估计中相对大的样本量也使得其精确度更高。而最近对Jones模型的进一步创新来自于Kothari等（2005）[③]，他们认为，采用业绩配比的Jones模型比其他可操纵应计项目的预测模型在设计和可信度方面更出色，从而在研究中具有更高的可靠性。

在资本市场上，如果公司的实际盈余没有达到分析师预测的预期盈余，那么这种负的未预期盈余会对公司的股价造成负的影响（Brown，Richardson，and Schwager，1987[④]）。进一步的证据表明，股票市场对未预期盈余的反应并不是对称的，对负未预期盈余的反应更强烈，所以对于管理层而言，没有达到分析师预测的代价是很高的（Skinner and Sloan，2001[⑤]）。

---

① Dechow，P.，Sloan，R.，Sweeney，A. 1995. Detecting Earnings Management. *The Accounting Review* 70：3-42.

② Subramanyam，K. R.，1996. The Pricing of Discretionary Accruals. *Journal of Accounting and Economics* 22：249-281.

③ Kothari，S. P.，A. Leone and C. Wasley. 2005. Performance Matched Discretionary Accrual Measures. *Journal of Accounting and Economics* 39：163-197.

④ Brown，L. D.，G. D. Richardson and S. J. Schwager. 1987. An Information Interpretation of Financial Analyst Superiority in Forecasting Earnings. *Journal of Accounting Research* 25：49-67.

⑤ Skinner D. J. and R. G. Sloan. 2002. Earnings Surprises，Growth Expectations，and Stock Returns or Don't Let an Earnings Torpedo Sink Your Portfolio. *Review of Accounting Studies* 7：289-312.

鉴于负的未预期盈余对公司的不利影响，管理者会通过一些活动避免负的未预期盈余（Payne and Robb，2000[①]；Brown，2001[②]；Burgstahler and Eames，2006[③]）。以往的研究是从公司发布的财务报告所引起的分析师盈利预测的反应来研究管理者是否通过引导分析师调低预测来避免负的未预期盈余，Matsumoto（2002）通过更直接的实证方法检验了两种避免未预期盈余机制：一种是通过向上盈余管理达到分析师的预期；另一种是通过引导使得分析师调低他们的预测盈余，并且在此基础上分别检验了使用上述两种活动的公司动机。研究结果表明：拥有暂时机构投资者持股比例高、利益相关者更加依赖于隐形要求权和盈余价值相关性高的公司更可能达到或超过分析师的预测。

6.1.3 出于债务契约目的而进行的盈余管理

债权人和管理层之间的代理问题是代理理论的一种表现。管理层可能选择违背债权人最优利益的行为。而债权人通过在债务契约中加入一些限制性条款，如限制现金股利的发放和继续举债来限制管理层采取对债权人不利的行为。

实证会计理论中的债务契约假设，预测管理层会因债务契约而进行相应的盈余管理。因为违反债务契约而使得企业可能付出高昂的成本，如利率的提高或者债务合同的终止，管理层就会通过各种手段避免违反债务契约，因此产生了避免违反债务契约而进行的盈余管理。

DeFond and Jiambalvo（1994）对1985—1988年间违反债务契约公司的盈余管理行为进行了研究，他们发现企业在违约年度以前，利用可操纵性应计项目来增加报告净利润，而在违约发生的年份却较少进行盈余管理。

Sweeney（1994）发现违反债务契约的企业相对于控制样本而言，的确

① Payne，J. L.，and S. G. Robb. 2000. Earnings Management：The Effect of Ex Ante Earnings Expectations. *Journal of Accounting，Auditing and Finance* 15：371-392.

② Brown，L. D. 2001. A Temporal Analysis of Earnings Surprises：Profits versus Losses. *Journal of Accounting Research* 39：221-241.

③ Burgstahler，D. C.，and M. Eames. 2006. Management of Earnings and Analysts' Forecasts to Achieve Zero and Small Positive Earnings Surprises. *Journal of Business Finance & Accounting* 33：633-652.

更多采用了增加盈余的会计政策，而且面临违约风险的公司更愿意尽早采用那些可增加盈余的新会计政策。

虽然前面两篇文章得出了管理层为避免违反债务契约而进行盈余管理的结论，但是他们采用的都是已经违反契约的样本，而漏掉了由于采用盈余管理而防止了违反债务契约的样本，而这部分公司可能占出于债务契约目的而进行盈余管理的大部分，因此，这两个研究都存在样本选择偏差问题。Dichev and Skinner（2002）采用了 Dealscan 大样本债务数据库，从而得出了更令人信服的结论。大样本数据库的采用不但避免了样本选择偏差问题，而且能够准确衡量债务契约的松弛（slack）程度，即企业的实际财务指标水平与债务契约规定的财务指标水平的差额。他们得出的结论是：经理人员会为了避免违反债务契约进行盈余管理，但这种动机会因企业曾经违反债务契约而减弱。

6.1.4 盈余管理领域的新发展与未来的研究方向

盈余管理文献发展到 20 世纪末，经典理论已经建立，对经典理论的检验也已经基本完成。后面还会有什么新的发展？Gramlich，McAnally，and Thomas（2001），Daniel，Dennis，and Naveen（2008）和 McAnlly，Srivastava，and Weaver（2008）为我们做出了很好的例子。

前人对会计报告管理的研究主要着眼于利润表，而 Gramlich，McAnally，and Thomas（2001）着重分析了管理层对资产负债表的管理。文章指出，公司对长期债务和短期债务重新分类的目的是试图满足跨期或横截面流动性和杠杆率目标。[①] 或者公司可能已经接近违反债务契约对流动比率的规定，重新分类使公司避免违反债务契约。

Daniel，Dennis，and Naveen（2008）将为达到阈值而进行的盈余管理方面的文献又拓展了一步。他们发现当公司预计到管理前的盈余比期望红利支付水平低的时候，公司会通过盈余管理提高盈余。另外，作者还发现这种

① 跨期流动性和财务杠杆率目标是指公司达到历史流动性和财务杠杠率，横截面目标是指公司当年水平与行业水平相一致。

盈余管理行为在萨班斯法案颁布以前，在2003年削减红利税以后，在高比例派发红利的公司，在CEO接受了更多红利的公司和业绩—薪酬敏感性高的公司，在低外部权益融资的公司中更显著。另外，这种盈余管理行为明显影响了公司现金红利削减的可能性。

前人对盈余目标的研究主要集中在管理层如何利用各种会计手段达到盈余目标，而McAnlly，Srivastava，and Weaver（2008）首次研究了在一些特定情况下（即大量期权授予之前），管理层很可能会故意使盈余低于目标，引起负向市场反应，从而降低期权授予价格。这篇文章从一个非常新颖的角度阐述了管理层和盈余目标之间的关系。

从20世纪90年代起，我国盈余管理方面的研究也开始发展并随后取得了长足的进步。具体可参见蔡祥、李志文、张为国（2002）① 和向凯（2006）② 对该领域研究的回顾。

可以预计，虽然盈余管理无论在国外还是国内，都经历了比较长的发展阶段，但在今后一段时期，该领域的研究仍旧会是会计学研究的一个重要方面。盈余管理已经从原先的验证驱动力和建立验证方法转向在新情况、新环境下对盈余管理的新特征、经理们盈余管理的新动机以及对盈余管理的替代变量，如非预期应计项目和阈值点显著性等更细致入微的探讨。

6.2　避免盈余下降和亏损的盈余管理

Burgstahler, D., and I. D. Dichev. 1997. Earnings Management to Avoid Earnings Decreases and Losses. *Journal of Accounting and Economics* 24: 99-126

基于其在投资者保护和会计准则制定方面的重要作用，盈余管理问题自

---

① 蔡祥、李志文、张为国：《中国经验会计研究述评》，载《中国会计与财务研究》，2003（2）：155-183。

② 向凯：《盈余管理实证研究：文献述评与未来研究方向》，载《财会通讯》，2006（10）：60-65。

20 世纪 80 年代兴起以来一直是会计学文献研究的核心问题之一。Burgstahler and Dichev（1997）通过检验盈余分布的平滑性考察是否存在为避免盈余下降和亏损的盈余管理，为盈余变化和盈利水平的 0 阈值点处的操纵行为提供了证据，发现上市公司主要通过操纵经营性现金流量和营运资本的变化达到目的，并对产生该现象的动机提供了利益相关者交易成本理论和前景理论两种解释。本文检验是否存在盈余管理的盈余分布法对后来的会计学文献产生了深远的影响，并被很多后续研究盈余管理的文献借鉴（Beatty et al.，2002；Leuz et al.，2003；Beaver et al.，2003；Phillips et al.，2003；Roychowdhury，2006）。另外，该文的研究还引发了其他形式阈值点处盈余管理行为的研究与探讨（如 DeGeorge et al.，1999；Burgstahler and Eames，2003 等文献研究了以分析师预测值为阈值点的盈余管理行为）。因而，本文的研究拓展了会计学文献中盈余管理领域的研究方法和研究视野，对后人在该领域的研究产生了重要影响。

本文的研究源于实务界对业绩增长与盈利的过分强调与关注，基于学术界对该现象的初步证据，旨在考察是否存在避免盈余下降和亏损的盈余管理。如果存在，普遍性程度有多大？上市公司通过什么手段实现这种盈余管理？动机是什么？即文章全面考察了上市公司避免盈余下降和亏损的盈余管理的存在性、普遍性、手段以及动机问题。

6.2.1 避免盈余下降和亏损的盈余管理的存在性

假定不存在盈余管理时，截面上的盈余变化与盈利水平的分布是相对平滑的。平滑是指在该分布下落在任意区间内公司数目的预期值等于落在它相邻两个区间公司数目的平均值。如果上市公司为了避免盈余下降和亏损而进行盈余管理，则盈余变化的横截面分布将很可能表现为极低频率的业绩微降和极高频率的业绩微升，盈利水平的横截面分布很可能表现为极低频率的微亏和极高频率的微盈。从统计意义上而言，将检验分布平滑性的统计量构造为区间的实际观测值与预期值之间的差异除以所有区间差异的标准差，则在原假定下，这种标准化后的差异近似服从均值为 0，标准差为 1 的正态分布。利用该统计量可以检验避免盈余下降和亏损的盈余管理在统计意义上的显著性。

文章选取1976—1994年Compustat年度行业和研究数据库中所有可获得的观测，并剔除了银行、金融机构以及受监管行业（如公用事业）的公司。盈余指标选用净收入，考虑到公司规模的差异对每个公司盈余观测值的影响，选用t期期初普通股权益的市价对盈利水平进行标准化，选用$t-1$期期初的权益市价对$t-1$期至t期的盈余变化进行标准化。①

研究结果提供了直方图和统计检验两种证据。在检验是否存在避免盈余下降的盈余管理时，研究样本共包含64 466个观测，每年可获得的观测从1977年的3 000家增至1994年的4 000家。样本区间内每年盈余变化的均值和中位数大部分为正值。原文中图1为－0.15～＋0.15的盈余变化范围内，按照0.002 5的间隔宽度等分为众多小区间后，盈余变化值落入每个区间的公司数目的直方图。从图1可以看出，盈余变化分布在0处发生了明显的不连续，盈余变化值落在0左侧相邻区间（业绩微降）的频率比在满足平滑性假定分布时的预期值低，落在0右侧相邻区间（业绩微升）的频率明显比预期值高。从统计检验结果看，0左侧相邻区间的标准化差异为－8.00（0右侧相邻区间的标准化差异为5.88），统计检验显著拒绝了在0处盈余变化分布的平滑性假设，即存在为避免盈余下降的盈余管理。在检验是否存在避免亏损的盈余管理时，研究样本共包含75 999个观测，每年可获得的观测从1977年的100家增至1994年的4 400家。样本区间内每年盈余的均值和中位数在不断降低。原文中图3为－0.25～＋0.35的盈余水平范围内，按照0.005的间隔宽度等分为众多小区间后，盈余水平落入每个区间的公司数目的直方图。直方图同样在0处发生了明显的不连续。盈利水平落在0左侧相邻区间（微亏）的频率比在满足平滑性假定分布时的预期值低许多，落在0右侧相邻区间（微盈）的频率明显比预期值高许多。从统计检验结果看，0左侧相邻区间的标准化差异为－13.16（0右侧相邻区间的标准化差异为8.92），统计检验拒绝了在0处盈利水平分布的平滑性假定，即存在为避免亏损的盈余管理。

---

① 本文还选用权益账面价值、期初资产总额或上一年度的净销售额等指标对盈余及盈余变化变量进行调整，得到大致相同的结论。

另外，本文预期随着盈余持续增长或持续盈利年限的增加，上市公司避免业绩下降和亏损的动机会逐渐增强。作者按照盈余持续增长或持续盈利年限将样本公司分为三类，按照上文的检验方法，考察了随着盈余持续增长年限或持续盈利年限的增加，在0处的不连续性是否更加明显，标准化差异是否在统计上更加显著。直方图和统计检验结果不同程度地支持了作者的预期。

6.2.2 避免盈余下降和亏损的盈余管理的普遍性

接下来，本文分别考察了避免盈余下降和亏损的盈余管理的普遍性程度，即通过对比每一区间实际观测值与预期值之间的差异，考察有多少发生盈余下降或亏损的公司进行了盈余管理。在估计预期值时，由于已经证明了在0处存在盈余管理，所以上文检验是否存在盈余管理的盈余分布法不再适用，故文章假定在不存在盈余管理时，盈余变化（盈余）的分布服从以盈余变化（盈余）的峰值为中心的对称分布，右半边的分布不受避免业绩下降（亏损）的盈余管理影响，将右半边分布中每个区间的实际观测值作为左半边分布中相应对称区间的预期值。

基于此，该文在考察避免盈余下降的盈余管理的普遍性程度时，假定不存在盈余管理时的盈余变化服从以0.01为中心的对称分布，估计（−0.005，0.00），（−0.010，0.00）以及（−0.015，0.00）三个逐次变宽的区间发生盈余管理的公司数。结果显示三个区间内发生盈余管理公司数的估计值分别为238，385，454，占所有观测样本数的0.4%～0.7%，占所有业绩下降样本数的0.9%～1.7%，分别占相应区间预期值的12.4%，10.5%和8.8%。用同样方法考察避免亏损的盈余管理的普遍性程度，假定不存在盈余管理时的盈利水平服从以0.07为中心的对称分布，估计（−0.01，0.00），（−0.02，0.00）以及（−0.03，0.00）三个逐次变宽的区间发生盈余管理的公司数。结果显示三个区间内发生盈余管理公司数的估计值分别为685，1 039，1 311，占所有观测样本数的0.9%～1.7%，占所有亏损样本公司数的3.0 %～5.8%，分别占相应区间预期值的44%，35%和30%。

由以上结果可以看出，避免盈余下降与亏损的盈余管理行为均比较常见，但避免亏损比避免盈余下降的盈余管理行为更加普遍。

6.2.3　避免盈余下降和损失的盈余管理所用手段

由于上文的结论表明避免亏损的盈余管理更具普遍性，在考察所用手段时，本文集中考察了避免亏损的盈余管理所用的手段，并提供了事前和事后两种证据。

事前证据主要基于盈余管理的成本，当避免亏损的盈余管理收益一定时，盈余管理的程度就是进行这种盈余管理事前成本的函数。基于以前的研究文献，作者将盈余管理前的流动资产和流动负债水平作为事前成本的代理变量。流动资产和流动负债的水平越高，进行盈余管理的成本就越低。基于此，作者的预期为微亏公司将比微盈公司的期初流动资产和流动负债低。将盈利水平以 0 为分界点，将大于和小于 0 的盈利水平按照高低顺序将每1 000个观测样本构造为一个组合，从而将所有观测样本分成了不同的每个组合包含 1 000 个观测的等规模组合。每个组合内的盈利水平大致相等，0 右侧组合的盈利水平不断递增，0 左侧组合的盈利水平不断递减（即亏损在不断增加）。原文中图 5 和图 6 分别报告了每个组合盈余水平分位数上的期初流动资产和流动负债水平，图形结果均支持了作者的预期。

在考察事后证据时，作者将盈余分拆为经营现金流量、非现金营运资本变化以及残余成分三个构成部分，作者预期如果上市公司在进行避免亏损的盈余管理时操纵了某个部分，则微盈公司将会比微亏公司盈余中的该构成部分明显偏大。按照与考察事前证据相同的方法，综合原文中图 7～图 9 的结果，表明上市公司主要通过操纵经营性现金流量和营运资本的变化进行盈余管理。

6.2.4　避免盈余下降和亏损的盈余管理动机

文章提供了两种理论来解释避免盈余下降和亏损的盈余管理动机。一种是利益相关者交易成本理论。公司报告较高的盈余将会降低与客户、供应商、债权人以及雇员等利益相关者的交易成本。当利益相关者获取与处理盈余信息的成本较高时，他们选择一个盈余变化或盈利水平为 0 的阈值点。超过该阈值点，公司各方面的交易成本均可能降低，从而使得管理层有动机对低于该阈值点的业绩进行操纵。另外一种是基于前景理论的解释。信息决策者是基于某一参考点而不是绝对财富水平获得个人价值。个人价值函数在阈值点左侧是凸函数，而在阈值点右侧是凹函数，即在阈值点处，价值函数最为陡峭。对于某一特定财富水平的增加，将财富从阈值点左边变动到右边带来的价值变化最大，因而上市公司在阈值点处具有最强的盈余管理动机。

综上所述，本文对避免盈余下降和亏损的盈余管理行为从存在性、普遍性、手段、动机等角度进行了全面、细致的考察。其中用到的检验阈值点处盈余管理行为的盈余分布法对后人的研究产生了重大影响。但同时，很多研究对文中 0 阈值点处的不连续现象是否因盈余管理所致提出质疑。如 DeGeorge et al.（1999）认为 Burgstahler and Dichev（1997）发现的盈余分布不连续很可能是由其划分区间的效应所致，不同的区间划分方式很可能得出不同的结论；Beaver et al.（2003）发现盈余分布函数的不连续有 2/3 可归因于公司所得税对盈余和亏损的不对称处理方法以及盈余中的特殊项目。Durtschi and Easton（2005）认为盈余标准化的方法选择、阈值点左侧和右侧样本的结构差异以及阈值点左右两侧的样本特征差异均可能导致盈余分布在阈值 0 处的不连续。尽管如此，本文在研究盈余管理的会计学文献中仍然具有重要地位。虽然受到一些质疑，但它仍然为后人从事盈余管理领域的研究从方法论和研究视角方面提供了重要参考。

参考文献

Beatty，A.，B. Ke，and K. R. Petroni. 2002. Earnings Management to Avoid Earnings Declines across Publicly and Privately Held Banks. *Accounting Review* 77：547－570

Beaver，W. H.，M. F. McNichols，and K. K. Nelson，2003. Management of the Loss Reserve Accrual and the Distribution of Earnings in the Property-Casualty Insurance Industry. *Journal of Accounting and Economics* 35：347－376

Burgstahler，D.，and I. D. Dichev. 1997. Earnings Management to Avoid

Earnings Decreases and Losses. *Journal of Accounting and Economics* 24：99－126

——，and M. Eames. 2003. Earnings Management to Avoid Losses and Earnings Decreases：Are Analysts Fooled? *Contemporary Accounting Research* 20：253－294

DeGeorge，F.，J. Patel，and R. Zeckhauser. 1999. Earnings Management to Exceed Thresholds. *Journal of Business* 72：1－33

Durtschi，C.，and P. D. Easton. 2005. Earnings Management? The Shapes of Frequency Distributions of Earnings Metrics are not Evidence Ipso Facto. *Journal of Accounting Research* 43：557－592

Leuz，C.，D. Nanda，and P. D. Wysocki. 2003. Investor Protection and Earnings Management：An International Comparison. *Journal of Financial Economics* 69：505－527

Phillips，J.，M. Pincus，and S. O. Rego. 2003. Earnings Management：New Evidence Based on Deferred Tax Expense. *Accounting Review* 78：491－521

Roychowdhury，S.. 2006. Earnings Management through Real Activities Manipulation. *Journal of Accounting and Economics* 42：335－370

6.3　进口救济调查期间的盈余管理

Jones，J.. 1991. Earnings Management during Import Relief Investigations. *Journal of Accounting Research* 29：193－228

盈余管理是会计研究中的一个经典问题。关于盈余管理研究，从实证研究角度来讲，一个关键问题便是如何计量盈余管理的程度。本文的研究问题是美国有可能获取进口救济的公司在进口救济调查过程中是否会通过调低盈余水平的盈余管理来增加获取进口救济的可能性或者数量。文章结论表明，那些有可能获取进口救济的公司在进口救济调查的过程中存在为谋求进口救济而调低盈余水平的盈余管理。本文的贡献不仅体现在发现了上述现象，更为重要的是，本文所采用的分离非操控性应计项目与操控性应计项目的

Jones 模型，作为一种重要研究工具的创新，对此后会计、财务以及公司治理等许多研究领域均产生了重大影响，奠定了本文作为经典性文献的地位。

作者之所以选择进口救济调查期间的盈余管理作为研究对象，正如作者在文章中指出的，相对其他契约情景，美国进口救济调查为盈余管理研究提供了一个独特的研究机会。一方面，美国国际贸易委员会（ITC）在进口救济调查过程中所使用的规则明确涉及会计数据的使用，因此，通过盈余管理等会计手段就有可能为相关的企业谋求进口救济调查增加获取进口救济的可能性和进口救济的金额，这样一来，企业在进口救济调查过程中，就有动机进行相应的盈余管理行为；另一方面，进口救济作为一种财富转移，是从一群分散的"输家"（消费者）身上转移至一群相对集中的"赢家"（如相关的国内生产厂家等）口袋中，由于消费者数量如此多，利益如此分散，消费者不可能像其他契约情景下的缔约方的"输家"那样，能有效地监控企业盈余管理行为，并且作者与 ITC 一些官员的面谈表明，调查过程中 ITC 并不会对企业提供的财务数据进行调整。关于盈余管理的计量，作者认为，由于 ITC 关心的是税前利润，因此，相对单个应计项目中的操控性部分，通过估计总应计项目中的操控性部分来计量盈余管理更为合适。为此，文章发展了一个操控性应计项目估计的模型，即 Jones（1991）模型，来估计总应计项目中操控性部分。最终的统计结果支持了文章的假说。

在提出文章的假说之前，作者细致描述了相关制度背景，主要是会计数据在进口救济调查规则中的作用以及进口救济调查过程中对会计数据的使用情况。通过考察美国国际贸易相关的法规和调查监管者对会计数据的使用情况，作者发现，相关的进口救济规则有大量涉及会计数据的重要条款，企业呈报的会计数据对于监管者在进口救济调查过程中的判断的确有重要影响。表明企业在进口救济调查过程中会有为谋求进口救济而进行盈余管理的动机。

可是，动机并不等同于行为。有盈余管理的动机并不意味着必然发生盈余管理行为，因此，仅依赖于制度背景分析尚不足以提出文章的假说。作者注意到，激励冲突、"搭便车"问题、调查类型等都有可能妨碍企业盈余管理动机向盈余管理行为的转化。比方说，管理层为了获取进口救济而调低利润，可能会减少自身薪酬；或者，由于监管者在考虑进口救济问题时，通常是以行业为单位的，因此盈余管理成本与获取救济收益之间就可能存在不匹配的问题，从而产生“搭便车”问题。企业会依赖行业里其他企业进行盈余管理来获取救济，而自身并不进行盈余管理，如果行业中的所有企业都这么做，就可能形成一种“囚徒困境”。此外，作者意识到，在对假说进行检验的过程中，还有一些因素可能削弱假说的检验效果。例如，企业可能会认为监管者会对其盈余管理过的会计数据进行调整，从而削弱其实施盈余管理的动机；有些企业可能业绩很差，根本不需要盈余管理；企业并非只有盈余管理这一种选择，还可以通过其他途径，如调整成本在申请进口救济产品与其他产品之间的分配，也可以实现相同的目的，这些因素都可能导致统计结果与假说不一致。可是，统计结果表明，即使剔除上述因素的影响，假说依然成立，表明本文结论的可靠性很强。

文章以 ITC 完成调查的年度作为事件期间（$year_0$），选取了汽车制造、碳钢、不锈钢、铜和鞋类这五个要求 ITC 进行伤害检测的行业，且事件期间为 1980—1985 年间某一年度的公司为样本，在剔除了不符合要求的公司之后，得到最终样本公司 23 个。本文试图通过估计总应计项目中的操控性部分来计量盈余管理。为了估计操控性应计项目，作者创造性地发展了下面这一模型：

$$TA_{i,t}/A_{i,t-1}=\alpha_i(1/A_{i,t-1})+\beta_{1i}(\Delta REV_{i,t}/A_{i,t-1})+\beta_{2i}(PPE_{i,t}/A_{i,t-1})+\varepsilon_{it}$$

式中，$TA_{i,t}$为总应计项目；$A_{i,t-1}$为公司 i 上期末总资产；$\Delta REV_{i,t}$为公司 i 当期主营业务收入和上期主营业务收入之差；$PPE_{i,t}$为 i 公司 t 期固定资产账面价值。

上述模型称为 Jones 模型。文章以一个时间序列模型的形式来进行应用。具体地，先根据单个公司的历史数据，估计出回归系数，然后将公司当年的数据代入模型，得到估计出来的非操控性应计项目（NA），总应计项目与非操控性应计项目的差值，即模型的预测误差被定义为操控性应计项目（DA）。

检验结果发现，无论以标准化的 DA 还是未标准化的 DA 作为分析对象，统计结果均与文章的假说一致。具体表现为：标准化的 DA 的统计结果表明（参见原文表 5），在事件期间（$Year_0$）中，标准化的 DA 小于 0 的有 20 个公司，大于 0 的只有 3 个公司，Z 统计量为 -3.459，足以在 99%的置信水平上支持文章的假说；未标准化的 DA 统计结果得出了类似的发现（参见原文表 6），Wilcoxon 符号秩检验表明，显著性水平为 0.001。由于 DA 的合适性在很大程度上依赖于模型的合适性，出于对模型误设的担心，为保证结论的可靠性，文章从 Compustat 数据库中选择了 459 家公司对模型进行测试。结果表明，前面的统计证据不会因为模型的检验能力而出现问题。除上述补充性测试之外，文章还测试了前面的统计证据是不是因为一些特定的公司或者行业的主导所导致的。为此，文章剔除这些公司，统计结果依然与假说一致，并没有发生显著变化。

正如我们在前文提及的，本文最重要的贡献并不在于发现了进口救济调查中的盈余管理行为，而是发展了一个应计项目分离模型——Jones 模型。应计项目的分离在会计和资本市场研究中具有重大意义（Kothari，2001）。众多研究发现，Jones 模型或 Jones 模型的变形优于其他许多应计项目分离模型（Dechow et al.，1995；Subramanyam，1996；Bartov et al.，2001），使得 Jones 模型对后期的会计、财务以及公司治理等许多研究领域均产生了重大影响。Jones 模型在对许多领域产生重要影响的同时，也遭到了来自多方的批评。实际上，Jones 模型也正是在这些批评的过程中得到发展并发挥重大影响的。后续研究对 Jones 模型的批评、担心或发展主要体现在以下几个方面。

（1）模型构建的理论基础问题。一方面，为何模型的解释变量仅包括 $A_{i,t-1}$，$\Delta REV_{i,t}$，$PPE_{i,t}$？Dechow et al.（1995）在这方面对经典 Jones 模型做了修正，提出了著名的修正 Jones 模型。中国的部分学者在利用 Jones 模型研究中国上市公司盈余管理问题时，也对模型构建的理论基础提出过疑问，并在应用时做了一定的修正，主要是在解释变量中添加一些变量，如无形资产等（陆建桥，1999；章永奎、刘峰，2002）。不过，对模型的修正在不同的环境中效果如何，依然是一个需要实证检验的问题。另一方面，几乎所有应计项目的分离模型都暗含地假定公司的现金流是没有被操纵的。但是，Zhang（2006）、张然（2007）和吴联生、薄仙慧、王亚平（2007）的研究表明，公司的现金流事实上也是会被操控的。既然现金流也被操控了，意味着我们在计算总应计项目时就已经包含现金流操控的影响，进一步导致我们对操控性应计项目的估计会存在问题。

（2）操控性应计项目的估计误差很大。Dechow et al.（1995）发现，尽管 Jones 模型，尤其是修正的 Jones 模型在和其他应计项目分离模型的比较中表现较好，但是，依然存在比较大的估计误差，尤其是对于那些业绩表现比较极端的公司。由于进行盈余管理的公司，其业绩通常表现异常，这就为我们研究和推断公司的盈余管理行为带来了很大的误差。为了解决这一问题，后续的研究通常是在回归模型中加入业绩变量，如利润指标或者现金流指标作为控制变量，以试图控制因变量 *DA* 因业绩表现而导致的计量误差。但这种处理在计量上也会存在一定程度的问题，因此，Kothari et al.（2005）基于业绩调整的思想，提出了一个业绩调整 Jones 模型。

（3）Jones 模型最开始只是一个时间序列模型，由于需利用公司历史数据估计模型参数，所以对数据的要求很高，限制了其应用范围，可能带来选择性偏误问题。并且，受公司兼并、重组等事件的影响，可能导致较大的计量误差。为此，DeFond and Jiambalvo（1994），Subramanyam（1996）将时间序列 Jones 模型发展为横截面 Jones 模型，这一发展降低了数据要求，从而扩展了 Jones 模型的应用范围，并且发现横截面 Jones 模型的计量效果优于时间序列 Jones 模型。

我们不难看出，学术界对 Jones 模型最主要的批评和担心都可以归结为一个问题，即操控性应计项目估计的可靠性问题。当然，这并不是仅针对 Jones 模型的批评，所有应计项目分离模型都存在这方面的问题。事实上，Jones 模型在各种文献中的广泛运用及其发展本身也说明了 Jones 模型是一个非常优秀、经典的应计项目分离模型。不过，要想很好地解决估计的可靠性问题，我们认为，在构建应计项目分离模型过程中，还要从根本上解决模型构建的理论基础。

参考文献

Bartov，E.，F. A.，Gul，and S. L. Tsui. 2000. Discretionary-Accruals Models and Audit Qualifications. *Journal of Accounting and Economics* 30：421－452

Dechow，P.，R. Sloan，and A. Sweeney. 1995. Detecting Earnings Management. *The Accounting Review* 70：3－42

DeFond，M.，and J. Jiambalvo. 1994. Debt Covenant Violation and Manipulation of Accruals：Accounting Choice in Troubled Companies. *Journal of Accounting and Economics* 17：145－176

Jones，J.. 1991. Earnings Management during Import Relief Investigations. *Journal of Accounting Research* 29：193－228

Kothari，S. P.. 2001. Capital Markets Research in Accounting. *Journal of Accounting and Economics* 31：105－231

Kothari，S. P.，A. J. Leone，and C. E. Wasley. 2005. Performance Matched Discretionary Accrual Measures. *Journal of Accounting and Economics* 39：163－197

Subramanyam，K.. 1996. The Pricing of Discretionary Accruals. *Journal of Accounting and Economics* 22：249－281

Zhang，R.. 2006. Cash Flow Management，Incentives and Market Pricing. Working paper，University of Colorado

陆建桥. 中国亏损上市公司盈余管理实证研究，会计研究，1999（9）：25－35

吴联生，薄仙慧，王亚平．现金流量在多大程度上被管理了呢？——来自我国上市公司的证据．金融研究，2007（3）：162－174

章永奎，刘峰．盈余管理与审计意见相关性实证研究．中国会计与财务研究，2002（1）：1－13

张然．中国上市公司现金流管理研究——兼对新兴市场和成熟市场现金流管理行为比较研究. 中国会计评论，2007（3）：381－400

6.4　管理者避免负的未预期盈余的动机

Matsumoto, D. . 2002. Management's Incentives to Avoid Negative Earning Surprises. *The Accounting Review* 77：483-514

在资本市场上，如果公司的实际盈余没有达到分析师预测的预期盈余，这种负的未预期盈余会对公司的股价造成负面影响（Brown et al.，1987）。进一步的证据表明，股票市场对未预期盈余的反应并不是对称的，对负未预期盈余的反应更强烈，所以对于管理层而言，没有达到分析师预测的代价是很高的（Skinner and Sloan，2001）。鉴于负的未预期盈余对公司的不利影响，管理者会通过一些活动避免负的未预期盈余（Payne and Robb，2000；Brown，2001；Burgstahler and Eames，2006）。以往研究是从公司发布的财务报告所引起的分析师盈利预测的反应来研究管理者是否通过引导分析师调低预测来避免负的未预期盈余。Matsumoto（2002）通过更直接的实证方法检验了两种避免未预期盈余机制：一种是通过向上的盈余管理达到分析师的预期，另一种是通过引导使分析师调低他们的预测盈余，并在此基础上分别检验了使用上述两种活动的公司动机。研究结果表明：机构投资者持股比例高、利益相关者更加依赖于隐性要求权和盈余价值相关性高的公司更可能达到或超过分析师的预测。Matsumoto（2002）通过建立一个分析师盈利预期模型来检验管理者是否引导分析师调低他们的预期盈余，这种方法为我们以后估计期望预测盈余提供了一种新的思路。

这篇文章的核心问题是研究管理者为避免负未预期盈余而采取的两种途径。作者采用逐步深入的方式展开分析。首先，作者研究了具有哪些特征的公司有动机来达到或超过分析师的预测；其次，采用修正的 Jones 模型计算得到的超额应计作为盈余管理的代理变量，另外自己建立一个模型来估计分析师的预测盈余，并得到未预期预测盈余作为管理者是否调低预测盈余的代理变量，看这两个代理变量对管理者避免负未预期盈余的影响；最后，作者分别检验了采用盈余管理和引导管理者调低盈利预测的公司所具有的不同特征。

这种逐步展开的研究方式是通过验证文中五个独立的假设来实现的。

文中的第一个假设为：机构投资者持股比例较高的公司更容易采取行动避免负的未预期盈余。第一个假设是基于机构投资者持股对管理者影响的认识提出来的。Puffer and Weintrop（1991）发现，CEO 更换的概率随实际盈余没有达到分析师的预测程度的增加而增加。由于机构投资者更关注企业的短期收益（Porter，1992），因此如果公司的机构投资者持股比例较高，那么没有达到分析师的预测将付出更大的代价。Lang and McNichols（1997）发现机构投资者基于未预期盈余进行交易，并且商业报刊更加关注未预期盈余而不是对预测的干预。先前的实证研究支持机构投资者持股比例越高，管理层越可能进行盈余管理和引导预测的活动。

文中的第二个假设为：更依赖于利益相关者隐性要求权的公司更可能采取行动避免负的未预期盈余。公司的其他利益相关者也是财务信息的使用者，他们根据财务信息评估公司执行隐性约定的能力。Bowen et al.（1995）发现对隐性要求权越依赖的公司越倾向于采用增加收入的会计方法。由于能力的限制或者成本收益的考虑，利益相关者对盈余的反应高于对分析师初始预测的反应。为了避免负的未预期盈余，管理层进行盈余管理和引导分析师预测的活动。

文中的第三个假设为：盈余的价值相关性越低，越不可能采取行动避免负的未预期盈余。一个公司的经济环境将会影响管理层避免未预期盈余的收益。例如，如果一个公司的盈余价值相关性很低，那么利益相关者可能对于负的未预期盈余反应不那么强烈，这类公司的管理者较少关注是否达到分析师的预测。

文中的第四个假设为：拥有高成长前景的公司更可能采取行动避免负的未预期盈余。Collins and Kothari（1989）发现市场对高成长公司的盈余反应比较大。另外，Skinner and Sloan（2001）发现市场对正未预期盈余和负未预期盈余反应不对称的程度对于高成长的公司更大。尽管对于公司初始短期预测较低，分析师可能基于公司的长期发展还是推荐“买入”公司的股票（Bandyopadhyay et al.，1995）。所以，保持低的期望来避免负的未预期盈余，对于高成长公司而言可能成本较低。

文中的第五个假设为：公司事前的诉讼风险越高，越可能采取行动避免负的未预期盈余。第五个假设是基于管理者所面临的诉讼风险提出的。当股价突然下跌时，可能面临股东的诉讼（Tucker，1991；Alexander，1991），那些面临股东诉讼风险较高的公司有更强的动机避免负的未预期盈余。“诉讼风险可以约束管理者误导市场的行为（如过度乐观的披露，或避免披露重大的不利信息）”，保持分析师预期处于较低水平，从而降低诉讼风险。类似地，Skinner（1994，1997）提出，通过自愿性披露及时披露不利消息的动机要大于披露好消息的动机。

从1985—1997年间 *Zacks Earnings Surprise File* 中发现，达到或超过分析师预测的公司比例随年份的增加而增加，所以文章选取1993—1997年间的数据，所有变量均来自 Zacks，Compustat，Spectrum 和 CRSP 数据库，并剔除了金融行业、公用行业和准管制行业。文中的变量主要分为三类：因变量、自变量和控制变量。文章重要变量的定义如表1所示。

表1　　重要变量的定义

变量名称	定义
Meet	表示公司的实际盈余是否达到分析师的预测盈余。如果达到或超过分析师的预测，则 *Meet*=1；否则 *Meet*=0
Down	如果未预期预测 *UEF* 小于0，则 *Down*=1；否则 *Down*=0
POSAA	用修正的 Jones 模型计算得到预期应计，将总应计减去预期应计得到超常应计。如果超常应计大于0，则 *POSAA*=1；否则 *POSAA*=0
机构投资者持股	%*INST* 机构投资者持股比例；%*TRAN* 暂时机构投资者持股比例；%*NONTRAN*非暂时机构投资者持股比例
DUR	是否为耐用品行业，如果是则 *DUR*=1；否则 *DUR*=0
R&D	*R&D/Assets*
LABOR	劳动力密度的一个度量，1－（*PPE/Gross Assets*）
LCLAIM	对变量 *DUR*，*R&D*，*LABOR* 用因子分析所做因子得分
LOSS	近四个季度公司是否亏损的哑变量，如果亏损则 *LOSS*=1；否则 *LOSS*=0
EARNRET	将累积的超额回报盈余的季度变化回归得到的 R^2 排序
LTG	年初所做的关于长期成长的预测
LIT	哑变量，如果处于高风险行业则 *LIT*=1；否则为0
控制变量	*POSUE* 和 *INDPPROD* 代表影响盈余的未预期因素；*LOGMV* 代表公司规模；｜*FE*｜代表未来预测环境的不确定性

首先文章通过 Logistic 回归，如模型（1）所示，检验那些达到或超过预期盈余的公司特征。研究结果显示：机构投资者持股比例较高、利益相关者更多地依赖于隐性要求权、高成长和诉讼风险越高的公司，越能避免负的未预期盈余；而盈余的价值相关性越低的公司，越可能达不到分析师的预测。如果以$\%TRAN$和$\%NONTRAN$代替$\%INST$变量，那么暂时性的机构投资者持股比例越高，公司越能避免负的未预期盈余，而非暂时性的机构投资者持股比例则没有显著的影响。

$$\begin{aligned} prob(MEET=1)=F(&\beta_0+\beta_1\%INST_i+\beta_2 ICLAIM_i \\ &+\beta_3 LOSS_i+\beta_4 EARNRET_i+\beta_5 LTG_i \\ &+\beta_6 LIT_i+\beta_7 POSUE_i+\beta_8 INDPROD_i \\ &+\beta_9 LOGMV_i+\beta_{10}\mid FE_i\mid+\varepsilon_i) \end{aligned} \tag{1}$$

为了检验公司为避免负的未预期盈余所采用的路径，作者分别采用超额应计和未预期预测作为代理变量。超额应计由模型（2）所示的修正 Jones 模型和式（3）估计得出，其中$QTR4_{ijtq}$为哑变量，如果为第 4 季度则为 1，否则为 0。而未预期预测采用模型（4）和式（5）估计得到，其中$CRET_{ijtq}$为$T-4$季度盈余公布后第 4 天至T季度前 20 天的累积日超额回报。然后根据AA_{ijtq}和UEF_{ijtq}确定$POSAA$和$Down$的值。根据模型（6）检验$POSAA$和$Down$对避免负的未预期盈余的影响。研究结果显示：当存在控制变量时，$Down$对避免负的未预期盈余起到正的作用，而$POSAA$对避免负的未预期盈余没有显著的影响。但是当剔除控制变量之后，$POSAA$对避免负的未预期盈余会有显著的正向作用。

$$\begin{aligned} TA_{ijtq}/A_{ijtq-1}=&\alpha_{jt}(1/A_{ijtq-1})+\beta_{1jt}(\Delta REV_{ijtq}/A_{ijtq-1}) \\ &+\beta_{2jt}(PPE_{ijtq}/A_{ijtq-1})+\beta_{3jt}QTR4_{ijtq}+\varepsilon_{ijtq} \end{aligned} \tag{2}$$

$$\begin{aligned} AA_{ijtq}=&TA_{ijtq}/A_{ijtq-1}-[\hat{\alpha}_{jt}(1/A_{ijtq-1})+\hat{\beta}_{1jt}(\Delta REV_{ijtq}/A_{ijtq-1}) \\ &+\hat{\beta}_{2jt}(PPE_{ijtq}/A_{ijtq-1})+\hat{\beta}_{3jt}QTR4_{ijtq}] \end{aligned} \tag{3}$$

$$\Delta EPS_{ijtq}/P_{ijtq-4}=\alpha_{jt}+\beta_{1jt}(\Delta EPS_{ijtq}/P_{ijtq-5})+\beta_{2jt}CRET_{ijtq}+\varepsilon_{ijtq} \tag{4}$$

$$\begin{aligned} UEF_{ijtq}=&F_{ijtq}-\{EPS_{ijtq}+[\hat{\alpha}_{jt-1}+\hat{\beta}_{1jt-1}(\Delta EPS_{ijtq-1}/P_{ijtq-5}) \\ &+\hat{\beta}_{2jt-1}CRET_{ijtq}]\times P_{ijtq-4}\} \end{aligned} \tag{5}$$

$$
\begin{aligned}
prob(MEET=1) = F(&\beta_0 + \beta_1 POSAA_i + \beta_2 Down_i + \beta_3 POSUE_i \\
&+ \beta_4 INDPROD_i + \beta_5 LOGMV_i \\
&+ \beta_6 \mid FE_i \mid + \varepsilon_i)
\end{aligned} \tag{6}
$$

为了检验采用两种不同途径避免负的未预期盈余的公司特征，本文做了如模型（7）和（8）所示的检验。研究结果表明，分别以 $POSAA$ 和 $Down$ 作为因变量，机构投资者持股比例较高、利益相关者更多地依赖于隐性要求权、高成长的公司，越可能采用两种途径；而盈余的价值相关性越低的公司越不可能采用两种途径。而诉讼风险与采取两种途径之间没有显著的相关关系。如果以 $\%TRAN$ 和 $\%NONTRAN$ 代替 $\%INST$ 变量可以得知，暂时性的机构投资者持股比例越高，公司越可能采用两种途径避免负的未预期盈余，而非暂时性的机构投资者持股比例则没有显著的影响。

$$
\begin{aligned}
prob(POSAA=1) = F(&\beta_0 + \beta_1 \%INST_i + \beta_2 ICLAIM_i \\
&+ \beta_3 LOSS_i + \beta_4 EARNRET_i \\
&+ \beta_5 LTG_i + \beta_6 LIT_i + \beta_7 POSUE_i \\
&+ \beta_8 INDPROD_i + \beta_9 LOGMV_i \\
&+ \beta_{10} \mid FE_i \mid + \varepsilon_i)
\end{aligned} \tag{7}
$$

$$
\begin{aligned}
prob(Down=1) = F(&\beta_0 + \beta_1 \%INST_i + \beta_2 ICLAIM_i \\
&+ \beta_3 LOSS_i + \beta_4 EARNRET_i \\
&+ \beta_5 LTG_i + \beta_6 LIT_i + \beta_7 POSUE_i \\
&+ \beta_8 INDPROD_i + \beta_9 LOGMV_i \\
&+ \beta_{10} \mid FE_i \mid + \varepsilon_i)
\end{aligned} \tag{8}
$$

这篇文章首次对管理者避免负的未预期盈余的动机进行了全面的研究。通过建立一个研究模型首次对管理者通过引导分析师预测避免负的未预期盈余进行了研究。另外，文章对于研究分析师预测偏差的文献也有所帮助。尽管文章的贡献很大，但同时我们应该看到，文章还存在一些值得进一步探讨的地方。

第一，由于数据的限制，对于大样本公司而言文章所采用的数据可能是有偏的，不能推广到更大样本的公司。另外，如果不是选用所有公司的未预期盈余，而只是选取未预期盈余为0附近的值进行检验，并不能发现未预期盈余大于等于0的公司显著多于未预期盈余为负的公司。

第二，关于替代变量的选取，对于管理者引导分析师预测的证据依赖于对该变量的选取，同样采用超常应计作为盈余管理的替代变量是否合适？另外，文章没有控制各公司进行盈余管理和预测引导的机会，所以在采用文章所得到的结论时应该小心。

第三，这篇文章的假设虽然是建立在管理者有动机采取活动避免负的未预期盈余的基础之上，但是在避免了负的未预期盈余之后，管理者情况是否变得更好并没有得到验证。

第四，虽然文章的描述性数据显示避免未预期盈余公司的比例随年份的增加而有明显的上升，但是还没有实证数据检验这一转变的潜在原因。

参考文献

Alexander, J. C.. 1991. Do the Merits Matter? A Study of Settlements in Securities Class Actions. *Standford Law Review* 43: 497-598

Bowen, R. M., L. DuCharme, and D. Shores. 1995. Stakeholders' Implicit Claims and Accounting Method Choice. *Journal of Accounting and Economics* 20: 255-295

Brown, L. D.. 2001. A Temporal Analysis of Earnings Surprises: Profits vs. Losses. *Journal of Accounting Research* 39 (2): 221-241

Brown, L. D., P. Griffin, R. Hagerman, and M. Zmijewski. 1987. An Evaluation of Alternative Proxies for the Market's Assessment of Unexpected Earnings. *Journal of Accounting and Economics* 9: 159-194

Burgstahler, D., and M. Eames. 2006. Management of Earnings and Analysts' Forecasts to Achieve Zero and Small Positive Earnings Surprises. *Journal of Business Finance & Accounting* 33 (5) & (6): 633-652

Collins, D. W., and S. P. Kothari. 1989. An Analysis of Intertemporal and Cross-sectional Determinants of Earnings Response Coefficients. *Journal of Accounting and Economics* 11: 143-181

Lang, M., and M. McNichols. 1998. Institutional Trading and Corporate Performance. Working paper, Standford University, Palo Alto, CA

Matsumoto, D.. 2002. Management's Incentives to Avoid Negative Earning Surprises. *The Accounting Review* 77: 483-514

Payne, J. L., and S. W. G. Robb. 2000. Earnings Management: The Effect of Ex ante Earnings Expectations. *Journal of Accounting, Auditing, and Finance* 15 (4): 371

Porter, M. E.. 1992. Capital Disadvantage: America's Failing Capital Investment System. *Harvard Business Review* (*Sept.* ~*Oct.*): 65-82

Puffer, S. M., and J. B. Weintrop. 1991. Corporate Performance and CEO Turnover: The Role of Performance Expectations. *Administrative Science Quarterly* 36: 1-19

Skinner, D. J.. 1994. Why Firms Voluntarily Disclose Bad News. *Journal of Accounting Research* 32 (1): 38-60

——. 1997. Earnings Disclosures and Stockholder Lawsuits. *Journal of Accounting and Economics* 23: 249-283

Skinner, D. J., and R. G. Sloan. 2001. Earnings Surprises, Growth Expectations and Stock Returns or Don't Let a Torpedo Stock Sink Your Portfolio. Working paper, University of Michigan, Ann Arbor, MI

Tucker, W.. 1991. Shakedown? *Forbes* (August 19): 98

6.5 债务违约和盈余操纵

DeFond, M. L., and J. Jiambalvo. 1994. Debt Covenant Violation and Manipulation of Accruals. *Journal of Accounting and Economics* 17: 145-176

在会计研究中，当公司临近债务违约时，管理者会选择提高盈余的会计方法是一个基本假设（Watts and Zimmerman，1986；DeFond and Jiambalvo，1993）。然而，之前支持这一假设的研究一般利用杠杆率作为代表以会计为基础的债务契约的存在性和严重程度的变量（Ayres，1986；Bowen et al.，1981；Daley and Vigeland，1983；DeFond and Jiambalvo，1991；Dhaliwal，1980；Dhaliwal et al.，1982；Lilien and Pastena，1982；Zimmer，1986；Zmijewski and Hagerman，1981）。DeFond and Jiambalvo（1994）通过检验年报中披露了债务违约的公司的异常应计项目，检验债务契约的限制是否影响了发生债务违约当年和前一年的会计选择，发现在违约前的年份，时间序列和横截面模型都显示异常总应计项目和流动资本应计项目都显著为正；在违约发生的年份，在控制了管理层变动和审计师签署持续经营不确定性审计意见后，有证据表明异常营运资产应计项目为正。这篇文章利用已经发生债务违约的公司，避免了利用代表变量来判断公司是否发生债务违约。并且本文研究异常应计项目，作为反映管理层对盈余操纵程度的变量，可以反映债务违约公司进行与利润和费用确认相关的盈余操纵的策略。

这篇文章研究的核心问题，正如其题目所反映的一样，是债务违约的公司管理层是否进行了盈余操纵，以及在发生债务违约前一年和当年进行盈余操纵的应计项目的表现。这篇文章还控制了审计师签署持续经营不确定性审计意见以及管理层变动这两个控制项目对应计项目的影响。作者首先从时间序列分析和横截面分析两个方面利用 Jones 模型计算可操纵性应计项目，分析债务违约对可操纵性应计项目的影响。其次，作者加入了审计师签署持续经营不确定性审计意见以及管理层变动这两个控制项，分析这两个控制项对可操纵性应计项目的影响。

这篇文章的逻辑思路可以从两层基本假设中得到体现。

文中的第一层假设为：发生债务违约的公司通过操纵可操纵性应计项目来进行盈余操纵，因此其可操纵性盈余项目在发生债务违约前的年份和当年应异常表现为正。由于债务契约经常写为会计数字的形式，并且债务违约成本通常很高，所以可能发生债务违约的公司管理层会通过增加盈余的会计选择来避免违约发生或在违约谈判中增加筹码（Watts and Zimmerman，1986；DeFond and Jiambalvo，1993），本文的目的就是检验其正确性。另外，这一假设在之前也已经被很多实证研究验证，只不过其验证方法同本文不同。之前的相关研究一般利用杠杆率作为以会计数字为基础的债务违约存在性和严重程度的代表变量，杠杆率假说表明，在其他条件相同时，杠杆率越高的公司，其管理者越可能选择一些会计程序，使得未来期的报告盈余转移到当期（Watts and Zimmerman，1986）。并且，相比会计方法的变更而言，操纵性应计项目是在不同期间转移盈余的一种成本较低的方式（Healy，1985）。

文中的第二层假设为：由于审计师的行为（或潜在行为）和管理者的运营决策，与未收到持续经营不确定性审计意见的临近债务违约的公司相比，收到持续经营不确定性审计意见的公司具有正的异常应计项目的可能性更小。另外，管理者变动可能导致“洗大澡”行为，使得应计项目减小（导致负的异常应计项目），因此除非在对应计项目的分析中排除管理者变动这一因素，观察到的异常应计项目很可能不显著区别于零或显著为负（同标准预测下操纵应计为正的结果相反）。其中第一个假设，收到持续经营不确定性审计意见的公司，审计师将更加保守，加强对该公司增加收益的会计选择的监管，以防止自己在公司破产时被起诉，这将导致异常应计项目不显著区别于零（Stice，1991）。另外，公司的管理者为了增加现金流，可能会加快收回应收账款的速度并推迟对存货的购买或对应付账款的支付，这些运营决策将导致显著为负的异常应计项目。第二个假设基于本文的样本公司 29%在债务违约当年经历过管理者变动的事实。新的管理者倾向于通过调低资产价值或者调高预期成本或损失的计提来“洗大澡”，以将当年低盈余的责任归咎于之前的管理者，而在之后的年份通过调回这些应计项目来增加收益（Moore，1973；DeAngelo，1988）。

文章选取了 National Automated Accounting Research System（NAARS）中在 1985—1988 会计年度披露债务违约的 94 家公司作为样本。这些债务违约公司样本还要求在 Compustat 中有其债务违约前三年以及后一年的年度财务报表数据。前三年的数据是为了描述应计项目数据最小的时间序列要求。后一年的数据是为了剔除被并购、私有化或清算的公司，因为在最后一年这些公司特殊的经济环境可能使得管理者的其他动机而混淆由债务违约造成的管理者操纵盈余的动机。发生债务违约的样本公司为1990年4月在NAARS中通过关键词检索在附注中披露的债务违约确认。总应计项目为净利润和经营现金流的差值。流动资本为存货、应收账款和其他短期资产变化之和减去应付账款、应付收入税和其他短期负债变化之和。

对第一层假设的检验，这篇文章采用了时间序列法和横截面法两种方法。在时间序列法中，本文采用了Jones模型来计算异常应计项目。

$$TA_{j,t}/A_{j,t-1}=\alpha_j(1/A_{j,t-1})+\beta_{1j}(\Delta REV_{j,t}/A_{j,t-1})\\+\beta_{2j}(PPE_{j,t}/A_{j,t-1})+\varepsilon_{j,t}$$

式中，$TA_{j,t}$代表公司j在第t年的总应计项目；$\Delta REV_{j,t}$代表公司j在第t年的利润变化；$PPE_{j,t}$代表公司j在第t年的固定资产；$A_{j,t-1}$表示公司j在第$t-1$年的总资产；$\varepsilon_{j,t}$是残差项。通过

$$u_{j,p}=TA_{j,p}/A_{j,p-1}-[a_j(1/A_{j,p-1})+b_{1j}(DREV_{j,p}/A_{j,p-1})\\+b_{2j}(PPE_{j,p}/A_{j,p-1})]$$

可计算得出预测误差，即代表了被操纵的异常应计项目的水平。流动资本应计项目不包括折旧费用，所以正常流动资本应计模型不包括$PPE_{j,t}$项。除了这一区别，对总应计项目和流动资本应计项目的分析完全一致。此外，本文对预测误差的显著性检验还用了标准化和非标准化两种方法。标准化预测误差的计算公式和显著性检验公式为：

$$V_{j,p}=u_{j,p}/s(e_{j,t})$$

$$Z_{v,p}=\sum V_{j,p}/[\sum(T_j-k)/(T_j-(k+2))]^{1/2}$$

通过对标准化和非标准化总应计项目和流动资本应计项目的均值、中值和显著性分析可得，时间序列法下，在债务违约前一年存在增加收入的应计项目操纵，然而在违约当年，除了流动资本的预测误差均值为正外，其他均为负，与预期不符。同时间序列法一样，横截面法也用了Jones模型，不同的是它利用相应年份同行业其他公司的数据来估计模型系数：

$$TA_{ij,p}/A_{ij,p-1}=\alpha_{j,p}(1/A_{ij,p-1})+\beta_{1j,p}(\Delta REV_{ij,p}/A_{ij,p-1})+\beta_{2jp}(PPE_{ij,p}/A_{ij,p-1})+\varepsilon_{ij,p}$$

式中，i 为用来估计的同行业的公司；j 为发生债务违约的公司；p 为年份。其他变量的意义和时间序列中相同。

流动资本模型中同样不包括 $PPE_{ij,p}$ 项。结果表明，在横截面法下，发生债务违约前一年存在增加收入的应计项目操纵，然而在违约当年，除了流动资本应计项目均值为正外，其他均为负，与预期不符。

对第二层假设的检验，源自第一层假设中发生债务违约当年检验结果与预期的差异，于是作者加入了审计师签署持续经营不确定性审计意见和管理层变动两个控制变量。作者剔除了有持续经营不确定性审计意见和管理层变动的债务违约公司，于是留下 33 个公司进行时间序列检验和 51 个公司进行横截面检验。得到的结果和预期相同，在债务违约前一年和债务违约当年对总应计项目和流动资本应计项目的操纵都为正且幅度增大，显著性水平更强，且本文检验了发生债务违约当年这些公司公布的非经常项目。作者通过比较有管理层变动或持续经营不确定性审计意见的公司与不受这些因素影响的公司在非经常项目占总资产比例的差别表明，审计师加强对债务违约公司监控以及新管理者“洗大澡”的假说确实成立。这也部分解释了原文表 3～表 5 中异常应计项目为负的原因。

这篇文章的贡献主要在于避免了之前研究中用代表变量来寻找可能发生债务违约的公司，而直接采用了已经发生债务违约的公司来进行分析。另外本文运用异常应计项目进行分析，揭示了债务违约公司进行盈余操纵的形式和动机。但是，这篇文章也存在一些值得进一步探讨的地方，文章的结论也受到了一些质疑。

首先，这篇文章计算异常应计项目使用的是较早的 Jones 模型，该模型在之后经过很多人修订，弥补了之前模型准确性不足的问题。因此，这篇文章中对于应计项目的计算可能存在一定问题。其次，这篇文章的样本选择可能存在偏差。作者选择的是未能成功避免债务违约的公司，可能很多接近债务违约的公司通过盈余操纵避免了违约发生，这样这类公司就没有包含在样本内（Fields et al.，2001）。

参考文献

Ayres，F. L.. 1986. Characteristics of Firms Electing Early Adoption of SFAS 52. *Journal of Accounting and Economics* 8：143-158

Bowen，R.，E. Noreen，and J. Lacey. 1981. Determinants of the Corporate Decision to Capitalize Interest. *Journal of Accounting and Economics* 3：151-179

Daley，L. S.，and R. L. Vigeland. 1983. The Effects of Debt Covenants and Political Costs on the Choice of Accounting Methods：The Case of Accounting for R&D Costs. *Journal of Accounting and Economics* 5：195-211

DeAngelo，L. E.. 1988. Managerial Competition，Information Costs，and Corporate Governance：The Use of Accounting Performance Measures in Proxy Contests. *Journal of Accounting and Economics* 10：3-36

DeFond，M.，and J. Jiambalvo. 1991. Incidence and Circumstances of Accounting Errors. *The Accounting Review* 66：643-655

——. 1993. Factors Related to Auditor-client Disagreements over Incomeincreasing Accounting Methods. *Contemporary Accounting Research* 9：411-431

Dhaliwal，D. S.，1980. The Effect of the Firm's Capital Structure on the Choice of Accounting Methods. *The Accounting Review* 55，78-84

Dhaliwal，D. S.，G. L. Salamon，and E. D. Smith. 1982. The Effect of Owner Versus Management Control on the Choice of Accounting Methods. *Journal of Accounting and Economics* 4：41-53

Fields，T. D.，T. Z. Lys，and L. Vincent. 2001. Empirical Research on Accounting Choice. *Journal of Accounting and Economics* 31：255-307

Healy，P.. 1985. The Effect of Bonus Schemes on Accounting Decisions. *Journal of Accounting and Economics* 7：85-107

Jones，J.. 1991. Earnings Management during Import Relief Investigations. *Journal of Accounting Research* 29：193－228

Lilien，S.，and V. Pastena. 1982. Determinants of Intramethod Choice in the Oil and Gas Industry. *Journal of Accounting and Economics* 4：145－170

Moore，M.. 1973. Management Changes and Discretionary Accounting Decisions. *Journal of Accounting Research* 11：100－107

Stice，J.. 1991. Using Financial and Market Information to Identify Pre-Engagement Factors Associated with Lawsuits Against Auditors. *The Accounting Review* 66：516－534

Watts，R. L.，and J. L. Zimmerman. 1986. Positive Accounting Theory. Englewood Cliffs，NJ：Prentice Hall

Zimmer，I.. 1986. Accounting for Interest by Real Estate Developers. *Journal of Accounting and Economics* 8：37－51

Zmijewski，M. E.，and R. L. Hagerman. 1981. An Income Strategy Approach to the Positive Theory of Accounting Standard Setting/Choice. *Journal of Accounting and Economics* 3：129－149

6.6 债务契约违约与经理人员会计回应

Sweeney，A.. 1994. Debt-Covenant Violations and Managers' Accounting Responses. *Journal of Accounting and Economics* 17：281－308

已往的研究表明，会计信息对债权人有重要的意义。Leftwich（1983）指出会计信息影响债权人的决策和产权保护。通常而言，债权人与债务人通过债务契约来确定债权债务关系。债权人为了保护自身的利益，通常会在契约中加入一些限制性条款，比如要求债务人维持一定标准的利息保障倍数、资产负债率及所有者权益等。如果债务人违反了这些限制性条款，债权人就会依据债务契约对其进行惩罚。因此，可能违反债务契约的债务人通常会采用某种手段（例如会计政策变更）来避免违约。Watts and Zimmerman

(1986) 在 *Positive Accounting Theory* 中提出了著名的债务契约假设。债务契约假设认为，如果其他条件不变，企业偏离债务条款的程度越大，管理者通过选择会计程序将未来盈余调节到当期的动机就越强。债务契约假设提出以后，众多学者对其进行了实证检验（Healy and Palepu，1990；DeFond and Jiambalvo，1994；DeAngelo et al.，1994；等等），但是这些研究的结论并不一致。Sweeney（1994）的主要贡献在于使用详细的债务契约数据较好地检验了债务契约假设，并从债务违约成本①、会计灵活性等角度分析了经理人员的会计选择行为。

为了直接检验经理人员是否会变更会计政策以应对债务契约约束，论文利用已经违反债务契约的企业为样本，分析这些企业在违约前后会计政策的变化。论文希望通过实证研究回答下列问题：经理人员在面临债务约束时，经理人员是否会变更会计政策？如果变更，经理人员最有可能采用哪种会计政策？经理人员何时变更会计政策？会计政策变更对债务契约约束有何影响？论文的研究设计主要围绕上述问题展开。

论文对全国自动化会计研究系统（NAARS）中的会计报表进行了检索，最终发现 1977—1990 年有 750 起债务违约案件，涉及企业约 300 家。为了保证样本企业在 1980—1989 年间是第一次债务违约，论文剔除了 1977—1979 年间存在债务违约的企业。同时，论文以制造业为研究对象，以保证不同企业会计政策选择的可比性。论文最终获得研究样本 130 家，其中，确定性债务契约（affirmative covenants）188 个，否定性债务契约（negative covenants）7 个。论文还采用年度、行业和规模为依据选取了控制样本，以控制其他因素对研究结论的影响。

从第－5 年到第 0 年（样本企业违反债务契约的年度定义为第 0 年），研究样本和控制样本的业绩（以销售增长率、经营利润边际等指标衡量）都出现了不同程度的下滑，但是研究样本的下滑程度要更为明显。第 1 年和第 2 年，控制样本的业绩好转，但是研究样本的业绩继续下滑。

---

① 债务契约违约成本包括提高抵押比率、限制借款、提高利率、在债务契约中包括其他条款、缩短债务期限、变卖资产偿还债务等。

为了全面描述经理人员在面临债务违约时的会计回应，论文检验了会计方法的选择、自愿会计变更、会计估计变更以及强制会计变更的时间选择等四个方面。论文中涉及的研究方法包括描述性分析、卡方检验和多元线性回归等。论文具体结果如下。

第一，从存货计价方法、折旧方法、投资税贷项处理（ITC）和养老金摊销期间等方面来看，样本组和控制组并不存在显著的差异。这说明债务契约约束并不会对企业会计方法的选择产生显著影响。

第二，与控制组相比，样本组在第－2 年至第 2 年（尤其是第 0 年至第 2 年①）更有可能采用提高会计利润的方法，即经理人员在面临技术性违约时更倾向于采用提高会计利润的会计方法。而且，样本企业在面临债务契约约束时，通常会同时采用提高会计盈余和提高现金流的会计变更方法。这说明：(1) 样本企业通过会计变更来降低技术性违约的概率；(2) 样本企业通过会计变更的方法来抵消流动性的下降。

第三，当面临越来越严格的债务契约时，拥有会计灵活性（accounting flexibility）和需要承担违约成本的企业更有可能采用提高会计利润的会计变更。

第四，与控制组相比，样本组更有可能提前采用能够提高会计盈余的强制性会计变更，更有可能推迟采用降低会计盈余的强制性会计变更。

为了进一步分析会计变更是否会推迟或者避免会计政策违约，论文从研究样本中选取了 22 家企业进行案例分析。这些案例企业提供了企业为避免违反债务契约需要改变会计利润的程度的证据。案例比较分析发现只有 5 家企业进行了会计变更，这说明经理人员在决定是否进行会计变更时是十分理性的。进行会计变更的企业往往是那些通过较小的会计利润改变就能够避免违反债务契约的企业，而且税务成本的大小也会影响经理人员的决策。

这篇论文为我们检验债务契约假设提供了很好的证据，但论文中存在某

① Healy (1999) 认为，企业在违反债务契约后进行会计变更提高会计利润有两种可能：第一，为了减少未来违约的概率；第二，企业在面临财务困境时进行的经营活动重组。

些不足可能会对研究结论产生一定的影响。

第一，样本选择存在选择性偏差。论文只是选取了已经违反债务契约的公司为研究对象，而未包括那些通过会计变更成功避免债务契约违约的公司。正如论文所指出的，通过会计变更成功避免债务违约的公司能更好地检验论文所提出的主要问题。事实上，违约企业由于会计变更的弹性相对较小，通过会计变更避免债务违约的可能性更小。Healy and Wahlen（1999），Dichev and Skinner（2002）指出，Sweeney（1994）的论文会低估企业因债务契约进行盈余管理的程度。

第二，论文的结论并不十分稳健。多元线性回归结果（论文中的表 4）表明，与控制组相比，样本组并未采用提高利润的会计变更来抵消越来越严格的债务契约约束，也未对企业净值（net worth）的下降做出明显的反应。回归结果还说明，现金流状况并不能解释样本组和控制组通过会计变更来提高会计利润所存在的数量和程度方面的差异。

参考文献

DeAngelo，H.，L. DeAngelo，and D. Skinner. 1994. Accounting Choice in Troubled Companies. *Journal of Accounting and Economics* 17：113–143

DeFond，M.，and J. Jiambalvo. 1994. Debt Covenant Violation and Manipulation of Accruals. *Journal of Accounting and Economics* 17：145–176

Dichev，I. D.，and D. J. Skinner. 2002. Large Sample Evidence on the Debt Covenant Hypothesis. *Journal of Accounting Research* 40：1 091–1 123

Healy，P. M.，and J. M. Wahlen. 1999. A Review of the Earnings Management Literature and Its Implication for Standard Setting. *Accounting Horizons* 13：365–383

Healy，P.，and K. Palepu. 1990. The Effectiveness of Accounting-Based Dividend Covenants. *Journal of Accounting and Economics* 12：97–123

Leftwich，R.. 1983. Accounting Information in Private Markets：Evidence from Private Lending Agreements. *The Accounting Review* 58：23–42

Watts, R. L., and J. L. Zimmerman. 1986. Positive Accounting Theory. Englewood Cliffs, NJ: Prentice Hall

6.7　债务契约假设的大样本证据

Dichev, I. D., and D. J. Skinner. 2002. Large Sample Evidence on the Debt Covenant Hypothesis. *Journal of Accounting Research* 40: 1091-1123

自 Watts and Zimmerman（1986，1990）在 *Positive Accounting Theory* 中提出著名的债务契约假设，债务契约一直是会计研究中的一个重要话题。以往研究主要关注两个方面。第一，经理人员是否会为了避免违反债务契约而进行盈余管理。尽管这个领域的研究成果很多，但是研究结论并不一致。DeFond and Jiambalvo（1994），Sweeny（1994）发现，企业为了避免债务契约约束而进行盈余管理。Healy and Palepu（1990），DeAngelo et al.（1994）则未发现支持债务契约假设的证据。第二，违反债务契约的原因和经济后果。相关的研究结论表明（Chen and Wei，1993；Beneish and Press，1993；等等），虽然企业较少违反债务契约，但是违反债务契约的成本很高（利率大幅提高，对企业行为进行限制等）。

那么，基于会计信息的债务契约在非公开贷款协议（private debt agreements）中是如何被确定和执行的呢？已有研究并未告诉我们答案。论文利用 Dealscan 提供的大样本债务数据库，对上述问题进行了深入分析和讨论。相比以往的数据库，Dealscan 数据库具有以下几个特点：第一，该数据库使得我们能够准确衡量债务契约的松弛程度，即企业的实际财务指标水平与债务契约规定的财务指标水平的差额。如果松弛程度为负，则说明企业未达到债务契约的要求，即违反了债务契约。第二，数据库中既包括已经违反债务契约的公司，又包括通过盈余管理成功避免违反债务契约的公司，克服了以往研究中存在的样本选择偏差问题。第三，数据库中包括30 000个债务契约协议，使用该样本研究结论更具有代表性。第四，数据库提供的大样本数据使得我们能够借鉴 Burgstahler and Dichev（1997）的方法检验企业是否会为避免违反债务契约而进行盈余管理。①

为了验证债务契约假设，论文主要研究经理的会计选择行为是否会降低企业违反债务契约的概率。论文认为，债务契约违约可以作为预警信号，债权人借此对债务契约进行监测和重新协商。因此，论文预测基于会计信息的债务契约会相对严格，债务契约违约会比较频繁，违反债务契约的经济后果则取决于借款人的经济状况。论文还预期，经理人员有很强的动机避免首次债务违约，如果企业曾经违反债务契约，则经理人员的上述动机会大大减弱。

论文使用了 Dealscan 数据库提供的从 1989 年 1 月到 1999 年 12 月的贷款数据。数据库中的债务契约类型很多，包括基于债务现金流比率（debt to cash flow）的债务契约、基于利息保障倍数（interest coverage）的债务契约、基于净资产（net worth）的债务契约、基于流动比率（current ratio）的债务契约等。由于不同的债务契约对财务指标的定义不同②，缺乏可比性，论文因此只选择了两种较少受到调整的债务契约：基于流动比率的债务契约和基于净资产的债务契约。为了获得贷款公司的其他财务数据，论文将贷款数据与 Compustat 中的数据进行了匹配，最终获得贷款季度观测 15 391 个（基于流动比率的债务契约样本 13 052 个，基于净资产的债务契约样本 2 339 个），借款企业 1 237 家（基于流动比率的债务契约样本 1 001 家，基于净资产的债务契约样本 236 家）。

论文首先对企业的债务契约条款和企业财务特征进行相关性分析，发现

---

① Burgstahler and Dichev（1997）的方法假设企业管理者存在为避免盈余减少和亏损而进行盈余管理的动机。如果企业不存在上述动机，那么样本的盈余分布是平滑的，并且近似于正态分布。如果企业为避免亏损进行了盈余管理，在样本的盈余分布图上就会有所体现：紧靠零点（盈余为零）左边的样本频数比预期的少，而紧靠零点右边的样本频数比预期的多，即样本分布不符合正态分布。论文认为，Burgstahler and Dichev（1997）的方法相比 Dechow et al.（1995）的方法能够更好地计量企业的盈余管理程度。

② Leftwich（1983）研究发现，债权人会与债务人签订不完全遵循 GAAP 的借款条款以更好地维护其利益。这些条款有些与 GAAP 一致，有些对 GAAP 进行了修改，还有一些则依据双方的需要重新进行了设计。

资产负债率对企业是否违反债务契约的解释能力很弱（实际解释能力只有 18%），这说明资产负债率并不能很好地度量企业违反债务契约的程度。

为了验证债务契约假设，论文采用了 Burgstahler and Dichev（1997）的方法，即债务契约的分布图来分析企业是否为了避免违反债务契约而进行盈余管理。对于分布图而言，区间宽度（bin width）的选择十分关键，论文借鉴了 Silverman（1986）和 DeGeorge et al.（1999）的方法来计算。而且，该方法需要基于分布图是平滑的假设，论文因此还选用了随机化（randomization）的方法进行稳健性检验，研究结论保持不变。

论文发现，如果将基于流动比率的债务契约的松弛程度（covenant slack）混合在一起，可以得到类似 Burgstahler and Dichev（1997）的分布图。论文中的图 1 显示，区间 0 和 1 的观测异常多，而区间－1 的观测异常少，统计检验拒绝样本分布图是平滑的原假设。这说明，企业的确存在为避免违反债务契约而进行盈余管理的动机。正如论文假设中提出的，曾经违反债务契约的企业和尚未违反债务契约的企业在盈余管理的动机上是否存在差异呢？为了回答上述问题，论文将样本分为两组：至多违反过一次债务契约组和违反过两次以上债务契约组。论文发现，至多违反过一次债务契约组的不平滑程度高于总样本的不平滑程度，说明该类企业为避免违反债务契约而进行盈余管理的动机更强。但是，违反过两次以上债务契约组的分布图（论文中的图 3）相比图 1 和图 2 较为平滑，区间－1～0 之间并不存在断点。论文还使用基于净资产的债务契约样本进行研究，也得到了类似的结论：(1) 经理人员为了避免违反债务契约进行盈余管理；(2) 经理人员进行盈余管理的动机会因企业曾经违反债务契约而减弱。

但是，论文中图 1～图 3 可能是由于债权人在签订债务契约时事先设定好的，而非企业经理人员事后选择的结果。为了排除这种竞争性假说，论文剔除了债务契约签订当月或者临近月份（该期间的债务松弛程度主要是债权人确定的，受企业盈余管理的影响较小）的观测，研究结论依然保持不变。

论文还发现，基于流动比率的债务契约样本中违反债务契约的比例为 37%，基于净资产的债务契约样本中违反债务契约的比例为 30%，而且这些违反债务契约的贷款中，约 80%的贷款会出现多次违反债务契约的情形。通过财务比率的分析可以发现，与未违反债务契约的企业相比，违反债务契约的企业资产负债率更高，盈利能力更差。同时，违反债务契约的企业还伴随着财务状况的恶化和盈利能力的下滑，但违反债务契约的企业并不意味着企业一定出现了财务困境。该结论与以往的研究发现正好相反（Beneish and Press，1993；DeFond and Jiambalvo，1994）。

正如作者在论文中指出的，论文有许多不足之处。尽管做了许多稳健性检验，这些不足依然会对研究结论产生影响。

第一，虽然分布法可以帮助我们较好地研究样本总体的盈余管理程度，但是该方法无法识别企业进行盈余管理的手段是会计政策选择，还是真实操纵活动，或者其他手段。

第二，由于 Dealscan 数据库数据的限制，我们很难判断企业违反债务契约的经济后果。

第三，样本选择的方法使得研究结论缺乏一定的外部有效性：（1）论文只是选取债务契约，而非基于会计信息的具有契约特征的所有债务协议；（2）只是选择了两种类型的债务契约；（3）贷款观测主要是美国银行发放的大额辛迪加贷款。

参考文献

Beneish，M. D.，and E. Press. 1993. Costs of Technical Violation of Accounting-Based Debt Covenants. *The Accounting Review* 68：233－257

Burgstahler，D. C.，and I. D. Dichev. 1997. Earnings Management to Avoid Earnings Decreases and Losses. *Journal of Accounting and Economics* 24：99－126

Chen，K. C. W.，and K. C. J. Wei. 1993. Creditors' Decisions to Waive Violations of Accounting-based Debt Covenants. *The Accounting Review* 68：218－232

DeAngelo，H.，L. DeAngelo，and D. Skinner. 1994. Accounting Choice in Troubled Companies. *Journal of Accounting and Economics* 17：113－143

Dechow，P. M.，R. G. Sloan，and A. P. Sweeney. 1995. Detecting Earnings Management. *The Accounting Review* 70：193-225

DeFond，M.，and J. Jiambalvo. 1994. Debt Covenant Violation and Manipulation of Accruals. *Journal of Accounting and Economics* 17：145-176

Degeorge，F.，J. Patel，and R. Zeckhauser. 1999. Earnings Management to Exceed Thresholds. *The Journal of Business* 72：1-34

Healy，P.，and K. Palepu. 1990. The Effectiveness of Accounting-Based Dividend Covenants. *Journal of Accounting and Economics* 12：97-123

Silverman，B. W.. 1986. Density Estimation for Statistics and Data Analysis. London：Chapman&Hall

Sweeney，A. P.. 1994. Debt Covenant Violations and Managers' Accounting Respones. *Journal of Accounting and Economics* 17：281-308

Watts，R. L.，and J. L. Zimmerman. 1986. Positive Accounting Theory. Englewood Cliffs，NJ：Prentice Hall

6.8 资产负债表管理：将短期负债重分类为长期负债

Gramlich，J. D.，M. L. McAnally，and J. Thomas. 2001. Balance Sheet Management：The Case of Short-Term Obligations Reclassified as Long-Term Debt. *Journal of Accounting Research* 39：283-295

会计报表管理是会计研究中的经典问题之一，前人的研究主要集中于对利润表和现金流量表的研究。Gramlich et al.（2001）通过研究公司对资产负债表中短期负债和长期负债的管理，将这个领域的文献向前推进了一步。该文发现虽然重新分类（classification）和再次重新分类（declassification）后公司总的负债和权益并没有改变，但是重新分类（再次重新分类）后公司的流动性如流动比率和长期负债率得到了提高（降低）。

这篇文章研究的核心问题是资产负债表管理的一种可能的形式：首先将某种短期负债主要是商业票据重新分类为长期负债，之后再将长期负债再次重新分类为短期负债，使之回到资产负债表流动负债项目。① 作者将“重新分类”定义为长期负债中包含一部分短期负债，而把与重新分类相反方向的操作定义为“再次重新分类”。前人的研究主要集中在检验公司为什么和怎样对利润表进行管理，很少关注对资产负债表的管理。这篇文章探讨了影响公司进行资产负债表管理，即将短期负债和长期负债进行重新分类和再次重新分类的因素。

文章并没有正式提出假设，而是提供了公司进行资产负债表管理的两个可能的解释。

第一个解释为：公司进行重新分类以试图满足跨期或截面流动性和杠杆率目标。② 在一个信息不对称和对基本流动性外部反应很强的环境中，一个公司为了避免外部机构的误解可能选择通过管理以避免报告过高或过低的流动性。

第二个解释为：进行重新分类的公司可能已经接近违反债务契约对流动比率的规定（Duke and Hunt（1990）和 Press and Weintrop（1990）的研究都为此提供了证据）。重新分类使公司脱离临界比率，从而避免了高昂的谈判费用，也避免了债务违约。

文章通过对 NAARS 数据库进行检索，确认了 211 家在 1984—1994 年间有重新分类迹象的公司。如果进一步检验发现公司确实在 11 年的窗口内进行了重新分类，则进一步收集公司在整个时间段会计报表附注中有关的短期负债和长期负债的信息。作者使用 Compustat 数据库的数据计算流动比率、杠杆率和利润率。最后的样本包括 197 家公司的 1 765 个公司年数据。

文章通过图 1 和图 2 分别比较了重新分类和再次重新分类前后样本公司的平均流动比率。图 1 描述了 128 家在 1984—1994 年间首次将短期债务重

① 根据 SFAS 6（Statement of Financial Accounting Standard No. 6，美国财务会计准则第 6 号）的规定，公司可以将部分或全部短期债务重新分类为长期债务，前提是管理者证明公司有能力按时偿还长期债务。

② 跨期流动性和杠杆率目标是指公司当年水平与其历史水平的分布呈平滑状态，截面流动性和杠杆率目标是指公司当年水平与行业水平相一致。

新分类为长期债务的公司重新分类当年及前三年的平均流动比率。结果显示，如果没有进行重新分类，则第一次进行重新分类的公司流动比率较前三年显著下降，而公司通过将短期负债重新分类为长期负债后使报告的流动比率接近上一年的水平。图2描述了47家将短期负债重新分类为长期负债后第一次将长期负债再次重新分类为短期负债的公司，再次重新分类当年及前三年的平均流动比率。比较发现，公司再次重新分类当年的流动比率显著高于以前年份，所以通过将以前年度重新分类为长期负债的部分再次重新分类为短期负债的方式降低了报告的流动比率。综合两个图的结果，当公司的流动资产和/或流动负债变化幅度较大时，公司会有目的性地进行重新分类和再次重新分类，以减小报告的流动比率的波动。

接下来，作者通过原文中表1和表2对重新分类和再次重新分类当年两种分类对流动比率和长期负债比率的影响进行了统计检验。

表1主要对1984—1994年间首次进行重新分类的公司重新分类当年报告的和调整的流动比率的平均值进行了单变量检验。检验的主要目的是确认重新分类决定是否使流动比率和长期资产负债率向前一年和/或规模调整的行业标杆的方向移动。检验主要分为四个部分：(1) 重新分类对报告的和调整的比率的影响；(2) 报告的和调整的比率与前一年度的对比；(3) 重新分类公司的比率与行业标杆比率的比较；(4) 行业标杆比率的年度变化与重分类公司的年度变化的对比。平均值的显著性检验采用双尾 t 检验，中值显著性检验采用 Wilcoxon 符号秩检验。

表2是对1984—1994年间首先将短期负债重新分类为长期负债，然后第一次将长期负债再次重新分类为短期负债的公司报告的和调整的流动比率及长期负债率进行单变量检验，其目的是确认再次重新分类决定是否使流动比率和长期负债比率朝前一年和/或规模调整的行业标杆的方向移动。检验分为三个部分：(1) 再次重新分类对报告的和调整的比率年度变化的影响；(2) 再次重新分类公司的比率与行业标杆比率的比较；(3) 行业标杆比率的年度变化与再次重新分类公司的年度变化的对比。显著性检验方法与表1相同。

通过以上研究，作者得出如下结论：公司进行重新分类或再次重新分类的主要目的是使流动比率而不是长期负债比率保持平滑，并且为了和以前年度保持平滑的动机比同行业标杆水平保持平滑的动机显著。

最后，为了探讨各种元素对重新分类决定的共同影响，作者通过多元逻辑回归发现公司的流动比率越小，重新分类前流动比率下降越大，公司进行重新分类的可能性就越大。另外，文章还发现短期负债较高而长期负债较低时公司更可能进行重新分类。但是回归结果并没有发现利润率对重新分类和再次重新分类的决定有显著影响。

最小二乘回归结果显示，将短期债务重新分类为长期债务的数量与公司的流动性、杠杆率和收益率负相关，并且时间序列和截面平滑模型回归结果都得出了相似的结论，所以公司在决定是否进行重新分类的同时似乎也对重新分类数额做出决定。

在对债务契约约束作用的研究中作者发现，披露了债务契约中对流动比率和营运资本限制的公司进行重分类的可能性显著高于没有披露此种限制的公司。控制了盈利能力、流动性和杠杆率的逻辑回归结果和最小二乘回归结果都表明，如果公司的债务契约有对流动比率和营运资本的限制，则这类公司更有可能进行重新分类，且其重新分类的数额也更大。

文中提到了一些对后续研究的展望：对重新分类和其他管理方法如应计项目管理和会计准则变更等之间的相互影响进行研究；促使管理者决定进行重新分类的原因以及可以补充或替代重新分类的其他财务报表管理方式；财务报表使用者对重新分类如何理解，这种理解是否会对公司的股权价格和债券评级有经济影响。

Gramlich et al.（2003）在本文基础上通过进一步研究表明，重新分类预示着盈利、现金流和应计项目的持续性将遭到破坏，而且重新分类与公司的债券评级负相关。他们的研究还发现，公司的股权价值与对短期债务再次进行重新分类的决定有关。

Gramlich et al.（2006）通过估计模型发现具有较低杠杆率、流动比率和经营现金流的公司更频繁地进行重新分类，进一步验证了本文的结论。同时，他们还发现控制了已知的影响债券评级的变量后，进行重新分类的公司比没有重新分类的公司更可能出现债券评级下降。

参考文献

Duke, J. C. , and H. G. Hunt. 1990. An Empirical Analysis of Debt Covenant Restrictions and Accounting Related Debt Proxies. *Journal of Accounting and Economics* 12: 45-63

Press E. G, and J. B. Weintrop. 1990. Accounting-Based Constraints in Public and Private Debt Agreements: Their Association with Leverage and Impact on Accounting Choice. *Journal of Accounting and Economics* 12: 65-95

Gramlich J. D. , M. L. McAnally, and J. Thomas. 2003. Debt Reclassification, Accrual and Cash Flow Persistence, and Capital Market Consequence. Working paper

——. 2006. Debt Reclassification and Capital Market Consequences. *Journal of Business Finance* 33: 1189-1212

6.9 公司是否通过盈余管理以达到现金分红门槛?

Daniel, N. D. , D. J. Denis, and L. Naveen. 2008. Do Firms Manage Earnings to Meet Dividend Thresholds? *Journal of Accounting and Economics* 45: 2-26

盈余管理是会计研究中的重要问题，对盈余管理的研究主要集中在以下四个方面：公司重大事件如发行股票和并购前后的盈余管理；管理者进行盈余管理的动机；有债务契约的公司是否更倾向于收入增加的会计政策；公司进行盈余管理是否为了达到重要的门槛，如正的盈余或盈利上升（Burgstahler and Dichev，1997）、分析师预期（DeGeorge et al. ，1999）。本文通过检验公司是否通过盈余管理以达到期望现金分红门槛，将公司进行盈余管理以达到重要门槛方面的文献又拓宽一步。

这篇文章研究的核心问题，如题目所言，是当公司预计到管理前的盈余比期望红利支付水平低的时候，是否通过盈余管理使盈余提高。作者首先定义了盈余管理涉及的两个重要部分——可操控性应计项目和盈利赤字，并对其计量方法进行了介绍；然后，作者用不同的模型和方法考察盈利赤字的水平与可操控性应计项目之间的关系。

本文要检验的主要假设为：当公司预计到管理前的盈余比期望红利支付水平低的时候，是否通过盈余管理将盈余提高。作者提出假设是因为观察到红利发放限制是债务契约中最普遍的限制。如 Kalay（1982）发现，在 150 家随机选择的公司中，每一家公司都至少在一种债务票据中有红利发放限制。类似地，Bradley and Roberts（2004）发现 1993—2001 年间 84%的债务契约都有红利发放限制。债务契约对红利发放限制表明，报告盈利水平是发放红利的重要决定因素。所以，当报告盈利成为重要的分红门槛时，管理层就有动机在报告盈利低于期望红利支付水平时进行盈余管理以避免红利下降。

本文基本数据包括 1992—2005 年间 S&P 500（标准普尔 500 指数）在 Compustat 数据库有数据的公司。作者采用上述公司的数据，原因是这些公司的数据包括管理层薪酬的数据，而管理层薪酬是盈余管理的重要决定因素。接下来，文章按照前人的做法剔除了金融类、公用事业类和没有公开交易的公司。

在对假设进行检验的过程中，作者首先用二维列联表按照可操控性应计项目是否大于 0 以及红利赤字等于 0 还是大于 0，来说明是否具有盈利赤字并支付红利的公司更容易进行盈余操纵。结果显示，红利赤字大于 0 且可操控性应计项目大于 0 的公司所占比例大于其他组合比例，说明当公司存在红利赤字时更容易进行盈余管理。

接下来，作者设计了 4 个模型分别进行回归，以检验红利赤字和可操控性应计项目之间的联系，这些检验控制了其他已经被证实对总的可操控性应计项目有影响的因素。文章在检验两者关系的时候使用截面回归，控制变量包括公司规模、杠杆率、市净率、管理层激励、行业和年度哑变量。此外，作者还在一些回归中控制了留存收益。而且，文章报告的所有 t 统计量都经过了异方差调整和公司间残差相关调整。

模型 1 只用控制变量进行回归。结果发现，管理层薪酬与因变量总的可操控性应计项目显著正相关，与 Healy（1985）的结论一致。且可操控性应计项目与公司规模显著负相关，与其他控制变量无显著关系。

模型 2 加入了预期会和盈余管理相关的变量，即表示红利赤字的变量和前一年的留存收益变量考察两者对 t 期总可操控应计项目的影响，并且分开考察支付红利公司和不支付红利公司的红利赤字对总可操控性应计项目的影响。结果显示，公司是否支付红利、支付红利公司的红利赤字与总可操控性应计项目显著正相关，而前一期的保留盈余与总可操控性应计项目显著负相关，证实了期望红利水平是盈利的重要门槛。

模型 3 考察红利赤字的两个组成部分——t 期的管理前盈余和期望红利分别对 t 期总可操控性应计项目的影响。结果显示，总可操控性应计项目与管理前盈余负相关，与期望红利水平正相关。

模型 4 加入前一年的盈余水平和分析师对当年的预测盈余，以控制公司为达到前一年的盈利水平或盈余预测而进行盈余管理。结果表明，对于支付红利的公司，红利赤字与可操控性应计项目仍然显著正相关。

上面四个模型的结果表明，期望红利水平是重要的盈利门槛，而且当期望红利水平高于管理前盈余时，公司有动机通过对可操控性应计项目的操纵提高报告盈余，验证了本文的假设。而且可操控性应计项目与红利赤字之间的关系只有在支付红利的公司才显著，说明公司不是简单地当盈余较低时就通过盈余管理提高报告盈余，进一步验证了本文的假设。

接下来，文章从多个角度验证文中结果的稳健性。因为不同的文献对文中主要自变量可操控性应计项目所采用的计算方式有所不同，作者选取了几种经典的可操控性应计项目的计量方式对模型 2 重新进行回归，以保证在不同的应计项目的计算方式下，本文结果的稳健性不受影响。作者所采用的主要方式有 Kothari et al.（2005），修正的 Kothari et al.（2005），修正的 Jones（1991），Teoh et al.（1998a，b），Ball and Shivakumar（2006）和 Dechow and Dichev（2002）的计算方式。作者还做了其他三种稳健性检验（增加控制变量、改变样本选择标准和改变估计期望红利的方式），以进一步保证结果的稳健性。

在上述研究结果的基础上，文章讨论了什么类型的公司更容易为达到红利门槛而进行盈余管理。作者主要从规则（《萨班斯-奥克斯利法案》和《税务改革法案》）颁布前后、公司以前的红利发放政策（红利发放持续时间和红利发放金额）、CEO 的激励（CEO 的红利和 CEO 财富变动对公司股价的影响）以及约束的松紧度（是否有债务、期望红利约束和是否有新的股权融资）几个方面来对盈余赤字高和低的两组公司进行考察。结果发现，上述因素对公司进行盈余管理以达到分红门槛有重要影响，进一步验证了文章的假设。

作者还从盈余管理是否会影响公司降低红利的可能性角度，进行了进一步稳健性检验。结果同样支持本文假设，且说明在控制了盈利水平、红利水平、现金流变动和其他盈余门槛时，降低红利的可能性与公司报告盈余是否达到了期望红利水平显著相关。

本文的主要贡献如下：

第一，前人的研究主要集中在债务契约对红利发放的约束，本文将期望红利水平与盈余管理联系起来，并且验证了期望红利水平是重要的盈余门槛。

第二，本文对检验发放红利公司的红利和盈余质量的信息含量文献有启示，前人的研究在红利变动是否预示着未来盈利的变动，以及是否发放红利的公司盈余质量更高问题上提供的证据并不一致。本文结果显示，一些支付红利的公司为了弥补红利赤字而增加可操控性盈余，但是可操纵性盈余其后的反转会使得这些公司的未来盈余较低。

第三，文章为红利对公司的重要性提供了直接的证据。因为盈余管理可能导致公司支付较高的税收（Erickson et al.，2004），提高公司的资本成本（Francis et al.，2004，2005），所以管理层要保持公司的红利水平至少与这些成本一样高。在这个意义上，本文支持了 Brav et al.（2005）的结论，并且为红利对公司是最重要的问题之一提供了间接证据。

本文的不足之处在于虽然作者认为盈余管理行为与债务契约约束具有相关关系，但是只提供了间接证据。在这个意义上，文章结论只能是启发性的，而不能确定与红利发放相关的债务约束影响总的可操控性应计项目。

参考文献

Ball，R.，and L. Shivakumar. 2006. The Role of Accruals in Asymmetrically Timely Gain and Loss Recognition. *Journal of Accounting Research* 44：207－242

Bradley，M. and M. Roberts. 2004. The Structure and Pricing of Bond Covenants. Working paper，Duke University and University of Pennsylvania

Brav，A.，J. Graham，C. Harvey，and R. Michaely. 2005. Payout Policy in the 21st Century. *Journal of Financial Economics* 77：483－527

Burgstahler，D.，and I. Dichev. 1997. Earnings Management to Avoid Earnings Decreases and Losses. *Journal of Accounting and Economics* 24：99－126

Dechow，P.，and I. Dichev. 2002. The Quality of Accruals and Earnings：The Role of Accrual Estimation Errors. *Accounting Review* 77：5－59

DeGeorge，F.，J. Patel，and R. Zeckhauser. 1999. Earnings Management to Exceed Thresholds. *Journal of Business* 72：1－33

Erickson，M.，M. Hanlon，and E. Maydew. 2004. How Much Will Firms Pay for Earnings That Do Not Exist? Evidence of Taxes Paid on Allegedly Fraudulent Earnings. *Accounting Review* 79：387－408

Francis，J.，R. LaFond，P. Olsson，and K. Schipper. 2004. Cost of Equity and Earnings Attributes. *Accounting Review* 79：967－1 010

——. 2005. The Market Pricing of Accruals Quality. *Journal of Accounting and Economics* 39：295－327

Healy，P.. 1985. The Effect of Bonus Schemes on Accounting Decisions. *Journal of Accounting and Economics* 7：85－107

Jones，J.. 1991. Earnings Management during Import Relief Investigation. *Journal of Accounting Research* 29：193－228

Kalay，A.. 1982. Stockholder-Bondholder Conflict and Dividend Constraints. *Journal of Financial Economics* 10：211－233

Kothari，S.，A. Leone，and C. Wasley. 2005. Performance Matched

Discretionary Accrual Measures. *Journal of Accounting and Economics* 39：163－197

Teoh，S.，I. Welch，and T. Wong. 1998a. Earnings Management and the Long Run Market Performance of Initial Public Offerings. *Journal of Finance* 53：1935－1974

——. 1998b. Earnings Management and the Underperformance of Seasoned Equity Offerings. *Journal of Financial Economics* 50：63－99

6.10 管理者股票期权、错过盈余目标与盈余管理

McAnlly M. L.，A. Srivastava，and C. D. Weaver. 2008. Executive Stock Options, Missed Earnings Targets, and Earnings Management. *The Accounting Review*，Vol. 83，No. 1：185－216

本文首次研究了企业错过盈余目标的激励和动机，通过实证分析，发现错过盈余目标也有可能是盈余管理的表现，在有大量期权授予之前，公司更有可能错过盈余目标。

Jensen and Meckling（1976）认为在管理权和所有权分离的管理模式下，股票期权是使股东利益与管理者利益保持一致的一种方式。但是实际上，根据Jensen（2005）的研究，当管理者承担了与收益不匹配的损失或者是管理者的决定会获得相对于股东来说更多的收益的情况下，管理者会做出违背股东利益的行为。管理者利用信息公布择时和盈余管理，来增加股票期权的价值。Chauvin and Shenoy（2001）和Aboody and Kasznik（2000）发现，由于CEO控制坏消息传递的时机，可以观察到股票期权授予之前公司的异常股价变动。Cheng and Lo（2006）发现企业在行使股票购买权利之前，会增加坏信息的发布。本文的研究不同于之前研究的是，假定坏消息是内生的，由于管理者进行了向下的盈余管理，报告没有达到盈余目标，从而产生了坏消息。

关于盈余管理的文献，Jesen（2004），Bartov and Mohanram（2004），

Beergstresser and Philippon（2006），Burns and Kedia（2006）和 Efendi（2007）等对向上的盈余管理进行了深入的探讨，但是还缺乏对向下的盈余管理的研究。

根据以前的研究，没达到收益目标会导致股价大幅下跌。Cheng and Warfield（2005）认为对于持有公司股票期权和准备执行股票期权的管理者，会在行权前操纵收益，使收益增加或者是达到目标。Balsam（2003）和 Baker（2003）发现对于将有大量期权授予的管理者，他们会通过盈余管理降低收益，来增加授予期权的价值，但是两篇文献都没有考虑没达到盈利目标的子样本公司，也没有单独考虑股票期权带来的负向盈余管理动机。区分一般盈余管理和错过盈利目标是非常关键的，因为后者代表了心理和经济学的重要性。相比一般盈余管理，投资者、顾客、供应商等会很容易发现错过盈利目标的情况，所以，收益跌破了目标的公司的股价反应会更明显，对管理者的影响也更大。因此，期望有很多股权授予的管理者会从跌破收益目标中获得最大的收益。

作者还根据前人的文献总结了向下盈余管理使企业错过盈余目标与股票期权之间相关关系产生的原因，除了后文想要论证的盈余管理之外，还有两种可能影响研究结论的解释，即时机选择和倒签期权日期与股价下跌时重合。本文为了排除这两种情况，只选用在每年固定日期授予期权的公司作为研究样本。另一方面，作者考虑到，可能并不是因为预期有大量股票期权授予，管理者才操纵利润来偏离目标，而是薪酬委员会发现盈利未达到目标之后，授予管理者大量的期权，以激励管理者努力工作。为了排除这种解释的可能性，本文的样本仅包括未达到盈利目标且很有可能进行了盈余管理的公司，用非正常的应计项目和递延所得税费用来度量盈余管理。最后，作者使用成本—效益模型排除管理者不理性选择的影响。

根据前人的理论基础和实际研究需要，作者提出了假设 1：管理者股票期权的授予与错过盈余目标不相关；假设 2：大量固定时期股票期权增加了 CEO 向下盈余管理和错过盈余目标的可能性。为了验证假设，作者进行了数据分析，样本选自 CRSP，Compustat 和 ExecuComp 数据库，包含1 633家公司 1992—2005 年的季度数据和年度数据，主要采用了描述统计和逻辑回归的方法对假设进行检验。

作者定义了三个二元变量来衡量盈余目标问题：企业错过盈余零点(Miss _ Zero)，错过去年盈余（Miss _ PriorYr)，错过分析师预测盈余(Miss _ Analyst)。Miss _ Zero=1 当（1）$-2\%<$ Earnings$_t$/Market Value$_{t-1}<0$；（2）Earningst<0 且 Earningst/Marke$_t$ Value$_{t-1}$是行业最低 1/4 的一组时。Miss _ PriorYr=1 当（1）$-1\%<$（Earnings$_t$-Earning$_{t-1}$）/ Market Value$_{t-1}<0$；（2）比去年同期损失在最低一组的企业。Miss _ Analyst $=1$ 当（1）$-0.5\%<$（EPS-median forecast）/stock price<0；（2）$-10\%>$（EPS-median forecast）/stock price。其他情况下各变量均取 0。作者使用 Blakc-Scholes 公允价值来衡量股票期权对 CEO 的价值。

作者首先验证了隐含的假设，即错过盈余目标会引起公司股价下跌，从而使 CEO 可以通过较低的行权价格获益。作者发现刚刚错过盈余目标的企业有显著为负的 7 天 CAR，错过盈余目标的企业的收益率显著低于达到盈余目标的企业。

接着，作者使用季度数据和年度数据对假设 1 进行检验。作者使用季度数据作图，发现授予固定期限期权之前的季度，企业刚错过季度盈余目标的可能性更大。作者又使用年度数据对下面模型进行分析。

$$Miss_{it}=\beta_0+\beta_1 Grants_{it+1}+\sum\beta_k CEO\_Incentive_{kit}+\sum\beta_s Control_{sit}+\varepsilon_{ir}$$

股票期权（grants）只包括公司年度盈余公告后授予的部分。模型中控制了 CEO 薪酬激励，包括衡量时间之后一年期权行权的固定价值（exercises)、未行权的期权价值（options)、奖金（bonus)、股票（stock)、盈余公告日与期权授予日之间的时间差（gap _ to _ grant）等因素。模型还从企业层面，控制了杠杆率、企业规模和企业增长等因素。结果表明使用三种盈余目标均能观察到股票期权有显著的正相关关系。作者为了控制时间选择的影响，使用固定时期期权再进行了一次回归分析，结论仍然显著。

作者为了检验假设 2，采用 Miss=0 和 Miss=1 企业中属于应计项目和递延税项最低一组的样本（向下的盈余管理可能性最大），对假设 1 中的计量模型重新进行回归分析，统计结果支持了假设结论。

前面的研究结果可能暗示了CEO的不理性行为。但事实上，一方面很少有企业反复使用这种跌破盈余目标的战略；另一方面，我们也观察到股价反弹现象，Burgstahler（2002），Kadan and Yang（2006）提出CEO要想获得收益，必须对应计项目反向操作，使得股价发生反弹。所以CEO进行向下盈余管理不仅仅是因为非理性行为。

最后，作者采取了一系列稳健性测试，分别采用不同的方法定义盈余目标的“错过”，采用不同方式对报酬进行调整，进行了反向回归，使用排序进行回归，使用敏感性方法控制CEO已有期权的影响，控制CEO激励的一些影响因素，以及使用只有轻微跌破盈余目标的样本再进行一次回归等方法，保证了研究的严谨性和统计结果的稳健性。

本文对于盈余管理、盈余管理不同方向的研究，以及盈余目标相关的文献体系做出了巨大的贡献。文章同时论证了CEO会通过跌破盈余目标的盈余管理进行股票期权时机的选择。文章在理论上证明了跌破盈余目标给CEO带来的好处，但是现实中，跌破盈余目标给企业带来的负面影响是复杂的。文章中也提到，CEO不会反复进行跌破盈余目标的盈余管理，从长期来看CEO是否能够从这种向下的盈余管理战略中获得利益还需要进一步的论证。文章对假设2的论证略显粗糙，有待后人进一步完善该领域的研究，更好地分析股票期权和盈余目标的关系，为现实中的公司治理和投资者投资策略提供有力的参考依据。

参考文献

Aboody，D. and R. Kaznik. 2000. CEO Stock Option Awards and the Timing of Corporate Voluntary Disclosures. *Journal of Accounting and Economics* 29（3）：73－100

Baker，T.，D. Collins and A. Reitenga. 2003. Stock-option Compensation and Earnings Management Incentives. *Journal of Accounting，Auditing and Finance* 18（4），557－582

Balsam，S.，H. Chen，and S. Sankaraguruswamy. 2003. Earnings Management prior to Stockoption Grants. Working paper

Burgstahler，D.，Jiambalvo. J.，and T. Shevlin. 2002. Do Stock Prices Fully Reflect the Implications of Special Items for Future Earnings. *Journal of Accounting Research* 40 (3) 585-612

Chauvin，K. W. and C. Shenoy. 2001. Stock Price Decreases prior to Executive Stock Option Grants. *Journal of Corporate Finance* 7：53-76

Cheng，Q.，and K. Lo. 2006. Insider Trading and Voluntary Disclosures. *Journal of Accounting Research* 44 (4)：815-848

Cheng，Q. and T. Warfield. 2005. Equity Incentives and Earnings Management. *The Accounting Review* 80 (2)：441-476

Jensen，M. and W. Meckling. 1976. Theory of the Firm：Managerial Behavior，Agency Costs and Ownership Structure. *Journal of Financial Economics* 3：305-360

Kadan，O. and J. Yang. 2006. Executive Stock Options and Earnings Management—A Theoretical and Empirical Analysis. Working paper available at http://ssrn. com/abstract=615881

McAnally M L，Srivastava A，Weaver C D. 2008. Executive Stock Options，Missed Earnings Targets，and Earnings Management. *Accounting Review* 83 (1)：185-216

第 7 章

管理层信息披露和信息披露质量

7.1 本章概述

由于管理层与外部投资者之间存在信息不对称以及代理问题，引发了管理层信息披露的问题。Healy and Palepu（2001）① 指出，现代资本市场中，由于企业家总是比外部投资者拥有更多的企业信息，所以投资者在向企业投资时面临不了解投资价值大小的“信息问题”（information problem），而在向企业投资后又面临不了解企业管理层是否最大化股东权益的“代理问题”（agency problem）。信息问题和代理问题阻碍了资本市场资源的有效配置，而信息披露在缓解这些问题上起着十分重要的作用。通过信息披露，管理层及时向市场传达内部信息，以减少信息不对称和代理成本，从而达到监管要求或者管理层自身的目的。管理层披露信息的质量也不尽相同，信息披露的

① Healy，P. M.，and K. G. Palepu. 2001. Information Asymmetry，Corporate Disclosure，and the Capital Markets：A Review of the Empirical Disclosure Literature. *Journal of Accounting and Economics* 31：405-440.

质量历来受到市场各类参与者的高度重视。

管理层信息披露从动机上说，大致可以分为强制性信息披露和自愿性信息披露。强制性信息披露是指由于监管当局的规定，企业管理层有义务及时对重大信息进行披露，这种披露行为无论企业是否自愿都必须履行。而自愿性信息披露不同于强制性信息披露，监管当局并没有要求企业管理层对这些信息进行披露，但是企业管理层为了达到一定的目的而自愿将其向市场进行公开披露。

在会计领域，国外有大量关于管理层信息披露的研究，如果希望对早期的研究有比较全面的了解，可以参见 Healy and Palepu（2001），Core（2001），Verrecchia（2001）和 Dye（2001）。① 总体来说，管理层信息披露的研究从内容上可以分为以下几个方面：（1）在现代资本市场中影响管理层披露需求的因素，以及各类机构如何提高信息披露的可信度；（2）财务报告和披露监管；（3）审计师和信息中介的有效性；（4）影响管理层信息披露决策的经济因素；（5）资本市场中管理层财务信息披露决策的后果。由于篇幅所限，这里仅就与本章所讨论的三篇文章相关的研究进行简单的分析。

首先讨论影响管理层信息披露决策的经济因素，这部分研究和披露操纵相关。早期的分析式研究认为管理层只会披露相对较好的消息，只有当信息的披露成本足够低或者管理层和投资者之间的信息不对称程度足够高时，坏消息才会被披露（Verrecchia，1983；Dye，1985）。② 并且也有相应的实证研究证明管理层会披露相对较好的消息。Patell（1976）③ 等人的研究也通过

① Core，J. E.. 2001. A Review of the Empirical Disclosure Literature：Disdussion. *Journal of Accounting and Economics* 31：441-456.

Verrecchia，R. E.. 2001. Essays on Disclosure. *Journal of Accounting and Economics* 32：97-180.

Dye，R. A.. 2001. An Evaluation of "Essays on Disclosure" and the Disclosure Literature in Accounting. *Journal of Accounting and Economics* 32：181-235.

② Verrecchia，R. E.. 1983. Discretionary Disclosure. *Journal of Accounting and Economics* 5：179-194.

Dye，R. A.. 1985. Disclosure of Nonproprietary Information. *Journal of Accounting Research* 23：123-145.

③ Patell，J. M.. 1976. Corporate Forecasts of Earnings per Share and Stock Price Behavior：Empirical Tests. *Journal of Accounting Research* 14：246-276.

实证证明管理层披露好消息的次数多于披露坏消息的次数。一般来说，股票价格反应和管理层的盈余预测正相关。

之后的研究指出，管理层也会通过披露坏消息来阻止新竞争者进入市场，利用信息披露来影响产品市场的竞争者行为，管理者会在向股东提供好消息和向竞争者提供坏消息的目的之间做出权衡，既披露好消息也披露坏消息。实证研究也表明，管理层盈余预测披露和股票价格反应之间的关系接近于零（Darrough and Stoughton，1990；Dontoh，1989；Ajinkya and Gift，1984）。① 这表明，管理层不仅会自愿披露好消息，也会自愿披露坏消息。

Ajinkya and Gift（1984）还通过分析式研究证明，管理层进行自愿信息披露的原因是防止盈余公告日大的股价波动。他们指出，当管理层认为市场的盈余预期很不准确，会导致盈余公告时发生大的股价波动时，管理层会发布盈余预告。在这篇文章中，Ajinkya 和 Gift 假设管理层对不同方向的股价波动厌恶程度一样，然而他们并没有在文中给出解释。

Skinner（1994）的文章也指出了管理层会自愿披露坏消息并给出了管理层自愿披露坏消息的两类动机：一类是为了避免监管的法律责任而造成的损失；另一类是为了企业声誉。文章发现，管理层披露盈余预测的好消息多是对 EPS 的点或者范围的估计，而坏消息多为对季度盈余的定性总结；股票价格对坏消息的反应更强烈一些；含有高额未预期亏损的季度盈余信息披露比盈余公告日时间早 25%，而其他盈余信息披露只比盈余公告日时间早 10%。Skinner 的文章对管理层自愿披露的信息类型比前人做了更深入的研究，并且给出了管理层自愿披露坏消息的两点新解释，这对之前管理层披露的研究是个很大的进步。

在 Skinner 之后，对影响管理层信息披露决策的经济因素的研究更为丰

① Darrough，M. N.，and N. M. Stoughton. 1990. Financial Disclosure Policy in an Entry Game. *Journal of Accounting and Economics* 12：219－243.

Dontoh，A.. 1989. Voluntary Disclosure. *Journal of Accounting，Auditing and Finance* 4：480－511.

Ajinkya，B. B.，and M. J. Gift. 1984. Corporate Managers' Earnings Forecasts and Symmetrical Adjustments of Market Expectations. *Journal of Accounting Research* 22：425－444.

富，近几年更是将研究转向了管理层如何安排自愿披露时机，并将其和管理层利益的获取或者内幕交易联系起来（Aboody and Kasznik，2000；Noe，1999；Cheng and Lo，2006）。[①]

下面我们探讨管理层信息披露质量的影响。首先，管理层信息披露会对审计师和信息中介的有效性造成影响。Lang and Lundholm（1996）将管理层信息披露质量和分析师预测联系起来，分析结果表明，管理层信息披露会对分析师行为造成影响。管理层可以通过披露更多信息来获得分析师注意，改善市场预期的准确性，减少信息不对称和减小市场未预期盈余。尽管没有在文中明确指出，但由理论上可推得，这一结果可能意味着企业更低的资本成本。信息披露对分析师影响的研究还表明，这一关系还改善了市场效率，有更多分析师分析的公司更快将信息反映在股价中（Barth and Hutton，2000）。[②]

其次，管理层信息披露会对企业的资本成本造成影响。一般来说，管理层信息披露水平高的公司，信息披露质量较高，企业的资本成本相对会比较低。一方面，从投资者的角度来看，已有研究认为，其他条件不变时，投资者要求的回报率与风险水平成正比，未来收益的不确定性越高，投资者要求的回报率就越高。公司通过改进披露质量，可以降低投资者估计未来收益时考虑的风险水平，从而使投资者要求的投资回报率降低，融资成本降低。例如之前提到的 Lang and Lundholm（1996）表明，增加披露可以降低分析师对公司有关情况进行预测的不确定性，从而使公司获得更多分析师的关注，分析师之间的预测分歧也较小，相应地，公司的融资成本就较低。而另一方面，从上市公司的角度来看，已有研究认为，公司通过增加信息披露提高披

---

① Aboody，D.，and R. Kasznik. 2000. CEO Stock Option Awards and the Timing of Corporate Voluntary Disclosure. *Journal of Accounting and Economics* 29：73-100.

Noe，C. F.. 1999. Voluntary Disclosures and Insider Transactions. *Journal of Accounting and Economics* 27：305-326.

Cheng，Q.，and K. Lo. 2006. Insider Trading and Voluntary Disclosure. *Journal of Accounting Research* 44：815-848.

② Barth，M. E.. and A. P. Hutton. 2000. Information Intermediaries and the Pricing of Accruals. Working paper，Stanford University.

露质量，可以减少与投资者之间的信息不对称或者代理成本，使股票的交易成本降低，增强股票的流动性，进而降低融资成本。早期有一些分析式研究或实验研究证明，提高信息披露质量能够降低企业的资本成本，如 Diamond and Verrecchia（1991），Kim and Verrecchia（1994），Bloomfield and Wilks（2000）。① 然而，却没有实证研究证明信息披露质量高的公司确实资本成本就低，之前的实证研究都证明了信息披露质量能够和预期与企业资本成本正相关的一些变量负相关，然而却没有实证研究直接证明信息披露质量和企业资本成本本身负相关。

Botosan（1997）第一次用实证研究方法证明了信息披露质量和企业资本成本本身负相关。她解决了之前计算信息披露对资本成本的影响难以计算的问题，以美国制造业 1990 年 122 家公司为样本，发现在控制 β 系数和公司规模的条件下，在分析师关注较少的公司中，信息披露质量越高则资本成本越低。之后 Botosan and Plumlee（2002）② 将样本扩大到更多的行业和更多年份，在控制 β 系数和公司规模的条件下，发现样本公司信息披露质量和股权融资成本之间仍存在负相关关系。

管理层信息披露和披露质量一直以来都是会计研究的重点问题，该领域的研究和理论仍在不断发展中。随着我国资本市场的不断发展，对管理层信息披露和信息披露质量的研究近年来层出不穷。已有研究在借鉴国外研究的基础上，对我国资本市场中管理层信息披露和披露质量的影响以及影响因素等方面进行了分析。今后该领域的发展方向，更多的可能是和其他会计研究领域的结合和交融，如和盈余管理、盈余信息含量、分析师预测、估值模型等领域的交叉研究，从而得到更具普遍意义的研究结果。

---

① Diamond，D.，and R. Verrecchia. 1991. Disclosure，Liquidity，and the Cost of Capital. *Journal of Finance* 46：1325－1359.

Kim，O.，and R. Verrecchia. 1994. Market Liquidity and Volume around Earnings Announcements. *Journal of Accounting and Economics* 17：41－68.

Bloomfield，R.，and T. Wilks. 2000. Disclosure Effects in the Laboratory：Liquidity，Depth，and the Cost of Capital. *The Accounting Review* 75：13－41.

② Botosan，C. A.，and M. Plumlee. 2002. A Re-Examination of Disclosure Level and the Expected Cost of Equity Capital. *Journal of Accounting Research* 40：21－40.

7.2 信息披露水平和股权资本成本

Botosan, C.. 1997. Disclosure Level and the Cost of Equity Capital. *The Accounting Review* 72: 323-349

信息披露行为是财务会计研究中一个重要的话题，资本成本受到信息披露水平的影响。以前的研究从两个角度解释了信息披露水平与股权资本成本之间的关系：一个角度是信息披露通过降低交易费用、增加股票市场的流动性降低了股权资本成本；另一个角度是信息披露通过降低股票回报估计风险使股权资本成本下降。Botosan（1997）研究发现，对于有较少分析师跟踪的上市公司，股权成本和信息披露水平负相关。在控制公司规模和 β 值之后，信息披露水平每上升一个单位，股权成本就下降 0.28%。这篇文章量化了会计信息披露水平和股权资本成本之间的关系，在会计信息的研究中具有重要的意义。①

这篇文章研究的核心问题，是衡量公司从提高信息披露水平中获得的好处，即股权资本成本的降低程度。以前的文章都不是直接针对股权资本成本本身进行验证，而是通过研究与其正相关的代理变量来间接研究资本成本与信息披露水平之间的关系。首先，这篇文章提出了信息披露水平和股权资本成本之间负相关的假设，考虑到分析师数量可能会对这种关系造成影响，进一步提出了假设 2；其次，作者构造变量量化了公司的信息披露水平和股权资本成本，还分别验证了这两个变量的有效性；最后，作者使用回归分析检验了信息披露水平和资本成本之间的两个假设。

文中的假设 1 为：信息披露水平和股权资本成本负相关。第一个假设是基于前人对于股权资本成本的影响因素（包括市场流动性和不可分散风险）的研究提出的，如 Klein and Bawa（1976）。信息披露一方面增加了市场对

① 截至 2013 年 9 月，这篇文章已经在 SCI 被引用了 433 次。

公司股票的需求，提高了流动性，另一方面减少了不可分散的股票回报估计风险，从而导致股权资本成本降低，因此信息披露水平和股权资本成本两者之间应该是负相关的。

本文的假设 2 是：对于有很多分析师跟踪的公司，信息披露水平和股权资本成本之间的关系不显著。当公司被较多的分析师跟踪时，市场会倾向于使用分析师的信息，而降低对年报信息的依赖程度。文章只采用公司年报来考察信息披露水平，在有较多分析师跟踪的情况下，对信息披露水平无法全面衡量，使两者之间的关系弱化了。

文章采用 1990 年制造业的数据，股票价格来自证券价格研究中心（CRSP），其他数据来自公司年报，剔除了无法获得年报，交易时间长度少于 24 个月，发生重组、并购、主营业务变更的公司，还剔除了在 Value Line 系统中没有预测数据的公司，最后得到 122 家公司作为研究样本。

作者只采用了一年的数据进行分析，是因为以前的研究发现公司的披露政策随时间变化不大。Healy et al.（1995）考察了 23 个行业的 593 家公司，在 1980—1990 年间，只有 90 家在美国证券投资协会的公司信息披露评级中有显著的提高。作者只选取一个行业进行研究的原因是不同行业的信息披露类型不同。例如，医药行业需要披露更多关于药品研究开发的信息，其他行业不需要披露那么多的研究开发信息，选取同一行业可以采用一种方法对信息披露水平进行衡量。

在对假设进行检验之前，文章首先构建了 *DSCORE* 变量来衡量信息披露水平。美国证券投资协会的公司信息披露评级主要针对行业中分析师跟踪比较多的大公司，而信息披露水平和公司规模正相关（Lang and Lundholm，1993），所以信息披露水平过于集中，不利于统计分析。于是，作者构建了 *DSCORE* 变量来衡量信息披露水平，考察公司背景信息、历史经营业绩、非财务指标、项目信息、管理层讨论分析这五个方面。在每一类中，信息披露的项目越多，得到的分数越高，把五项的总分加起来就得到 *DSCORE*，即 $DSCORE_j = \sum_{i=1}^{5} SCORE_{ij}$。接下来作者使用四种方法考察了 *DSCORE* 变量的有效性：（1）其他信息渠道的披露水平（如跟踪公司的分析师人数、

《华尔街日报》报道公司的文章数量）和作者构造的 *DSCORE* 有显著正相关关系；（2）信度分析即 Cronbach α 信度系数[①]，*DSCORE* 的系数为 0.64，说明采用 *DSCORE* 可能会降低之后检验的效力；（3）*DSCORE* 与公司规模、债务杠杆之间的关系与以前文献中研究的信息披露水平与这些公司规模、债务杠杆之间的关系相一致；（4）*DSCORE* 与美国证券投资协会的公司信息披露水平评级相关系数为 0.37，显著正相关。

然后，文章构建了 r_E/BV 变量来衡量股权资本成本。之前的文献使用了平均实现收益、资本资产定价模型、E/P 模型计算股权资本成本，但是作者认为以上这三种方法都存在缺陷。(1) 平均实现收益方法估算出来的股权资本成本无法建立与 β 值之间的关系，之前的研究也发现这种方法只适用于长于 70 年的数据分析；(2) 资本资产定价模型假定股权资本成本由 β 值决定，没有考虑信息披露的作用，因此本文考察的信息披露水平无法对股权资本成本造成影响；（3）Penman（1993）研究发现，E/P 仅反映了不同公司之间利用当前盈利来预测未来盈利能力的差异，而不是股权资本成本之间的差异，因此无法用来估计资本成本。所以作者没有采用这三种方法估计资本成本，而是使用了基于会计信息的价值评估方法来估算股权资本成本 r_E/BV。在 Feltham and Ohlson（1995）模型的基础上，作者经过变换得到短期的定价模型：

$$P_t = b_t + \sum_{\tau=1}^{T} (1+r)^{-\tau} E_\tau (x_{t+\tau} - r\, b_{t+\tau-1}) + (1+r)^{-t} E_t (P_T - b_T)$$

即股票的价格等于现在的每股价值加上未来每股超额盈利的现值。式中，P_t 表示第 t 期的股票价格；P_T表示 Value Line 预测的第 T 期的股票价格；x_t表示第 t 期的公司每股盈利；b_t表示第 t 期的每股价值；b_T表示将来 Value Line 预测的第 T 期的每股价值；r 表示股权资本成本。作者取 $T=4$ 运用 Mathematica软件，在定价模型中代入年报和 Value Line 中的预测数据，计算得到股权资本成本 r_E/BV。接下来，作者研究了 r_E/BV 与 β 值、公司规模

① α 系数>0.8，表示高信度；α 系数<0.35，表示低信度。

之间的关系，回归结果发现 r_E/BV 与 β 值正相关，与公司规模负相关，支持了使用这种方法计算股权资本成本的可靠性。

对于假设1的验证，即验证

$$r_E/BV_t = r_0 + r_1\, BETA_t + r_2\, DRANK_t + r_3\, MVAL_t + \varepsilon_t$$

中 $r_2<0$。其中 *DRANK* 是信息披露水平变量 *DSCORE* 的非参数化，即按从小到大排列 *DSCORE*，得到位次除以样本量就得到 *DRANK*；*BETA* 即 β 值；*MVAL* 是公司市场价值，用来控制公司规模。回归结果发现，r_2 虽然系数为负，但是统计上不显著。然后作者使用两个哑变量 *DHI*，*DMED* 把信息披露水平分为高、中、低三类，回归结果还是不显著。其中，$DHI=1$ 代表高信息披露水平；$DMED=1$ 代表中等信息披露水平；如果 $DHI=DMED=0$，则表示低信息披露水平。假设1在10%的显著性水平上没有通过检验，虽然回归结果显示信息披露水平和股权资本成本负相关。

对于假设2的检验，主要在回归方程中加入了分析师人数哑变量，做交叉项检验。作者按分析师人数的中位数把公司分成两类，如果跟踪公司的分析师人数小于等于中位数，那么 $DU=1$；否则，$DU=0$。即检验

$$\begin{aligned} r_E/BV_t = {} & r_0 + r_1 DU_t + r_2 BETA_t + r_3 DRANK_t \\ & + r_4 DRANK_t \times DU_t + r_5 MVAL_t + \varepsilon_t \end{aligned}$$

如果假设2成立，即分析师跟踪较少公司的信息披露能显著降低股权资本成本，那么交叉项系数 r_4 应该显著为负。回归结果发现，r_4 确实显著为负，而且 r_3 和 r_4 系数和的 F 检验也在0.01的水平上通过了检验。进一步，r_3 和 r_4 系数和为9.7%，这说明对于有较少分析师跟踪的公司，信息披露水平高的公司股权资本成本比信息披露少的公司要低9.7%。接着，作者把式中的 *DRANK* 用 *DSCORE* 代替，回归结果表明对于分析师跟踪较少的公司，在控制公司规模和 β 值之后，信息披露水平每上升一个单位，股权成本就下降0.28%，假设2得到了验证。

文章敏感性分析考察了不同信息类型对于股权资本成本的影响。回归结果发现对于有较少分析师跟踪的公司，预测信息和非财务指标与资本成本负

相关；而对于有较多分析师跟踪的公司，历史经营业绩与资本成本负相关，这个结论与投资者需求调查的结果相一致。

这篇文章量化了公司从提高信息披露水平中获得的好处，对有较少分析师跟踪的公司，信息披露水平每上升一个单位，股权成本就下降 0.28%。文章还提出了新的估计股权资本成本的方法，检验了不同信息类型对于不同类型公司股权资本成本的影响，为今后的研究提供了检验工具和研究方向。但同时我们也应该看到，文章尚有值得进一步探讨的地方，文章的结论也受到了一些质疑。

首先，这篇文章只使用了一个行业一年的数据，研究结论难以推广到其他行业和其他时间。作者没有使用美国证券投资协会对公司信息披露评级的数据，而是自己构建了一个 *DSCORE* 变量来衡量公司信息披露水平，虽然 *DSCORE* 增加了信息披露水平的丰富性，但是数据难以获得，对不同行业的衡量不能使用同一标准。Botosan et al.（2004）使用证券投资协会的公司信息披露评级数据对 1985—1995 年间不同行业的面板数据进行了分析，进一步验证了研究结论，而且把信息披露的来源从年报扩大到年报、季报、其他信息来源来考察不同类型信息与股权资本成本之间的关系。

其次，Willams（2004）对 Botosan（1997）提出了质疑。他的理由是，估计股权资本成本的数据来源于 Value Line，那么计算得到的股权资本成本反映了 Value Line 对公司未来回报的预计，而不是真实的股权资本回报。他认为 r_E/BV 与 β 值正相关，与公司规模负相关，很有可能是因为 Value Line 在预测时考虑了公司的这些特征。

最后，这篇文章主要研究的是信息的数量，而没有考察信息的其他披露特征对股权资本成本的影响，比如说及时性、质量水平、私人信息与公开信息等。例如，Gietzmann and Ireland（2005）在控制会计政策选择之后发现信息披露的及时性与资本成本负相关，但是这个结果只对采取激进会计政策的公司才成立。

尽管对这篇文章有不同的看法，但是这正说明了学者们对于信息披露影响资本成本这一问题的关注。我们相信在更深的层面上考察信息、信息环境与资本成本的关系，可以为资本市场信息披露制度的建设提供有效的支持。

参考文献

Botosan，C.. 1997. Disclosure Level and the Cost of Equity Capital. *The Accounting Review* 72：323－349

Botosan，C. A.，M. A. Plumlee，and Y. Xie. 2004. The Role of Information Precision in Determining the Cost of Equity Capital. *Review of Accounting Studies* 9：233－259

Feltham，G.，and J. Ohlson. 1995. Valuation and Clean Surplus Accounting for Operating and Financial Activities. *Contemporary Accounting Research* 2：689－731

Gietzmann，M.，and J. Ireland. 2005. Cost of Capital，Strategic Disclosures and Accounting Choice. *Journal of Business Finance&Accounting* 32：599－634

Healy，P.，K. Palepu，and A. Sweeney. 1995. Do Firms Benefit from Expanded Voluntary Disclosure? Working paper，Cambridge，MA：MIT Sloan School of Management

Klein R. W.，and V. S. Bawa. 1976. The Effect of Estimating Risk on Optimal Portfolio Choice. *Journal of Financial Economics* 3：215－231

Lang，M.，and R. Lundholm. 1993. Cross Sectional Determinants of Analyst Ratings of Corporate Disclosures. *Journal of Accounting Research* 31：246－271

Penman，S.. 1993. The Articulation of Price-Earnings Ratios and Market-to-Book Ratios and the Evaluation of Growth. Working paper，CA：University of California at Berkeley

Williams，M.. 2004. Discussion of "The Role of Information Precision in Determining Cost of Equity Capital". *Review of Accounting Studies* 9：261－264

7.3 公司为什么自愿披露坏消息？

Skinner, D.. 1994. Why Do Firms Voluntarily Disclose Bad News? *Journal of Accounting Research* 32: 38-60

自愿性信息披露的动机一直是会计研究中的一个重要问题。以前的研究发现，公司年度EPS估计一般采用点估计或区间估计的形式，并且通常是好消息或者是不具有信息含量（Lev and Penman，1990；Pownall et al. 1993）。通过将样本限制为年度EPS点估计或区间估计，他们忽视了一个重要的问题——季度盈余报告中所涉及的定性披露。Skinner（1994）以随机抽取的93家上市公司的季度盈余报告为样本，研究发现好消息披露倾向于对EPS的点或区间估计，而坏消息披露趋向于对当季度盈余的定性描述；股票对坏消息的反应大于对好消息的反应；传递巨大负盈余意外的盈余公告的公司中有25%都事先通过自愿披露的形式及时披露，而其他类型的盈余公告只有低于10%的公司事先进行披露。通过研究，这篇文章解释了公司自愿披露坏消息的原因。

这篇文章研究的核心问题是管理层自愿披露坏消息的动机。作者采用渐进的方式对文章进行了分析。首先，文章检验了盈余消息的方向（好消息或坏消息）与盈余区间的关系，即自愿披露的坏消息是否与季度盈余关系更紧密；其次，文章检验了公司是否更愿意披露相对大的负盈余意外；最后，通过检验自愿性披露和盈余公告后的市场反应，验证管理者是否通过提前自愿披露坏消息来减少投资者提出的法律诉讼。

文章的第一个假设是坏消息与季度盈余关系更紧密，而与年度EPS联系较少，而好消息正好相反。这是基于会计报告区间所做的假设。由于法律责任的限制，为了避免或减少盈余公告日股价的大幅下跌，管理层有动机提前自愿披露坏消息。而又由于每季度都要披露盈余公告，所以自愿披露坏消息涵盖了相关的季度盈余公告的信息。

文章的第二个假设是季度盈余公告中的信息事先被自愿披露的可能性对于相对大的负盈余意外而言较高，而对于其他类型的盈余信息较低。这一假设是关于自愿披露与消息的类型之间的关系。由于法律成本的存在，管理层较早地披露坏消息，那么投资者就很难分辨管理层是否故意滞留坏消息，另一方面也可以降低非披露区间，所以被投资者起诉的可能性就大大降低，所以管理层更有动机提前自愿披露坏消息。

文章的第三个假设是股价对事先自愿披露坏消息的反应的绝对值要大于对自愿披露好消息的反应。这是从市场反应的角度来研究自愿披露坏消息和好消息的经济后果。根据理论探讨，管理层自愿披露坏消息的原因在于避免或减轻盈余公告日股价的大幅下跌，在这种情况下，对坏消息披露的股价反应要大于好消息披露的股价反应。

文章选择93家纳斯达克（NASDAQ）National Market System（NMS）公司1981—1990年间的374个自愿披露的样本数据，其中有94个披露既涉及季度信息又与年度信息相关，所以共有468个样本数据。描述性统计显示：有36%的样本数据都是先前的研究所没有涉及的。

文章对于假设1主要采用描述性统计的方式进行验证。为了验证假设1，文章从两个维度将自愿披露信息分为好消息和坏消息，与季度相关的消息和与年度相关的消息。从原文表2可以看出，年度报告自愿披露的预测信息中有70%是好消息，而季度自愿披露的预测信息中67%是坏消息。卡方检验结果显示盈余消息的方向（好消息或坏消息）与预测区间有显著的相关关系。而另一方面的检验显示，好消息中有52%的预测采用点估计或区间估计，16%的预测采用定性估计；而坏消息中有26%的预测采用点估计或区间估计，39%的预测采用定性估计。卡方检验显示，在提出上下界估计之后，盈余消息的方向与预测类型显著相关。

为了验证假设2，按照先前的研究，文章假定周期性随机游走模型是市场对季度EPS预期的很好近似，而盈余变化是当期EPS与上一年相应季度的差额，盈余变化除以盈余公告日前60天的股价作为盈余消息的代理变量。文章进一步将盈余消息分为非常坏的消息、中间消息和非常好的消息。检验结果显示：非常坏的消息提前披露的可能性最大，中间消息和非常好的消息提前披露的可能性显著低于非常坏的消息，中间消息披露的可能性大于非常好的消息，但在5%的显著性水平上差异不显著。将盈余消息分为10组所得到的结果一致。为了证明结果的可靠性，文中还使用如模型（1）所示的Logistic回归进行检验。*Badnews* 为哑变量，如果盈余消息小于－0.008则为1，否则为0；*news* 为盈余消息的替代变量。结果显示，β_1 显著为负，表明公司倾向于提前自愿披露较大的负盈余意外消息。

$$Logit(\text{披露}=1)=\beta_0+\beta_1 Badnews+\beta_2 news+\varepsilon \tag{1}$$

为了验证假设3，文章选取自愿披露之后2日内市场调整的超额回报。对于所有的样本而言，披露坏消息的市场超额回报为－6.06%，好消息的市场超额回报为2.46%，从而可以看出市场对坏消息的反应更强烈。为了检验管理层披露坏消息的法律动机，文章选取提前进行自愿披露的299个样本，分别检验了季度自愿披露之后的市场反应和季度盈余公告之后的市场反应。研究结果显示，如果公司提前进行自愿披露，那么在季度盈余公告之后，市场对好消息和坏消息的反应没有显著的差异。

这篇文章主要是研究管理层自愿披露坏消息的动因，与前人的研究一起，得出了管理层自愿披露的两个原因：（1）当公司自身经营业绩相对好时，管理者发布好消息以区别于那些较差的公司（Lev and Penman，1990）；（2）与法律责任和（或）声誉影响的论点一致，管理者提前披露坏消息。这篇文章为以后研究管理层面临的法律诉讼（Skinner，1997）以及管理层避免负的盈余意外（Matsumoto，2002）的文章提供了依据。尽管文章的贡献很大，但是同时我们也看到，文章还存在一些局限。

第一，尽管文章检验了如果提前自愿披露，那么盈余公告日市场对坏消息的反应与对好消息的反应没有显著的差异，但是并不能区分这到底是为了避免法律责任还是避免对声誉的影响。在现实中，错误披露的处罚可能大于不披露的处罚。为了直接检验法律责任的影响，可以加入法律变量。

第二，文章的样本局限于管理层自愿披露的盈余信息，为了使研究的范围更广泛，可以将样本扩充到管理层披露的其他信息，如市场份额的预测等。

第三，可以通过将宣告日前后的股价包括进来，提高“短窗口”的盈余反应系数。

参考文献

Lev，B.，and S. H. Penman. 1990. Voluntary Forecast Disclosure, Nondisclosure，and Stock Price. *Journal of Accounting Research* 28：49-76

Matsumoto，D.. 2002. Management's Incentives to Avoid Negative Earning Surprises. *The Accounting Review* 77：483-514

Pownall，G.，C. Wasley，and G. Waymire. 1993. The Stock Price Effects of Alternative Types of Management Earnings Forecasts. *The Accounting Review* 68：896-912

Skinner，D. J.. 1994. Why Firms Voluntarily Disclose Bad News. *Journal of Accounting Research* 32：38-60

Skinner，D. J.. 1997. Earnings Disclosures and Stockholder Lawsuits. *Journal of Accounting and Economics* 23：249-283

7.4 公司披露政策与分析师行为

Lang M. H.，and R. J. Lundholm. 1996. Corporate Disclosure Policy and Analyst Behavior. *The Accounting Review* 71 (4)：467-492

上市公司信息披露是有效资本市场的重要组成部分。除按照规定所必须披露的财务报告和其他规定文件之外，部分上市公司也选择自愿披露一些其他公司公告（如管理层盈余预测、网站信息等）。同样，分析师在资本市场中也有重要的地位，他们能够将公司的实时信息加以分析，因此分析师做出的盈余预测往往比时间序列模型更加精确（Brown and Rozeff，1978；Brown et al.，1987；Givoly，1982）。同时，分析师的盈余预测和推荐评级也对股价产生一定影响（Givoly and Lakonishok，1979；Lys and Sohn，1990；Francis and Soffer，1997）。Lang and Lundholm (1996) 检验了公司的信息披露政策和分析师行为之间的关系，将两种信息传递的形式综合分析，从而将资本市场信息披露领域的文献更推进了一步。文章指出，披露信息越多的公司，跟踪的分析师人数越多，分析师的预测精度也越高，分析师预测之间的离差越小，分析师修订预测的程度越低。这些结果增加了我们对分析师在资本市场上扮演角色的理解。进一步，他们也指出披露信息的潜在收益包括增加投资者的关注，减少估计风险和信息不对称性，这些结果理论上都能够减少企业的资本成本。这篇文章是最早关于上市公司信息披露和分析师行为之间关系的研究之一，被之后众多的相关文献引用。①

这篇文章研究的核心问题，正如其题目一样，是公司信息披露政策和分析师行为之间的相互关系。作者主要关注分析师行为的两个方面：一方面是选择哪些公司进行跟踪，用提供该公司盈余预测的分析师人数作为衡量；另一方面是分析师预测的特征，用一年内的预测精度、预测离差程度和预测修订的波动性来衡量。因此，基于分析师行为的四个衡量变量，作者分别对其与公司信息披露政策的相互关系做出了研究假设。

文中的第一个假设考虑跟踪的分析师人数和公司信息披露程度的关系。跟踪的分析师人数是由分析师服务的总需求和总供给决定的（Bhushan，1989）。如果直接从公司的披露中获得信息的成本比独立寻找其他信息来源的成本要低，那么增加公司的信息披露会使分析师的供应曲线向右平移，从而增加分析师服务的总供给。在其他条件不变的情况下，这种效应将增加跟踪的分析师人数。而这种额外披露的效应的存在取决于分析师在资本市场上的角色。如果分析师只是一个信息中介，即分析师的作用是将企业的信息综合并传递给资本市场，那么公司提供的信息越多，分析师就越能得到更有价值的报告。在这种情况下，披露程度的提高将增加对于分析师服务的需求，进而增加分析师的人数。然而，如果分析师是信息提供者，他所提供的信息可以作为公司披露信息的替代品，那么增加公司信息的披露则会带来分析师服务需求的减少，从而减少跟踪的分析师人数。因此，公司信息披露程度的增加对分析师服务的需求曲线的影响方向是不定的。两种结果皆可能存在，

① 截至2013年9月，这篇文章已经在学术期刊全文集成数据库（EBSCO）中被引用了323次。

作者以虚无假设的形式提出假设一：跟踪的分析师人数和公司的信息披露程度不相关。

文中的第二个假设考虑公司信息披露程度和分析师预测的离散程度的关系。披露程度的提高对分析师预测的离散程度的影响，取决于预测差异是否来自信息的差异或预测模型的差异。如果分析师运用的是同样的预测模型，观测到同样的公司披露信息但是拥有不同的私有信息，那么随着公司信息披露的增加，他们放在私有信息中的权重就将减少，从而增加分析师预测的一致性。相对地，如果分析师拥有同样的公司披露信息和私有信息，但是在预测时对于两者的权重分配不同（即运用的预测方法不同），那么额外的信息披露可能提高分析师预测的离散程度。因此，披露程度和预测离散性之间的负向关系说明分析师在预测时拥有不同的私有信息，而正向关系则说明分析师运用不同的预测模型。同样，此时披露的影响方向也是不确定的，因此，作者给出第二个虚无假设：分析师预测的离散程度与公司信息披露程度不相关。

文中的第三个假设考察信息披露程度和分析师预测精确度之间的关系。如果公司披露的信息带有公司未来盈余的信息，随着公司信息披露程度的提高，分析师的预测精度也将提高。就算公司额外披露的信息与公司未来盈余无关，也不代表会降低分析师的预测精度。因此，作者提出假设三：分析师预测精度和公司信息披露程度正相关。

文中的第四个假设认为，分析师在财务报告公告日之前修订预测的波动性将随着公司披露政策的完整而减少。在企业披露政策信息含量的评估中，FAF（Report of the Financial Analysts Federation Corporate Information Committee，证券分析师联合会企业信息委员会报告）考虑了公司信息公布的时间，认为与直到强制披露日才披露信息的公司相比，那些持续披露信息的公司的信息含量更高。对于一个对公司未来盈余有影响的事件，公司可以选择当时就进行披露（分析师将在事件披露后马上修订其盈利预测），或者等到一定时间将所有类似的事件一次性披露（分析师只修订一次）。当信息披露时，后者将会带来更加极端的预测修订。Mahoney（1991）认为信息披露是有价值的，因为它减少了相应的信息对于投资者和分析师的影响范围。

作者提出假设四：分析师预测修订的波动性和公司的信息披露程度负相关。

文章的主要自变量——公司披露政策的信息含量是以 FAF 的评级分数来衡量的。FAF 报告（1985—1989）是由杰出分析师组成的行业小组委员会对公司披露的年度报告（annual report）、季度报告及其他公告（other publications）和投资者关系（investor relations）三方面的信息披露分别进行评级打分。分析师的数据皆来自 I/B/E/S 数据库。同时，由于不同行业的企业由不同的分析师做出评价，文章对研究自变量和因变量都进行了行业调整。

为检验假设一，作者构建了以下回归模型：

$$\begin{aligned}&Number\ of\ Analysts\\&= a+\beta_1 Annual\ Report+\beta_2 Other\ Publications+\beta_3 Investor\ Relations\\&\quad+\beta_4 Total\ Score\\&\quad+\beta_5 Market\ Value+\beta_6 Standard\ Deviation\ of\ ROE\\&\quad+\beta_7 Return\text{-}Earnings\ Correlation+\varepsilon\end{aligned}$$

式中，*Number of Analysts* 为跟踪的分析师人数，即提供该公司该年度盈余预测的分析师人数；*Total Score* 为 FAF 报告中的公司在上述三个方面的得分总和；作者控制了公司规模（Market Value，在该财务年初的公司市值）、公司前 10 年净资产收益率的标准差（Standard Deviation of ROE）和公司过去 10 年间历史盈余与回报的相关性（Return-Earnings Correlation）。经过最小二乘法的多元线性回归（OLS 回归），得出其中 FAF 总分的系数 β_4 显著为正，假设一被拒绝，公司披露的信息不是作为分析师信息的替代品出现，分析师在资本市场上有信息中介者的作用。为检验信息披露程度和跟踪分析师人数之间的因果关系，作者进行了以下分析：文章检验了两者变化量的关系，分别计算公司 FAF 分数的变化和变化前后分析师人数变化之间的秩相关，结果得出在 FAF 分数变化之前的分析师人数的变化和分数变化无关，但是 FAF 分数变化之后的分析师人数变化和分数变化呈显著的正相关，证明分析师人数的变化是在 FAF 分数变化之后发生的，即企业信息披露程度的变化引起了跟踪分析师人数的变化。同时，作者也运用联立方程组来检验两者的关系，没有发现分析师人数的变化引起公司信息披露程度变化的证据。

为检验假设二到四，作者在模型一的基础上将因变量分别换为分析师预测的特征（forecast characteristics），包括：

预测的标准差＝所有对于该公司该年度盈余预测的标准差（以股价作为分母来标准化）

$$预测精确度 = -(|EPS_t - AF_t|)/P_t$$

式中，EPS_t 代表公司在 t 期实际的每股盈余；AF_t 表示 t 期所有分析师对该公司每股盈余预测的中值；P_t 代表该公司 t 期的股价。

修订波动性：在同一财务年度中每月预测中值和前一月的差距的标准差，比上该年度开始时的股价。所有对于该公司该年度盈余的预测的标准差（以股价作为分母来标准化）。

同时加入盈余惊喜（earnings surprise，盈余随机游走模型下的预测误差比上股价）和新预测的百分比（% New Forecasts，在该月进行修订的预测和该月新出现的预测，比上该月总的预测数，再 12 个月取平均）作为控制变量，进行 OLS 回归。

$$\begin{aligned}&Forecast\ Characteristics\\&= a + \beta_1 Annual\ Report + \beta_2 Other\ Publications\\&\quad + \beta_3 Investor\ Relations + \beta_4 Total\ Score\\&\quad + \beta_5 Market\ Value + \beta_6 Standard\ Deviation\\&\quad of\ ROE + \beta_7 Return\text{-}Earnings\ Correlation\\&\quad + \beta_8 Earnings\ Surprise + \beta_9 \%New\ Forecasts + \varepsilon\end{aligned}$$

当因变量是分析师预测离散程度时，FAF 总分的系数 β_4 显著为负，虚无假设二被拒绝，企业增加信息披露能够降低分析师预测之间的离散程度，即提高分析师预测的一致性；当模型因变量是分析师预测的精度时，FAF 总分的系数 β_4 显著为正，验证了假设三，即公司信息披露水平是分析师预测精度的重要决定因素之一；当模型因变量为分析师预测修订的波动性时，OLS 回归结果得出 FAF 总分的系数 β_4 显著为负，假设四得到了验证，即增加公司信息的披露能降低分析师预测修订的波动程度。同时，在将总分拆分为年度报告、其他公告和投资者关系三部分得分时，只有投资者关系得分的系数

β_3 显著为负，说明公司可以通过在改善投资者关系方面的努力来降低分析师修订预测的可能性。

这篇文章对于信息披露领域会计研究的贡献显而易见。它的研究结果建议公司可以通过更加超前的信息披露来吸引分析师、提高市场预测精度、降低信息不对称性，也间接指出这样的结果可能是因为采用较好披露战略的公司拥有更低的资本成本，说明公司可以通过调整信息披露政策来降低企业资本成本。但是，我们也应该看到，文章尚有值得进一步探讨的地方，文章的结论也受到了一些质疑。

在研究设计方面，首先，文章采用 FAF 报告作为主要的自变量。然而，FAF 报告的数据是由分析师对于公司的披露情况进行主观的评价，并不是披露信息本身的性质，其中无法确定分析师是否客观认真地给出了分数，也不知道他们将怎样的个人偏见带进整个评价过程。Hearly（2001）指出运用主观评价的分数而非披露政策本身作为对企业信息披露程度或质量的衡量是此类研究的主要缺陷之一。其次，Clubb（2006）指出研究分析师的相关变量与披露信息含量之间的直接关系，忽略了分析师的预测中不仅反映了公司信息披露的程度，也受到其他因素的影响，如公司财务报表的盈余操纵、公司行业的固有风险（高固有风险会增加分析师预测的难度，从而降低预测的精度）。

更多的争议来自本文的研究结果。

第一，结果的内生性问题。Hearly（2001）认为文章得到的关于企业信息披露质量与分析师行为之间的关系可能不是由披露本身带来的，而是由企业自身的业绩变化带来的，因为企业信息披露方式的改变往往与企业经济或经营情况的变化有关，而不仅仅是随机的。尽管分析师的活动与公司信息披露有一定的联系，但是这并不一定意味着分析师的分析就更具有信息含量。Frankel et al.（2006）发现财务报告的信息含量和分析师报告的信息之间确实具有替代性。

第二，文章得出结论信息披露程度高的公司跟踪的分析师人数也越多，但是 Healy et al.（1999）研究指出，披露程度提高的公司的跟踪分析师人数在其改变披露方式之前显著少于同行业企业，在提高披露程度之后，样本公司的跟踪分析师人数增加，与同行业其他公司基本持平。

第三，关于社会互惠的实验研究结果指出，公司倾向于向给出更好推荐的分析师披露更多的公司信息（Fehr and Gachter，2000）。现实生活中的案例也证明了这一观点（Siconolfi，1995；Angwin and Peers，2001；Kelly，2003；Solomon and Frank，2003）。管理者对于不同分析师的信息披露程度不同，因此，分析师从公司信息披露程度中的获益程度也是不一样的。Chen and Matsumoto（2006）研究得出在公司增加信息披露之后，对于公司给出推荐评级更高的分析师的预测精度的提高程度比平时显著要高。同时，本身固有预测能力较强的分析师就更加关注那些信息披露程度更高的公司（Arya and Mittendorf，2007）。

尽管 Lang and Lundholm（1996）在发表之后的十几年间有支持也有质疑，但这也正说明了它的魅力。关于企业信息披露和分析师行为的讨论从来没有停止过，我们同样相信未来在更深的层面上对这个问题的研究还会不断涌现。

参考文献

Angwin，J.，and M. Peers. 2001. Cold Calls：AOL May Be Snubbing Merrill. *The Wall Street Journal*，January 1，C1

Arya，A.，and B. Mittendorf. 2007. The Interaction among Disclosure，Competition between Firms，and Analyst Following. *Journal of Accounting and Economics* 43：321－339

Bhushan，R.. 1989. Firm Characteristics and Analyst Following. *Journal of Accounting and Economics* 11：255－274

Brown，L.，and M. Rozeff. 1978. The Superiority of Analyst Forecasts as Measures of Expectations：Evidence from Earnings. *Journal of Finance* 33：1-16

——，P. Griffin，and R. Hagerman，M. Zmijewski. 1987. Security Analyst Superiority Relative to Univariate Time-series Models in Forecasting Quarterly Earnings. *Journal of Accounting and Economics* 9：61－87

Chen S.，and D. A. Matsumoto. 2006. Favorable versus Unfavorable Recommendations：the Impact on Analyst Access to Management-Provided Information. *Journal of Accounting Research* 44. 4：657－689

Clubb，C.. 2006. Discussion of "Do Better-Governed Australian Firms Make More Informative Disclosures?". *Journal of Business Finance & Accounting* 33（3）&（4）：451－458

Fehr，E.，and S. Gachter. 2000. Fairness and Retaliation：The Economics of Reciprocity. *The Journal of Economic Perspectives* 14：159

Francis，J.，and L. Soffer. 1997. The Relative Informativeness of Analysts' Stock Recommendations and Earnings Forecast Revisions. *Journal of Accounting Research* 35（2）：193－212

Frankel，R.，S. P. Kothari，and J. Weber. 2006. Determinants of the Informativeness of Analyst Research. *Journal of Accounting and Economics* 41：29－54

Givoly，D.. 1982. Financial Analysts' Forecasts of Earnings：A Better Surrogate for Market Expectations. *Journal of Accounting and Economics* 4（2）：85－108

——，and J. Lakonishok. 1979. The Information Content of Financial Analysts Forecasts of Earnings：Some Evidence on Semi-Strong Efficiency. *Journal of Accounting and Economics* 2：165－186

Healy，P.，A. Hutton，and K. Palepu. 1999. Stock Performance and Intermediation Changes Surrounding Sustained Increases in Disclosure. *Contemporary Accounting Research* 16：485－520

Healy，P.，and K. Palepu. 2001. Information Asymmetry，Corporate Disclosure，and the Capital Markets：A Review of the Empirical Disclosure Literature. *Journal of Accounting and Economics* 31：405－440

Kelly，K.. 2003. One Analyst Learns Candor doesn't Pay. *The Wall Street Journal*，February 5：C1

Lang，M. H.，and R. J. Lundholm. 1996. Corporate Disclosure Policy and Analyst Behavior. *The Accounting Review* 71. 4：467－492

Lys，T.，and S. Sohn. 1990. The Association between Revisions of Financial Analysts' Earnings Forecasts and Security Price Changes. *Journal of Accounting and Economics* 13，341－364

Mahoney，W.. 1991. Investor Relations：The Professional's Guide to Financial Marketing and Communications. New York. NY：Harper Business.

Siconolfi，M.. 1995. Incredible "buys"：Many Companies Press Analysts to Steer Clear of Negative Ratings-Stock Research is Tainted as Naysayers are Banned，Undermined and Berated-small Investors in the Dark. *The Wall Street Journal*，July 19：A1

Soloman，D.，and R. Frank. 2003. You don't Like Our Stock? You are off the List'-SEC Sets New Front on Conflicts by Taking Aim at Companies that Retaliate against Analysts. *The Wall Street Journal*，June 19：C1

第 8 章

财务会计与资本市场相关国际研究

8.1 本章概述

本书第 1 章到第 6 章回顾的内容构成了过去几十年中财务会计与资本市场实证研究的主题，从 Ball and Brown（1968）开始，这个领域的研究取得了丰硕的成果，为会计准则建设、证券投资实践和资本市场发展做出了重要贡献。这些研究的一个突出特点是“美国垄断”，基本上是由美国大学和研究机构的学者进行的，基本上是基于美国资本市场数据的。

遗憾的是，Ball and Brown（1968）40 年后的今天，财务会计与资本市场实证研究的主流逐渐陷入发展缓慢、方向不明的状态。这个问题一方面表现在研究题目还局限在之前回顾的这些领域中，缺乏研究方向的创新；另一方面表现在即使在这些领域中，鲜活的、引人入胜的文章也十分罕见。同时，还缺乏研究方法上的创新。基于此，美国会计学术界的一些领导者发出了要重新定义会计学术的内核和外延的呼声（见 Joe Demski 教授近年来的一些讲话）。

之所以出现这种状况，我们认为有两个原因至少是重要的。第一个原因是会计学博士生教育逐渐自成一体，和经济学等基础学科越来越脱节。会计学研究越来越成为一个封闭的系统。一个典型的美国博士生课程体系虽然也包括微观经济学、统计、计量等课程，但是这些课程作为经济学博士生的基础课程，内容往往涉及最传统、最基本、历史最悠久的经济学理论。经济学博士生还有后续课程学习经济学最新发展前沿，但是会计系往往不要求博士生选修这些经济学前沿课程，因此，会计学研究吸收经济学发展前沿成果的速度大大放慢。第二个原因是美国会计学术界对世界经济最新进展的好奇心比较低，因此研究的视野受到局限，全球化、国际化、经济转型等过程中的鲜活问题没有引起会计学术界主流的兴趣。相反，我们看到，美国主流金融学者和金融学杂志在八九十年代十分关注日本和韩国发展的问题，发表了相当多的文章研究这两个国家的金融问题。会计学界则没有。还有一个原因也是值得警惕的，主流学术杂志的审稿过程和审稿标准同质化，导致创新型的研究缺乏“露面”的机会。

由 Joe Demski 教授等人发起的关于会计学术性的讨论是会计学研究扭转现在这个困境的一个良好契机，值得深入开展下去。在形成具体共识之前，现阶段有两个方面的研究值得会计学界给予高度的重视。一个是行为金融学与证券投资研究。会计信息在证券投资中发挥着重要的作用，但是会计学术界对这方面的研究重视不够。读者可以参阅陆正飞、姜国华、张然《会计信息与证券投资实证研究：重点文献导读》（第二版）中关于这个问题的论述。另一个方面是财务会计与资本市场跨国研究。这个领域是一个新兴领域，随着资本市场的国际化和全球化，其未来发展前景十分广阔。

财务会计与资本市场跨国研究的一个重要理论基础是“法和经济学”、“法和金融学”研究。以 Andrei Shleifer 教授为代表的一批经济学家和金融学家在 20 世纪 90 年代开辟了这个全新的领域，取得了重大的成果。简单的概括来说，“法和经济学”、“法和金融学”学派认为，一个国家的法律起源很大程度上决定了这个国家在管理经济事务中是采用国家权力还是市场机制。实证研究表明，采用市场机制管理经济事务的普通法国家对投资者保护比较充分，而采用国家权力管理经济事务的成文法国家对投资者保护则比较薄弱。投资者保护上的差别导致了资本市场和经济发展的显著差异。① 近年来，主流经济学家在“法和经济学”、“法和金融学”上做了大量的文章，主流经济学和金融学杂志发表了大量的类似文章，但是主流会计学界还需要迎头赶上。

本章回顾的 Ball，Kothari and Robin（2000，*Journal of Accounting and Economics*）是主流会计学者在国际研究方面的最早尝试之一。本文在“法和金融学”的基础上，研究了法律起源和投资者保护环境对会计信息质量国家间区别的影响。本文发现和“法和金融学”预期一致，普通法国家的会计信息质量好于成文法国家的会计信息质量。这样的研究对从事跨国投资的投资者具有重要的指导意义。类似的研究还有 Leuz，Nanda，and Wysocki（2003）② 等。但是，总体来讲，会计学界还需要进一步关注跨国研究，实际上，本书前七章回顾的问题都可以在跨国研究中开展。

当然，国际研究不一定要进行多国间对比研究，选择一个合适的视角，进行非美国研究同样很有价值，如 Leuz（2003）③。

除了对财务会计与资本市场问题进行国际研究外，其他一些相关领域的国际研究同样值得会计学界给予重视。这些方面包括上市公司透明度、资本成本、资本市场成熟程度、国际证券投资、证券市场监管等。这些领域虽然不是传统的会计研究领域，但是会计信息在其中发挥着重要的作用，会计学者的进入对这些领域的发展将发挥重要的促进作用。

本章回顾了三篇这方面的文章。其中 Morck，Yeung and Yu（2000）研究了为什么新兴资本市场上股票价格的联动效应特别明显；Lang，Ready，and Yetman（2003）研究了在美国主要交易所上市是否能提高外国企业的信息质量；而 Dhaliwal et al.（2011）研究了跨国情景下，非财务信息（如企

① 参见姜国华、徐信忠、赵龙凯：《公司治理和投资者保护研究综述》，见《管理世界》，2006（6）。

② Leuz，C.，D. J. Nanda.，and P. Wysocki. 2003. Earnings Management and Investor Protection：An International Comparison. *Journal of Financial Economics* 69：505－527.

③ Leuz，C.，2003，IAS Versus U. S. GAAP：Information Asymmetry-based Evidence from Germany's New Market. *Journal of Accounting Research* 41：445－472.

业社会责任报告）对分析师预测准确性的影响。这些研究近年来大量涌现，包括一些基于中国资本市场的研究。虽然这些研究还没有形成明显的体系，但是可以预见，它们对经济学、金融学、会计学的未来发展方向和取得的成果将发挥重大的作用。

8.2　国际制度因素对会计盈余特性的影响

Ball, R., S. P. Kothari, and A. Robin. 2000. The Effect of International Institutional Factors on Properties of Accounting Earnings. *Journal of Accounting and Economics* 29: 1-51

国际资本市场的发展使国际会计研究成为会计研究的热点。随着制度和金融学派的兴起（La Porta et al.，1997），国际会计差异和国际公司治理成为会计学术界和实务界共同关注的话题（Alford et al.，1993；Jacobsen and Aaker，1993；Bandyopadhyay et al.，1994；Baums et al.，1994；Harris et al.，1994；Joos and Lang，1994；Barth and Clinch，1996；La Porta et al.，1997；Pope and Walker，1999）。Ball et al.（2000）认为会计盈余的重要特性（及时性和稳健性）除了受各国会计准则影响外，不同制度环境下对会计盈余需求的不同是影响会计盈余特性的重要因素。该文发现，由于不同国家的制度因素会对会计盈余的需求产生不同的政治影响，大陆法系（code law）国家的会计信息对经济损失反映的及时性和稳健性低于英美法系（common law）国家，原因在于大陆法系国家直接将会计收益与对员工、经理层、股东和政府的当期支付相联系，而非单纯强调对股东决策的有用性。这篇文章是国际会计研究中比较重要的论文，使制度因素成为跨国会计研究的热点之一。

这篇文章研究的核心问题，正如其题目一样，是国际制度因素对会计盈余特性的影响。作者采用渐进式的方法对这个问题进行了完整的分析。首先，文章分析了国家制度因素对会计盈余需求的政治影响程度；其次，作者从盈余的两个重要特性——及时性和稳健性角度出发，研究制度因素对会计盈余特性的影响；最后，作者还比较了盈余、股利和经营现金流在不同制度背景下的及时性。

会计准则的国际化差异是以前研究关注的重点，但会计实践不是一成不变地遵守会计准则，而是受不同国家制度执行力度的影响。经营者的经营、融资和投资决策也会影响报告收益。引起会计收益差异最根本的制度变量是制度因素对准则制定和实施的政治影响程度。作者以英美法系和大陆法系作为制度变量，将研究国家分为两类。在大陆法系国家，政府制定和实施会计准则，在国家层面和公司层面都有很强的政治影响。政治影响在公司层面导致“利益相关者”治理模式，各利益集团则借助于信息的私下共享解决信息不对称问题，因而对会计信息能够及时反映经济收益和损失的需求较低。在英美法系国家，会计准则是从实践中逐渐形成的，源自会计市场而不是政府，制定和实施过程中政府的政治影响都很小。典型的治理模式是“股东”治理模式，股东单独选举董事会成员，公司受到来自外部资本市场和债务市场的监督，各利益集团借助于更及时的会计盈余披露来解决信息不对称问题，因此对会计信息能够及时反映经济收益和损失的需求较高。由此，作者提出假设 1：相对于英美法系国家，大陆法系国家的会计盈余更加平滑，及时性更差。

作者认为会计信息市场的三种特殊属性导致会计盈余的稳健性不同。这三种特殊属性分别是：(1) 经营者在披露好消息和坏消息方面的激励不对称，坏消息的披露更加可靠；(2) 债权人是会计信息的主要使用者，经济收益和损失对他们的影响是不对称的（Watts and Zimmerman，1986）；(3) 及时披露经济损失是一种重要的公司治理机制。由于英美法系国家对及时披露经济损失有更高的需要，作者提出假设 2：相对于大陆法系国家，英美法系国家的会计盈余更加稳健。

尽管按照英美法系和大陆法系分类提供了很好的研究视角，但这种分类不是同质的。在英美法系国家中，会计监管程度及方法和证券诉讼规则有利于诉讼者的程度这两个重要的制度因素对稳健性的影响是不同的。稳健性随着监管程度的提高而提升（Peltzman，1976；Watts and Zimmerman，1986）。证券诉讼成本影响经营者和审计师的决策（Kothari et al.，1988），投资者会声称由于非稳健披露导致损失，因此预期高诉讼成本的国家会计收益会更加稳健。英国市场被认为是自我监管、缺少集体诉讼并且债权人大部分是私人性质的，因此作者提出假设 3：英国会计收益稳健性低于其他英美法系国家，但高于大陆法系国家。

大陆法系国家在“利益相关者”公司治理模式下，会计盈余用于各利益集团的分红，政治需求报告盈余和应税盈余一致，报告高于股利需求的盈余会导致政府征税更高，由此作者提出假设 4：相对于英美法系国家，大陆法系国家的会计收益相对于股利的及时性更低。

在英美法系国家中，实行红利归属的国家会惩罚报告的应税收入超过分配股利的公司，因此这些国家会计收益的稳健性会较低。作者提出假设 5：在英美法系国家中，美国的会计收益和股利之间及时性的差异大于其他红利归属的国家。

Dechow（1994）研究认为在反映当期价值相关性信息方面，经营现金流的噪音比会计盈余更大，因此作者提出假设 6：英美法系国家的会计盈余比经营现金流更及时。

文章选取了 1985—1995 年共 11 年间 Global Vantage Industrial/Commercial File 的数据，并剔除了变量缺失的公司、每个变量上下 1%分位数的观测值和公司年度观测值少于 1 000 个的国家，最后得到了 7 个国家共 40 679个公司年度观测值，其中澳大利亚、加拿大、英国和美国为英美法系国家，法国、德国和日本为大陆法系国家。文中最重要的两个会计盈余特性为及时性和稳健性。及时性的定义为当期会计收益反映经济收益的程度。稳健性采用 Basu（1997）的定义：相对于经济收益，当期会计盈余能够更及时地反映经济损失。会计收益（NI）为期初股价标准化的每股盈余，经济收益（R）为当期股票持有回报（包括分红）。

对于假设 1 的检验主要采用 Basu（1997）的模型，比较在不同制度因素国家中，回归模型

$$NI = \beta_0 + \beta_1 RD + \beta_2 R + \beta_3 R \times RD + \varepsilon$$

调整 R^2 的大小，该值越大代表会计收益对经济收益的反映越及时。其中变

量 RD 为虚拟变量，若经济收益 R 小于 0，则 RD 取 1；否则取 0。分别对 7 个国家分国家回归和分组回归（英美法系和大陆法系两组），结果均发现英美法系国家的调整 R^2 大于大陆法系国家的调整 R^2，验证了假设 1。作者又采用 Fama and MacBeth（1973）的分年度回归方法再次验证了假设 1。同时利用回归系数 β_3 的大小检验了稳健性，若 $\beta_3>0$，则说明相对于经济收益，当期会计盈余能够更及时地反映经济损失，并且 β_3 越大的国家，会计盈余越稳健。不论分国家回归还是分组回归，结果都表明英美法系国家的会计盈余更稳健，验证了假设 2。

作者对假设 2 还进行了更正式的检验，在 Basu（1997）模型的基础上，以美国为基准比较国家，加入 6 个国家虚拟变量 CD_j 及虚拟变量和其余变量的交叉项，即检验回归模型

$$NI=\beta_0+\sum_j\beta_{0j}CD_j+\beta_1RD+\sum_j\beta_{1j}RD\times CD_j+\beta_2R$$
$$+\sum_j\beta_{2j}R\times CD_j+\beta_3R\times RD+\sum_j\beta_{3j}R\times RD\times CD_j$$

的系数 β_3 和 β_{3j} 的大小。β_3 和 β_{3j} 分别代表美国会计盈余的稳健性和其他国家相对于美国会计盈余的增量稳健性。检验结果表明大陆法系国家的 β_{3j} 均小于 0，进一步验证了假设 2。对于英美法系国家，澳大利亚和加拿大的 β_{3j} 均大于 0，英国的 β_{3j} 小于 0，验证了假设 3，即英国由于监管、诉讼和债务方面的原因，在英美法系国家中稳健性最低，但高于大陆法系国家。

把 Basu 模型中的因变量分别换成股利和经营现金流，作者进一步检验了假设 4、假设 5 和假设 6。假设 4 和假设 6 得到支持，但假设 5 只对澳大利亚和英国成立，对加拿大不成立，作者解释这是由于加拿大的投资者主要为美国投资者所致。

本文的研究结论表明，由于不同国家的制度因素会对会计盈余的需求产生不同的政治影响，大陆法系国家的会计信息对经济损失反映的及时性和稳健性低于英美法系国家，并且大陆法系国家的会计收益相对于股利的及时性更低，而英美法系国家的会计盈余比经营现金流更及时。在英美法系国家中，由于会计监管程度及方法和证券诉讼规则有利于诉讼者的程度不同，英

国会计收益稳健性低于其他英美法系国家会计收益稳健性。

这篇文章的贡献在于，突破了传统的会计准则国际化差异的研究，认为不同的制度环境（英美法系和大陆法系）对会计盈余需求会产生政治影响，政治影响的程度会影响到管理层的报告动机，进而影响对相关会计准则的遵循程度。本文丰富了国际会计差异和国际公司治理研究，推动了制度、治理与会计的研究（DeFond et al.，2000；Guenther and Young，2000；Ball et al.，2003；Leuz et al.，2003；Bushman and Piotroski，2006）。但同时我们也应该看到，文章尚有一些值得进一步探讨的地方。

首先，在研究设计方面，以公司年度股票持有回报作为真实经济收益的衡量可能会产生忽略变量问题，尤其是在大陆法系国家。论文假设在不同国家中，股票持有回报衡量真实经济收益的程度是相同的。Holthausen（2003）认为在不同国家股票的信息含量是不同的，“内部人经济”国家的“内部人”和市场经济下的信息交易者的激励不同，面对好消息和坏消息时的反应不同，因此区分在不同国家股票回报反映真实经济收益的程度是非常重要的。

其次，把国家分成英美法系和大陆法系只是一种定性研究。Holthausen（2003）提出在新的领域，定性研究不失为一种有用的方法，但定量研究更有利于推进跨国差异研究（Leuz et al.，2003；Bushman and Piotroski，2006）。

最后，由于不同国家之间有太多差异需要控制，国际比较不一定是研究制度因素对会计盈余特性影响的最有效方法。一个国家内部准则或者制度变化或许能分离其他因素的影响。

尽管对 Ball et al.（2000）有质疑，但它提出了国际会计未来研究的重要话题，我们也相信未来在更深的层面上对这个问题的研究还会不断涌现。

参考文献

Alford，A.，J. Jones.，R. Leftwich.，and M. Zmijewski. 1993. The Relative Informativeness of Accounting Disclosures in Different Countries. *Journal of Accounting Research* 31（Suppl.）：183－223

Ball，R.，S. P. Kothari.，and A. Robin. 2000. The Effect of International Institutional Factors on Properties of Accounting Earnings. *Journal of Accounting and Economics* 29：1—52

Ball，R.，A. Robin.，and J. Wu. 2003. Incentives versus Standards：Properties of Accounting Income in Four East Asian Countries，and Implications for Acceptance of IAS. *Journal of Accounting and Economics* 36（1—3）：235—270

Bandyopadhyay，S.，D. Hanna.，and G. Richardson. 1994. Capital Market Effects of U. S.-Canada GAAP Differences. *Journal of Accounting Research* 32：262—277

Barth，M.，and G. Clinch. 1996. International Accounting Differences and Their Relation to Share Prices：Evidence from U. K.，Australian，and Canadian Firms. *Contemporary Accounting Research* 13：135—170

Baums，T.，R. Buxbaum.，and K. Hopt. 1994. Institutional Investors and Corporate Governance，Walter de Gruyter. Berlin

Basu，S.. 1997. The Conservatism Principle and the Asymmetric Timeliness of Earnings. *Journal of Accounting and Economics* 24：3—37

Bushman，R.，and J. Piotroski. 2006. Financial Reporting Incentives for Conservative Accounting：The Influence of Legal and Political Institutions. *Journal of Accounting and Economics* 42：107—148

Dechow，P.. 1994. Accounting Earnings and Cash Flows as Measures of Firm Performance：The Role of Accounting Accruals. *Journal of Accounting and Economics* 18：3—42

DeFond，M.，M. Hung.，and R. Trezevant. 2007. Investor Protection and the Information Content of Annual Earnings Announcements：International Evidence. *Journal of Accounting and Economics* 43：37—67

Fama，E.，and J. MacBeth. 1973. Risk，Return，and Equilibrium：Empirical Tests. *Journal of Political Economy* 81：607—636

Guenther，D.，and D. Young. 2000. The Association between Financial Accounting Measures and Real Economic Activity：A Multinational Study. *Journal of Accounting and Economics* 29：53—72

Harris, T. , M. Lang. , and H. MoKller. 1994. The Value Relevance of German Accounting Measures: An Empirical Analysis. *Journal of Accounting Research* 32: 187－209

Holthausen, R. . 2003. Testing the Relative Power of Accounting Standards versus Incentives and Other Institutional Features to Influence the Outcome of Financial Reporting in an International Setting. *Journal of Accounting and Economics* 36: 271－284

Jacobsen, R. , and D. Aaker. 1993. Myopic Management Behavior with Efficient, but Imperfect, Financial Markets. *Journal of Accounting and Economics* 16: 383－405

Joos, P. , and M. Lang. 1994. The Effects of Accounting Diversity: Evidence from the European Union. *Journal of Accounting Research* 32 (Suppl.): 141－168

Kothari, S. , T. Lys. , C. Smith. , and R. Watts. 1988. Auditor Liability and Information Disclosure. *Journal of Accounting, Auditing and Finance* 3: 307－339

La Porta, R. , F. Lopez-de-Silanes. , A. Shleifer. , and R. Vishny. 1997. Legal Determinants of External Finance. *Journal of Finance* 52: 1131－1150

Leuz, C. , D. J. Nanda. , and P. Wysocki. 2003. Earnings Management and Investor Protection: An International Comparison. *Journal of Financial Economics* 69: 505－527

Peltzman, S. . 1976. Toward a More General Theory of Regulation. *Journal of Law and Economics* 19: 211－240

Pope, P. , and M. Walker. 1999. International Differences in the Timeliness, Conservatism, and Classification of Earnings. *Journal of Accounting Research* 37 (Suppl.): 53－87

Watts, R. L. , and J. L. Zimmerman. 1986. Positive Accounting Theory. NJ: Prentice Hall

8.3 股票市场的信息含量：为什么新兴市场股票价格变动具有同步性？

Morck, R., B. Yeung, and W. Yu. 2000. The Information Content of Stock Markets: Why Do Emerging Markets Have Synchronous Stock Price Movements? *Journal of Financial Economics* 58: 215-260

自 Roll（1988）年提出股价同步变动概念以来，该问题就成为金融研究领域的一个重要课题。以往研究表明，不发达经济体股价波动同步性比发达经济体严重，然而市场规模和低收入经济体基本面都不能完全解释这种现象。Roll（1988）指出，股票价格同步变化的程度取决于公司和市场信息进入股票价格的相对数量。本文则发现产权指标能够解释上述差异，新兴市场股价同步波动程度大主要有三个方面的原因：第一，低收入国家的公司基本面相关程度更高，因而导致股票价格波动趋于一致。第二，低收入国家产权保护差，产权保护不确定性程度高。根据 DeLong et al.（1989）的研究，基于信息的交易的减少可能增加市场噪音交易者的风险。因此产权保护不力可能导致利用信息进行风险套利不再具有吸引力。第三，在一些国家，对公众投资者提供更差的免受公司内部侵害的保护，可能使公司信息对风险套利者更缺乏有用性，因而阻止公司信息进入股票价格。这种效应将减少股票价格因自身信息而发生的变动，同时会增加股票回报的同步变化。

本文的核心问题是探讨新兴市场股票价格同步波动程度大的原因。鉴于研究问题的复杂性，本文采用渐进的方式对研究主题逐步展开分析：首先，本文对新兴市场和发达经济体的股价同步性进行了对比分析，并利用模型（5）计算的 f 值和模型（6）的 R^2 衡量股价同步性；其次，在上述分析和借鉴前人研究的基础上构建了回归模型，并将经济结构变量纳入模型；再次，通过构造所谓“好政府指数”，从制度层面探讨股价同步变动的原因；最后，具体分析高收入国家公司信息资本化问题。

$$f_j = \frac{1}{T}\sum_t \frac{\max\left[n_{jt}^{up}, n_{jt}^{down}\right]}{n_{jt}^{up} + n_{jy}^{down}} = \frac{1}{T}\sum_t f_{it} \tag{5}$$

$$r_{it} = \alpha_i + \beta_{1,i} r_{m,jt} + \beta_{2,i}(r_{US,t} + e_{jt}) + \varepsilon_{it} \tag{6}$$

以往研究表明，新兴市场国家如中国、马来西亚和波兰，80%以上的股票通常会在某一周做同步变动。相比之下，丹麦、爱尔兰和美国没有一个国家会出现57%以上的股票在某一周朝同一个方向变动的情况。为了衡量股价的同向波动，本文运用 f 值和 R^2 两个变量。f 值是根据某个国家价格上涨股票数目和价格下跌股票数目中较大的值除以该时期的所有股票数目计算的，f 值越大表明股票市场同步性越大；根据 French and Roll（1986）的研究，R^2 越大表明股价更容易做同步变动。所以这两个指标在衡量股价同步性方面具有相似的作用，它们都表明股价同步性和人均收入之间存在明显的负相关关系。

论文数据来源于 Datastream。为了对核心问题进行讨论，论文构建了以下四个主要回归模型。

本文第一个主要假设是：股价同步变动和人均收入之间的负相关关系是由于低收入经济体中的公司有着更加相关的经济基本面。为检验该假设，本文构建模型（11），并将具体结构变量引入特征向量。模型（11）用来说明股价同步性与人均 GDP、上市股票数量和结构变量之间的相互关系，主要是看哪些特征能够显著地解释股价的同步性。这些变量主要是宏观经济波动、国家大小和经济的多样性。由于这些变量不能解释所有市场价格变动，所以本文通过对公司会计数据标准化处理的办法引入一个反映各个国家公司收益同步变动的直接指标。单变量检验结果表明，上述结构变量不能解释人均 GDP 和股价同步性的相互关系；多变量回归检验表明，人均 GDP 不能作为结构变量的代理变量。由此我们推断可能是其他因素导致人均 GDP 和股价同步性之间的负相关关系。在这部分稳健性检验中主要考虑了异常数据、期间效应、其他股票回报同步性指标、控制市场规模影响的其他方法、不稳定的货币政策、反映国家规模的其他指标、商品经济和基本面同步变动的其他指标等因素。检验结果与上述实证结论相一致。

$$\gamma_j or \psi_j = c_0 + c_1 \log y_j + c_2 \log n_j + c x_j + u_j \tag{11}$$

本文第二个主要假设是：股价同步变化和人均收入之间的负相关关系是由低收入经济体对私有产权保护不力所致。为检验该假设，构建模型（15）。该模型与模型（11）的不同在于引入好政府指数 g_j。De Long et al.（1990）认为，信息不充分的交易可能为噪音交易创造空间。如果弱化的产权使信息风险套利受挫，它们也会产生系统性的股票价格波动。为此，本文构造了一个好政府指数来衡量一个国家是如何保护私有产权的，并将其纳入上述回归模型。本文实证结果表明高收入国家政府更加尊重私有产权，因而股价的同步性相对较弱；相反，在低收入国家，股价的同步性比前者要严重得多。

$$\gamma_j or \psi_j = c_0 + c_1 \log y_j + c_2 \log n_j + c x_j + c_3 g_j + u_j \tag{15}$$

为了进一步研究股价的同步变动和产权保护的关系，本文将股票回报同步性指标分解成市场变异和个别公司变异两个方面，并提出本文假设三：股价同步性的提高主要由于市场价格变异的增强。为检验该假设，构建模型（18）和模型（19）。其中，模型（18）左边是个别公司变异的对数，模型（19）左边是市场变异的对数。实证检验结果表明，好政府指数与市场股价变异负相关并且统计检验显著。虽然好政府指数也与公司股价变异负相关，但这种影响非常有限。同时用司法效率指数和法规指数代替好政府指数进行稳健性检验，实证结果与好政府指数相似。

$$\log(\delta^2_{\varepsilon,j}) = c_o + c_1 \log y_j + c_2 \log n_j + c x_j + c_3 g_j + u_j \tag{18}$$

$$\log(\delta^2_{m,j}) = c_0 + c_1 \log y_j + c_2 \log n_j + c x_j + c_3 g_j + u_j \tag{19}$$

此外，本文进行了如下检验：对两种股票市场制度进行比较，研究发现新兴市场同步性似乎与私有产权保护边际变化无关；发达国家股价变化同步性与单位 GDP 无关，但是发达国家之间，好政府指数越低，股价变化同步性越高。而且发达国家的高同步性既与低公司变异水平相联系，也与高市场变异水平相联系；在国家制度方面的实证结果表明，会计准则与股价同步性负相关，但显著性水平在 20%左右。在对公司公众股东产权提供更少保护的发达经济体中，进入股票价格的公司信息更少。

本文最大的特色是研究思路清晰，研究问题全面细致，是一篇经典的金融研究文章。本文的主要贡献体现在以下几个方面：

首先，通过实证证据验证了新兴经济体股票回报同步性高于发达经济体，并证明该现象并非源自经济体市场规模、基本面变化、国家大小、经济多样性或公司基本面的同步变动等因素的影响。

其次，本文通过实证发现新兴市场股价同步变动的根本原因是产权保护不力。DeLong et al.（1990）认为糟糕的产权保护为噪音交易者创造了空间。由于股票价格的波动与基本面无关，所以本文假设糟糕的产权保护也许会阻止风险套利。而在发达经济体，为公众股东提供更强的免受公司内部人侵害的法律保护与更大的公司回报变异相关，因而会减少股票回报的同步变化。因此更好的产权保护也许为该经济体股票市场上个别公司风险套利提供了更大的吸引力。

最后，为资本市场建设提供了有益的借鉴。本文研究结果表明，对经济信息的传递者而言，新兴经济体股票市场的有效性要低于发达经济体股票市场。有效股票市场的功能是传递信息，并引导资本流向最佳经济用途。如果新兴经济体股票价格运动主要由产权领域的政治推动，或者受噪音交易影响，那么这些经济体股票市场也许不能有效地配置资本，并会妨碍经济增长。而 Wurgler（2000）研究发现股票回报同步性越低的国家，与价值增值有关的资本支出弹性越高。因此，加强产权保护有助于新兴国家资本市场和经济的健康发展。

本文主要有以下几点不足：一是本文只证实了上述一些假设，但是尚有问题未受实证支持；二是本文没有关注到其他影响公司股价同步波动的重要因素，比如 Jin and Myers（2006）的后续研究表明，公司透明度的差异是导致各国股价波动同步性差异的原因；又如 Chan and Hameed（2006）的研究发现，在新兴资本市场证券分析师提高了股票价格的同步性。

参考文献

Chan，K.，and A. Hameed. 2006. Stock Price Synchronicity and Analyst Coverage in Emerging Markets. *Journal of Financial Economics* 80：115－147

DeLong, J. B., A. Shleifer, L. H. Summers, and R. J. Waldmann. 1989. The Size and Incidence of the Losses from Noise Trading. *Journal of Finance* 44: 681-696

DeLong, J. B., A. Shleifer, L. H. Summers, and R. J. Waldmann. 1990. Noise Trader Risk in Financial Markets. *Journal of Political Economy* 98: 703-738

French, K. R., and R. Roll.. 1986. Stock Return Variances: The Arrival of Information and the Reaction of Traders. *Journal of Financial Economics* 17: 5-26

Jin, L., and S. C. Myers. 2006. R^2 around the World: New Theory and New Tests. *Journal of Financial Economics* 79: 257-292

Roll, R.. 1988. R^2. *Journal of Finance* 43: 541-566

Wurgler, J.. 2000. Financial Markets and the Allocation of Capital. *Journal of Financial Economic* 58: 187-214

8.4 在美国跨国上市公司究竟有多大代表性？基于会计质量的分析

Lang, M., J. S. Ready, and M. H. Yetman. 2003. How Representative Are Firms that Are Cross-Listed in the United States? An Analysis of Accounting Quality. *Journal of Accounting Research* 41: 363-386

随着国际资本市场的发展，越来越多的公司选择跨国上市，尤其是选择在美国上市。考虑到外国公司财务报表的质量问题，美国 SEC（Securities and Exchange Commission）要求跨国上市公司提供依照美国公认会计原则（General Accepted Accounting Principles，GAAP）编制的财务报表或者将净利润和净资产按照美国 GAAP 调整（Breeden，1994）。Pownall and Schipper（1999）的回顾表明，美国和非美国 GAAP 差异很大，会计准则协调并没有给市场带来太大的增量信息含量。而 Coffee（2002）认为，跨国上市可以起到绑定作用（bonding role），从而导致在美国证券市场上市的公司和在本国市场上市的公司信息透明度方面有显著差异。关于 SEC 是否应该放松外国公司在美国跨国上市的要求是一个有争议的问题。Lang et al.（2003）实证检验在美国证券市场上跨国上市的公司（cross-listed，CL）和非跨国上市公司（NCL）在本国会计准则下财务报告质量方面的差异，发现 CL 公司上市后会计信息质量显著高于 NCL 公司（盈余管理降低、盈余更加及时、盈余和回报之间关系更强），并且这种差异一部分是上市前差异造成的，另一部分是在美国跨国上市过程中的变化引起的。进一步检验表明，在美国柜台交易（over-the-counter，OTC）市场上市与在其他非美国国家跨国上市的外国公司的会计信息质量无显著提高，说明上市选择会影响公司的财务报告质量，并且只有在美国证券市场上跨国上市才会提高公司的会计信息质量。这篇文章再次通过实证验证了会计信息质量不仅受会计准则的影响，监管环境和诉讼环境也是影响公司会计质量的重要因素。

在美国上市的外国公司面临 SEC 更严格的监督、更苛责的诉讼环境、更高的披露要求以及与美国 GAAP 的协调，这些因素会影响到美国跨国上市的公司类型和会计信息质量。本论文的核心工作就是研究 CL 公司在本国市场上报告的会计信息质量是否显著高于 NCL 公司。为此，作者采用渐进式的方法对这个问题进行了完整的分析。作者先是从盈余管理、盈余及时性及股票价格与盈余的关系等盈余质量角度，研究 CL 公司和 NCL 公司会计信息质量的差异；然后，作者从上市前和上市过程两个时间段研究会计信息质量差异产生的原因。

Coffee（2002）认为，跨国上市可以起到绑定作用，从而导致在美国证券市场上上市的公司和在本国市场上上市的公司信息透明度方面有显著差异。由此本文作者实证检验了 CL 公司在本国市场上报告的会计信息质量是否显著高于 NCL 公司。采用 Leuz et al.（2003）和 Ball et al.（2000）的定义，把低盈余管理、更及时地确认坏消息以及盈余和回报之间更强的关系定义为高质量的会计信息。

Doidge et al.（2001）认为选择在美国上市的公司可能是那些上市前就比较透明的公司，因为这些公司在美国上市增加透明度的增量成本很低。Reese and Weisbach（2001）研究表明，在美国上市可以使它们在本国市场上也被认为是高透明度的，并且按照美国 GAAP 披露信息，可以使它们在本国市场上增加报告透明度的成本降低。因此作者进一步检验了上市前和上市过程中 CL 公司和 NCL 公司会计信息质量的差异。

文章选取了 1990—2001 年 12 年间 BNY（Bank of New York Global Equity Investing Depositary Receipt Services）和 Datastream 的数据，并剔除了加拿大公司，因为加拿大和美国的会计准则类似。CL 公司包括在 NYSE，AMEX 和 NASDAQ 交易并在 SEC 注册的外国公司以及美国存托凭证（American Depositary Receipt）ADRⅡ和 ADRⅢ；NCL 公司按照增长、行业、国家及年度与 CL 公司进行匹配。对于盈余管理采用两类共五个指标来衡量。

第一类为盈余平滑度指标：(1) 年度盈余的绝对变化量对支付股利与控制变量回归所得残差项的方差，控制变量包括规模、增长、负债、资本强度、债务及资本发行等，方差越小，说明盈余越平滑；(2) 年度盈余的绝对变化量对控制变量回归所得残差项的方差/年度经营现金净流量的绝对变化量对控制变量回归所得残差项的方差，比值小于 1，则说明进行了盈余管理。

第二类为应计利润基础的盈余管理指标：(1) 经营性应计项目和经营现金流之间的 Spearman 偏相关系数（控制规模、增长、负债、资本强度、债务及资本发行），相关系数负的越大，说明盈余管理越强；(2) Jones 模型计算的操纵性应计利润的绝对值，绝对值越大，盈余管理越强；(3) Burgstahler and Dichev（1997）盈余分布法，报告微利公司的频率越高，盈余管理越强。

对于损失确认及时性采用两个指标来衡量：(1) 极端负的报告盈余的频率，越小越不及时；(2) 报告盈余的偏度。会计质量的衡量为股价及回报与会计盈余的关系，价格对每股盈余及账面价值回归的 R^2 越高，质量越高。

对盈余管理、损失确认及时性及价格盈余关系的实证检验结果表明，CL 公司的盈余报告质量高于 NCL 公司。这种差异可能是自选择造成的，即高质量的公司选择在美国上市。由此作者比较上市前 CL 公司和 NCL 公司盈余质量的差异，发现上市前 CL 公司在盈余管理和价格盈余关系方面质量较高，但及时性方面无显著差异，说明上市前差异只能部分解释 CL 公司和 NCL 公司盈余质量方面的差异。作者进一步比较 CL 公司上市前和上市后的盈余质量，发现 CL 公司在上市过程中盈余报告质量显著提高，验证了上市过程也会引起盈余报告质量的差异。作者还比较了 OTC 公司、在非美国市场跨国上市公司与 CL 公司会计信息质量的差异，发现 CL 公司的会计信息质量高于 OTC 公司和在非美国市场跨国上市公司，说明会计信息质量的差异是在美国证券市场跨国上市特有的属性。

本文的研究结论表明，由于 SEC 更严格的监督、过分苛责的诉讼环境、更高的披露要求以及与美国 GAAP 的协调，在美国跨国上市的 CL 公司上市后会计信息质量显著高于 NCL 公司，并且这种差异部分是上市前差异造成的，部分是在美国跨国上市过程中的变化引起的。进一步检验表明，在美国 OTC 市场上市与在其他非美国国家跨国上市的外国公司的会计信息质量无显著提高，说明上市选择会影响公司的财务报告质量，并且只有在美国证券市场上跨国上市才会提高公司的会计信息质量。

Lang et al.（2003）的研究丰富了跨国上市会计研究。实证检验结果表明，公司的上市选择影响公司的会计选择，即使是在本国市场上，在美国跨国上市的公司在本国市场上也能向市场传递高质量的财务报告的信号。同时作者指出，以前的国际会计研究以国家作为分类标准可能存在问题，上市选择也是国际会计研究中需要考虑的因素，但文章尚有值得进一步探讨的地方。

首先，盈余质量的衡量标准问题。Holthausen（2003）指出，即使我们都认为美国的 GAAP 是高质量的，用美国标准（盈余管理程度、及时性等）判断其他国家财务报告质量的高低可能是有问题的。

其次，影响公司跨国上市决策的因素很多，不能确定监管和诉讼环境在多大程度上起作用，因此引起 CL 公司和 NCL 公司会计信息质量差异的原因是不确定的（Joos，2003）。

最后，Doidge et al.（2004）表明，公司治理的差异会影响经营者选择是否接受美国 SEC 严格的跨国上市监管的倾向，因此不仅仅是上市前和上市过程中会计信息的差异导致 CL 公司会计信息质量高于 NCL 公司。

综上所述，Lang et al.（2003）只是描述了 CL 公司和 NCL 公司的差异，并没有找到引起差异的真正原因，这是一个留待未来实证检验的有意义的问题。

参考文献

Ball，R.，S. P. Kothari，and A. Robin. 2000. The Effect of International Institutional Factors on Properties of Accounting Earnings. *Journal of Accounting and Economics* 29：1-51

Basu，S.. 1997. The Conservatism Principle and the Asymmetric Timeliness of Earnings. *Journal of Accounting and Economics* 24：3-37

Breeden，R.. 1993. Foreign Companies and U. S. Markets in a Time of Economic Transformation. *Fordham International Law Journal* 17

Burgstahler，D.，and I. Dichev. 1997. Earnings Management to Avoid Earnings Decreases and Losses. *Journal of Accounting and Economics* 24：99-126

Coffee，J.. 2002. Racing towards the Top? The Impact of Cross-Listing and Stock Market Competition on International Corporate Governance. *Columbia Law Review* 102：1757-1831

Doidge，C.，K. Karolyi.，and R. Stulz. 2004. Why are Foreign Firms Listed in the U. S. Worth More? *Journal of Financial Economics* 71：205-238

Holthausen，R.. 2003. Testing the Relative Power of Accounting Standards versus Incentives and Other Institutional Features to Influence the Outcome of Financial Reporting in an International Setting. *Journal of Accounting and Economics* 36：271-284

Joos，P.. 2003. Discussion of how Representative are Firms that are Cross-Listed in the United States? An Analysis of Accounting Auality. *Journal of Accounting Research* 41：387-396

Lang，M.，J. Raedy.，and M. Yetman. 2003. How Representative are Firms that are Cross-Listed in the United States? An Analysis of Accounting Quality. *Journal of Accounting Research* 41：363-386

Leuz，C.，D. Nanda.，and P. Wysocki. 2003. Earnings Management and Investor Protection：An International Comparison. *Journal of Financial Economics* 69：505-527

Pownall, G., and K. Schipper. 1999. Implications of Accounting Research for the SEC's Consideration of International Accounting Standards for U. S. Securities Offerings. *Accounting Horizons* 13: 259-280

Reese, W., and M. Weisbach. 2002. Protection of Minority Shareholder Interests, Cross-Listings in the United States, and Subsequent Equity Offerings. *Journal of Financial Economics* 66: 65-104

8.5 非财务信息披露和分析师预测准确性：企业社会责任披露的跨国证据

Dhaliwal, D. S., S. Radhakrishman, A. Tsang and Y. Yang. 2012. Nonfinancial Disclosure and Analyst Forecast Accuracy: International Evidence on Corporate Social Responsibility Disclosure. *The Accounting Review* 87: 723-759

分析师预测准确性是分析师盈余预测的重要特征之一，也是分析师预测研究的热点。以往的学者从企业特征层面、分析师个人特质层面等对影响分析师预测准确性的因素进行了广泛而深入的探讨。其中，在企业信息披露相关的文献中，以往的许多研究表明，财务信息的披露能够影响分析师预测准确性（Brown et al., 1987; Lang and Lundholm, 1996; Abarbanell and Bushee, 1997; Hope, 2003; Behn et al., 2008）。但与之相对的是，非财务信息对于分析师预测的影响却并未受到太多学者的关注。在本文之前，唯有 Nichols and Wieland（2009）研究了美国分析师对新闻稿中产品相关信息和业务扩张信息的反应。近年来，随着发布独立社会责任报告（CSR reports）的公司数量急剧增加，社会责任报告成为企业披露非财务信息的重要渠道之一。在本文中，作者使用发布独立社会责任报告作为非财务信息披露的替代变量，检验了企业披露社会责任信息是否能够提高卖方分析师的盈余预测准确性。本文通过对 31 个国家数据的实证分析发现，企业发布独立社会责任报告能够降低分析师盈余预测误差。文章进一步发现，这种关系在利益相关者导向的国家比在股东导向的国家更强。此外，文章还检验了社会责任信息所代表的非财务信息是否能够形成对财务信息的补充。结果发现，企业社会责任报告的发布与分析师预测准确性的正相关关系在财务信息不透明时更强。

本文研究的核心问题在于，企业披露社会责任信息能否提高分析师预测准确性。以往研究证明了企业社会责任活动能够影响企业经营业绩（Brown and Dacin，1997；Lev et al.，2010；Waddock and Graves，1997；Roberts and Dowling，2002；Edmans 2011）和资本市场表现（Goss and Roberts，2009；Dhaliwal et al.，2011）。因此，社会责任活动会影响企业的财务业绩，将社会责任活动的信息运用到分析师预测中应该有助于减少分析师预测误差。

作者接下来对这一假设进行了拓展，从而提出了本文第二个和第三个假设。一个企业的社会活动表现与其企业价值的关系强度取决于社会文化和社会规范（Williams and Aguilera，2008）。因此，在利益相关者导向的国家中，利益相关者更能影响企业的经营决策，企业的社会活动也能够更多地通过利益相关者的影响转化为企业财务业绩。社会责任报告包含能够评价企业环境、社会、治理表现的信息，这些信息正是利益相关者所关注的。由此，作者提出了第二个假设：企业社会责任信息的披露与分析师预测准确性的正相关关系在利益相关者导向的国家比在股东导向的国家更强。

过去的研究证明了财务信息披露的数量与分析师预测准确性正相关。本文试图检验社会责任报告提供的非财务信息能否作为财务信息的补充，为分析师预测提供除财务信息以外的增量信息。因此本文的第三个假设为：企业社会责任信息的披露与分析师预测准确性的正相关关系在财务更不透明的企业中更强。

文章的社会责任报告信息来源于 Corporate Register，Corporate Responsibility Newswire，CSR-NEWS 和企业网站；财务和股票回报数据来源于 Compustat 和 Center for Research in Security Prices（CRSP）；分析师预测数据来源于 I/B/E/S 数据库。剔除信息缺失的观测之后，作者得到的样本包括 1994—2007 年间来自 31 个国家 1 297 家公司发布的 7 108 份独立社会责任报告。

文章采用了多个分析师对同一企业预测误差绝对值的均值，并用年初的股价进行标准化作为分析师预测误差（*FERROR*），其具体计算方式如下：

$$FERROR(Y)_{i,t} = \frac{1}{N}\sum_{j=1}^{N} |FC_{i,t,j}^{Y} - EPS_{i,t}^{Y}|/P_{i,t}$$

式中，Y 取 0，1，2 分别表示当年、提前一年和提前 2 年的预测。

在衡量国家的利益相关者导向程度时，文章采用了四个指标。第一个指标 *STAKELAW* 反映了国家在劳动保障和福利方面的法律环境。具体来说，该指标由国家在雇佣、社会保障、集体谈判和人权四方面的法律强度的平均水平决定。第二个指标 *CSRLAW* 是关于社会责任披露的法律虚拟变量。第三个指标 *PUBAWARE* 反映了一个国家中社会责任问题的大众意识水平。第四个指标 *PUBAWARE*1 则是基于调查的企业执行官对社会责任活动的看法。总的来说，以上四个指标值越高，说明国家越倾向于利益相关者导向。

文章同时从企业层面和国家层面来衡量财务不透明性。企业层面的财务不透明性，作者使用了虚拟变量 *FFIN*。如果企业前三年的总应计水平（用总资产标准化）高于该国同行业的中值，则 *FFIN* 取值为 1。国家层面的财务不透明性（*CFIN*），作者采用了 Center for International Financial Analysis and Research (CIFAR) 的评级。

为了检验假设 1，作者采用了如下模型：

$$\begin{aligned} FERROR(Y) = &\beta_0 + \beta_1 NONFIN + \beta_2 CFIN + \beta_3 ENFORCE + \beta_4 ANANO \\ &+ \beta_5 SIZE + \beta_6 VAREARN + \beta_7 LOSS + \beta_8 STKEXCH \\ &+ \beta_9 ADR + \beta_{10} IFRS + \beta_{11} RATIO + \beta_{12} FHORIZON \\ &+ \beta_{13} FFIN + \varepsilon \end{aligned} \quad (1)$$

式中，*NONFIN* 为非财务信息披露的虚拟变量，当企业在当年发布了独立社会责任报告时取值为 1，否则为 0。模型中的控制变量除前文提到的 *CFIN* 和 *FFIN*，还包括国家的法律效力（*ENFORCE*）、跟进分析师数目（*ANONO*）、企业规模（*SIZE*）、时间序列上每股收益的标准差（*VAREARN*）、当年亏损的虚拟变量（*LOSS*）、上市交易所数量（*STKEXCH*）、非美国公司在美国上市的虚拟变量（*ADR*）、分析师预测时企业所在国家是否强制实行了国际会计准则（*IFRS*）、国家层面上盈余管理动机水平（*RATIO*）、分析师预测时间与盈余公告日之间的间隔天数的中值（*FHORIZON*）。回归结果表明，*NONFIN* 项的系数在 *FERROR*（0）、*FERROR*（1）、*FERROR*（2）作为因变量时均显著为负，从而验证了假设 1：社会责任报告的披露与分析师预测准确性正相关。

为了检验假设 2，作者在模型（1）中加入了利益相关者导向的变量 *STAKE* 以及 *STAKE* 与非财务信息披露变量（*NONFIN*）的交叉项。结果显示，该交叉项显著为负，证明了假设 2：企业社会责任信息的披露与分析师预测准确性的正相关关系在利益相关者导向的国家比在股东导向的国家更强。

为了检验假设 3，作者又加入了 *NONFIN* 和国家层面的财务不透明度（*CFIN*）及企业层面的财务不透明度（*FFIN*）的交叉项。结果显示，*NONFIN* 和 *CFIN* 的交叉项均显著为负，*NONFIN* 和 *FFIN* 的交叉项也均为负值，尽管它只在 *FERROR*（0）为因变量时显著。作者认为此结果证明了假设 3：企业社会责任信息的披露与分析师预测准确性的正相关关系在财务更不透明的企业中更强。

接下来，作者进行了一系列检验以验证上述结论的可靠性。首先，为了证明上文的发现确实是国际上普遍存在的现象而非个别国家导致的，作者利用 31 个国家的数据分别进行了模型（3）的回归。作者又将 31 个国家按利益相关者导向的强弱排序，相邻的 3 个国家分为一组，并在每组中同样对模型（3）进行回归。两个回归的结果都表明社会责任信息披露与分析师预测准确性的正相关关系是一种国际现象。并且，这种相关关系在利益相关者导向强的组别中更显著，这也与假设 2 相一致。作者又检验了社会责任报告是否能够提高股票回报与未来盈余的相关性。因为如果社会责任报告包含未来盈余的信息，且这种信息能够通过分析师预测传递给投资者，则未来的盈余应更多地体现在当前的股票回报中。检验结果证明了作者的这一推论。

本文的结论对分析师预测和社会责任报告两方面的文献都做出了贡献。在分析师预测方面，本文的结论证明了除财务信息以外，非财务信息也能够提高分析师预测准确性，且非财务信息能够起到对财务信息的补充作用。在社会责任报告方面，本文证明社会责任报告的披露确实能够为分析师和投资者在决策中提供有价值的信息，从而为社会责任的披露提供了有力的支持和依据。

但是正如文章中所提到的，文章依然存在一定的缺陷。企业财务信息的披露和非财务信息的披露可能存在一定的相关性。Kim et al.（2012）提出，社会责任方面表现更好的企业较少进行盈余管理。社会责任表现更好的企业通常也应更倾向于将其社会责任表现披露出来。尽管文章采用了一些方法来解决这个问题，依然不能完全证明文中得出的社会责任信息披露与分析师预测的正相关性不是由于发布了社会责任报告的企业同时有更高的财务报告质量导致的。

此外，文章虽然提出了分析师能够利用社会责任报告中的信息进行预测，但是并未能发现分析师具体是如何将这些非财务信息转化为数据指标并运用到企业财务业绩的预测中的。尽管文章将利益相关者导向的变量引入社会责任报告文献中，但是其主要关注点依然是社会责任报告为投资者带来的信息价值。考虑到管理者有时可能会以股东的利益为代价进行社会责任活动（Moser and Martin，2012），管理者理应有动机将社会责任表现披露给其他利益相关者。因此，社会责任报告会怎样影响其他利益相关者同样是值得关注的问题。这些问题都有待后续探究。

参考文献

Abarbanell，J. S.，and B. J. Bushee. 1997. Fundamental Analysis，Future Earnings，and Stock Prices. *Journal of Accounting Research* 35：1-24

Behn，B. K.，J. Choi，and T. Kang. 2008. Audit Quality and Properties of Analyst Earnings Forecasts. *The Accounting Review* 83：327-349

Brown，T. J.，and P. A. Dacin. 1997. The Company and the Product：Corporate Associations and Consumer Product Responses. *Journal of Marketing* 61：68-84

Brown，L. D.，G. Richardson，and S. Schwager. 1987. An Information Interpretation of Financial Analyst Superiority in Forecasting Earnings.

Journal of Accounting Research 25：49－67

Dhaliwal, D., O. Z. Li, A. Tsang, and G. Y. Yang. 2011. Voluntary Nonfinancial Disclosure and the Cost of Equity Capital: The Initiation of Corporate Social Responsibility Reporting. *The Accounting Review* 86：59－100

Edmans, A. 2011. Does the Stock Market Fully Value Intangibles? Employee Satisfaction and Equity Prices. *Journal of Financial Economics* 101：621－640

Goss, A., and G. Roberts. 2009. The Impact of Corporate Social Responsibility on the Cost of Bank Loans. Working paper, York University

Hope, O. 2003. Disclosure Practices, Enforcement of Accounting Standards, and Analysts' Forecast Accuracy: An International Study. *Journal of Accounting Research* 41：235－272

Kim, Y., M. S. Park, and B. Wier. 2012. Is Earnings Quality Associated with Corporate Social Responsibility? *The Accounting Review* 87：761－796

Lang, M., and R. Lundholm. 1996. Corporate Disclosure Policy and Analyst Behavior. *The Accounting Review* 71：467－493

Lev, B., C. Petrovits, and S. Radhakrishnan. 2010. Is Doing Good Good for You? Yes, Charitable Contributions Enhance Revenue Growth. *Strategic Management Journal* 31：182－200

Moser, D. V., and P. R. Martin. 2012. A Broader Perspective on Corporate Social Responsibility Research in Accounting. *The Accounting Review* 87：797－806

Nichols. C., and M. Wieland. 2009. Do Firms' Non-Financial Disclosures Enhance the Value of Analyst Services? Working paper, Cornell University

Roberts, P. W., and G. R. Dowling. 2002. Corporate Reputation and Sustained Superior Financial Performance. *Strategic Management Journal* 23：1077－1093

Waddock, S. A., and S. B. Graves. 1997. The Corporate Social Performance-Financial Performance Link. *Strategic Management Journal* 18：303－319

Williams，C. A.，and R. V. Aguilera. 2008. Corporate social responsibility in comparative perspective. In Oxford Handbook of Corporate Social Responsibility，edited by A. Crane，A. McWilliams，D. Matten，J. Moon，and D. Siegel，452－472. Oxford，U. K.：Oxford University Press

教师教学服务说明

中国人民大学出版社财会出版分社以出版经典、高品质的会计、财务管理、审计等领域各层次教材为宗旨。

为了更好地为一线教师服务，近年来财会出版分社着力建设了一批数字化、立体化的网络教学资源。教师可以通过以下方式获得免费下载教学资源的权限：

在中国人民大学出版社网站 www. crup. com. cn 进行注册，注册后进入“会员中心”，在左侧点击“我的教师认证”，填写相关信息，提交后等待审核。我们将在一个工作日内为您开通相关资源的下载权限。

如您急需教学资源或需要其他帮助，请在工作时间与我们联络：

中国人民大学出版社　财会出版分社

联系电话：010-62515987，62511076

电子邮箱：ckcbfs@crup. com. cn

通讯地址：北京市海淀区中关村大街甲 59 号文化大厦 1501 室（100872）